내 이름 내가 짓는다

-보정 보완-

좋은이름 작명사전
作 名 辭 典

이 동 규

부록 · 택일
별첨특별부록
성씨 오행별 좋은 이름들

이화

들어가면서

농부가 박을 타서 한 짝은 쌀바가지로 쓰기로 하고 다른 한 짝은 똥바가지로 쓰기로 하여 '쌀바가지' '똥바가지'로 각각 그 이름을 붙여 놓으면 박이라는 똑같은 재료에서 똑같은 방식으로 만들어졌지만 그날부터 두 바가지의 운명은 전혀 딴판으로 흘러가게 됩니다.
직장에서 별 두각을 보이지 않던 사람도 과장이라는 직책의 이름을 붙여주면 그날부터 그 사람은 과장답게 과장의 직무를 수행하게 되고 어딘지 모르게 과장다운 위엄과 품새가 납니다.

이 세상의 모든 만물에는 눈에 보이는 것이거나 보이지 않는 것이거나를 막론하고 각각 그 이름이 있습니다.
이름을 붙이는 기본적인 이유는 물론 구분을 하기 위한 방편입니다.
이름을 뜻하는 명(名)이라는 한문 글자를 펼쳐보면 저녁 석(夕)자에 입 구(口)자를 더한 것입니다. 저녁(夕)이 되어 어두워지면 서로 상대방을 볼 수가 없어 누가 누구인지를 알 수가 없으므로 입(口)으로 자기가 누구인지를 표현하여 밝힌다는 뜻이 되기도 합니다.

여기에
운명적인 요소를 더해서 해석하는 것이 역학적인 성명학입니다.

대체로, 생 년월일시(生 年月日時)를 뿌리로 한 사주에서 운명이 왔다갔다 하지만 이름에도 좋은 이름과 좋지 않은 이름이 있어 그 사람의 운명에 영향을 주고 있다고 보는 것입니다.
이름의 역할이 그 사람의 운명을 좌우하는 것은 물론 아닙니다.
동네 골목에서 흔히 볼 수 있는 똥개에게 고상한 이름을 지어 준다고 해서 혈통있는 명견(名犬)이 될 수는 없는 것과 같은 맥락입니다.
소나무에다 사과나무라는 이름을 붙여 준다고 해서 그 나무에서 사과가 열리지는 않는다는 말이지요.

다시 말해서
타고난 그릇이 작은 사람에게 이름 하나 잘 지어 준다고 해서 부귀영화를 누린다고 보기는 어렵다는 말입니다.

거기다
조상으로부터 부여받은 성(姓)에 전혀 엉뚱한 이름을 갖다 붙이는 것은 새마을호 열차의 기관차에 KTX 고속 열차를 매달아서 달리는 것과 같은 꼴이 될 수도 있습니다.
그러나 실제 그 사람의 이름을 역학적인 이론으로 풀이해 보면 희한하게도 성격이 그대로 나타나거나 이름대로 살고 있는 경우가 많습니다.
이것이 이름의 영향력을 무시할 수 없는 가장 큰 이유입니다.

이름을 지을 때 가장 중시해야 하는 것은,
선천적으로 타고난 사주의 구조에서 어느 한쪽으로 기울어지거나 균형이 깨졌을 때 이를 바로 잡아주고 보완해 주는 것입니다.
사주가 선천운을 의미한다면 이름은 후천운을 결정하는데 영향을 주는 것으로

볼 수 있습니다. 이미 태어나면서 부여받은 사주를 바꿀 수는 없습니다. 다만, 사주에서 모자라는 부분을 채워주고 넘치는 부분을 덜어내서 중화시키는 역할을 할 수 있도록 해 주는 것이 중요합니다.
사주가 너무 뜨거우면 찬 기운의 이름으로 보완해 주는 것이 좋고 사주가 너무 차면 따뜻한 기운의 이름으로 보완해 주는 것이 좋겠습니다.
누구에게나 맞는 옷은 없듯이 누구에게나 다 좋은 이름은 없습니다.
기성복과 맞춤복의 차이와 같습니다.

만약에
이름에 대한 역학적인 의미를 정서상 받아들이기 어렵다면 사람의 몸을 보호하고 돋보이게 하는 옷과 같다고 생각해도 좋을 것입니다.
옷은 몸에 맞아야 편하고 활동성도 있습니다. 옷이 몸에 맞지 않아 불편하면 맞게 수리를 하거나 잘 맞는 옷으로 바꿔 입어야 합니다.
이름도 마찬가지로 본인의 사주와 조화가 되지 않고 맞지 않으면 개명(改名)이라도 해서 바꾸는 것이 좋습니다.
이름을 바꿈으로 해서 새롭게 태어난다는 마음과 새 출발하는 재생의 자세로 바뀌면 인생이 바뀔 수도 있습니다. 물론 좋은 이름으로 바꾸어 더 좋아지는 점도 있겠으나 이름을 바꾸어 새로워진다는 정신적인 상쾌함이 인생의 발걸음을 한결 더 가볍고 자신있게 해 준다면 그보다 더 큰 역할은 없을 것입니다.
이름이 좋지 않다는 것을 알면 그로 인한 스트레스로 인해서 인생 활동에 방해를 줄 수 있기 때문입니다.

아니면,
몸이나 얼굴에 이상이 있어 남에게 혐오감을 줄 수 있거나 스스로 자신감을 상실하여 남의 앞에 나서기조차 두렵다면, 성형수술이라도 해서 자신있는 생활을 할 수 있도록 해 주어야 하는 것과 같은 맥락으로 이해를 해도 될 것입니다.
이름을 좋은 이름으로 바꾸어 준다고 해서 바로 그 효과가 나타나는 것은 아닙니다. 오랜 기간 동안 계속 불러줌으로 해서 그 기운이 서서히 스며들어 좋은 작용을 해 준다고 보아야 하며, 또한 그 전에 부르던 이름의 기운이 소멸되는데도 상당한 기간이 필요하다고 봐야 합니다.
정화(淨化)되는 기간이 필요한 것이지요.

이름을 짓는 방법이 성명학자에 따라 조금씩 다릅니다.
어떤 경우는 많이 다르거나 전혀 다른 경우도 있습니다.
이 사람은 이것이 옳다고 하고, 저 사람은 저것이 옳다고 하는데, 그 사람은 또 그것이 옳다고 합니다. 자신의 주장이 완벽한 것도 아니면서 남의 주장은 쓰레기 취급을 하기도 합니다. 길흉(吉凶)의 잣대를 들이대면 완벽한 이론은 없습니다. 단언(斷言)컨대 절대로 없습니다.
자신의 주장을 강조하는 것은 당연합니다. 그러나 남의 주장을 무시하고 심지어 비난까지 하는 것은 소아병적인 아집(我執)이 될 수 있습니다.
실제로 사람의 이름을 감정해보면 어느 이론을 막론하고 어느 하나 무시하기 어려운 측면이 다분히 있기 때문입니다.
본서에서는 기본적이고 정통적인 음양오행학적 이론을 바탕으로 하되 한쪽으로 편굴되지 않으면서 실용적으로 활용할 수 있도록 정리하려고 합니다. 그리고 일반인에게 난해(難解)한 역사적인 설명이나 어렵고 복잡한 이론적 설명은 가급적 피하고 이름을 바로 지을 수 있는 실무적인 설명을 위주로 하려고 합니다.
이 사람 저 사람 다른 소리를 해도 기본 원리를 벗어날 수는 없습니다.
일부 무속인이나 점술인 또는 일부 스님들은 음양오행과는 전혀 관계가 없는 이상한(?) 이름을 짓기도 합니다.
귀신이 지어 주시는 것인지 부처님이 지어주시는 것인지는 알 수 없으나 이렇게 지은 '이상한' 이름들은 대개 음양오행학적인 이론으로 보면 맞지도 않고 이해가 되지 않는 경우가 많습니다.
특히 근자에는 일부 역학인 중에 정통적인 역학 이론을 뒤집어 엎는 그야말로 새롭고 경천동지(驚天動地)할 정도로 뛰어난 이론을 창안하거나 찾아낸 것처럼 거창하게 떠들며 광고하는 경우를 종종 볼 수 있는데, 성명학에서도 이런 예가 가끔 있습니다.
어찌됐거나 동양철학의 모든 분야는 원천적으로 음양오행의 이치를 벗어날 수 없습니다.

특히,
이름을 짓는 것은 한 생명에게 주는 기도문과 같습니다.

壬辰년 이동규

보정(補正) 보완(補完)판을 내면서…

『좋은이름 작명법』이라는 책을 내고 많은 아쉬움이 있었습니다.
필자의 실수든 편집상의 실수든 간에 무엇보다도 정확해야 할 작명에서 특히 오자(誤字), 탈자(脫字)가 많은 점 때문이었습니다.
또한 이름에 사용할 수 있는 한자도 많이 추가되었습니다.
그래서
기본 뼈대는 그대로 두고 잘못된 글자를 수정하면서 내친 김에 성명을 짓고 감정하는데 현실적인 도움이 될 내용을 일부 보완해서 다시 정리했습니다. 물론 아무리 수정하고 보완한다고 해서 완벽한 이론이 될 수는 없습니다. 동서고금을 막론하고 세상은 본질적으로 다양하게 흘러 왔고 앞으로는 더욱 다양하게 흘러갈 것입니다. 성명으로 풀이하는 운명학도 마찬가지입니다. 필자가 서술하는 이론은 그 중의 일부일 뿐입니다.
다양한 주장들이 모두 옳은 것도 아니고 모두 틀린 것도 아닙니다.
어느 쪽이 옳고 어느 쪽이 잘못 됐다고 단정하기도 어렵습니다.
인연에 의한 각자의 선택을 따르면 됩니다. 물론 음양 오행학의 기본 원리를 뒤집거나 벗어나는 것은 위험하다고 봅니다.
필자의 주장도 마찬가지입니다. 오랜 세월동안 전해 내려오면서 선배 성명학자들에 의해 연구되어 온 정통 성명학을 중심으로 정리해서 엮었을 뿐 필자의 창작물도 아닙니다. 독자님의 해량을 구합니다.

丙申년 이 동 규

목 차

제1장 음양오행 ······ 11
- 음양(陰陽)의 이해 ······ 12
- 오행(五行)의 이해 ······ 14
- 오행의 상생(相生) ······ 16
- 오행의 상극(相剋) ······ 18
- 생극(生剋)의 정리 ······ 20
- 천간(天干) ······ 23
- 지지(地支) ······ 25

제2장 작명의 실제 ······ 33
- 좋은 이름은 이렇게 짓습니다. ······ 34
- 수리음양(數理陰陽) ······ 36
- 음령오행(音靈五行) ······ 38
- 성명학은… ······ 41
- 삼원오행(三元五行) ······ 52
- 원격(元格), 형격(亨格), 이격(利格), 정격(貞格) ······ 55
- 아호(雅號) ······ 65
- 상호(商號), 사명(社名) ······ 68
- 희신(喜神), 용신(用神) ······ 76
- 작명 연습 ······ 78

- 생활 수리(數理) 활용 ………………………………………………… 91
- 길상수리조합(吉祥數理組合) ………………………………………… 93
- 성명학에서 적용하는 획수와 본부수(本部首) …………………… 107

제3장 성명운 해설 ……………………………………………………… 111
- 성명불용한자(姓名不用漢字) ………………………………………… 112
- 음령오행(音靈五行)의 배치 길흉(吉凶) …………………………… 129
- 성(姓)자와 이름 첫 자의 음령오행(音靈五行) 배치 길흉(吉凶) ……… 157
- 삼원오행(三元五行)의 배치 길흉(吉凶) …………………………… 161
- 수리영동운(數理靈動運) ……………………………………………… 164
- 형격운(亨格運) ………………………………………………………… 186
- 거주지(居住地) 및 상호(商號)의 인연 감정(鑑定) ……………… 190

제4장 인명용 한자 사전(요약) ……………………………………… 197
- 인명용(人名用) 한자(漢字) ………………………………………… 198

부 록 ………………………………………………………………………… 331
- 택일법(擇日法) ………………………………………………………… 331

제1장
음양오행

음양(陰陽)의 이해

동양철학을 역학(易學) 또는 음양오행학(陰陽五行學)이라고도 합니다.
음양과 오행이 가장 중요한 바탕이 됨을 의미하는 말이기도 합니다.
세상의 모든 천지 만물은 그 형체가 있어 만질 수 있고 눈에 보이는 것이거나(질; 質) 또는 형체가 없어 만질 수 없고 눈이 보이지 않는 것이거나(기; 氣)를 불문하고 모두 음과 양의 어느 한쪽에 배속되어 구분이 됩니다.
서로 대립되면서 보완되는 사이입니다. 싸우기도 하면서 서로 보듬고 사는 부부와 같습니다. 음과 양을 기본적으로 구분하면 질(質)과 기(氣)이며 대표적인 상징으로는 물과 불이요, 땅과 하늘입니다. 그 기운입니다.
음과 양을 세분하고 상대적으로 비교하면서 예를 들어 보겠습니다.

양은 기(氣)이며 형체가 없습니다.   **음**은 질(質)이며 형체가 있습니다.
    정신입니다.   물질입니다.
    만질 수 없습니다.   만질 수 있습니다.
    보이지 않습니다.   보입니다.
양은 화기(火氣)입니다.   **음**은 수기(水氣)입니다.
    뜨겁습니다.   차갑습니다.
    치솟습니다.   스며듭니다.
양은 하늘입니다.   **음**은 땅입니다.
    높습니다.   낮습니다.
    올라갑니다.   내려갑니다.
    넓습니다.   좁습니다.
    큽니다.   작습니다.

양은 낮입니다.	**음**은 밤입니다.
아침입니다.	저녁입니다.
밝습니다.	어둡습니다.
양은 수컷(♂)입니다.	**음**은 암컷(♀)입니다.
남자입니다.	여자입니다.
아버지입니다.	어머니입니다.
남편입니다.	아내입니다.
아들입니다.	딸입니다.
양은 위(上)입니다.	**음**은 아래(下)입니다.
임금입니다.	신하입니다.
남쪽입니다.	북쪽입니다.
양은 시작입니다.	**음**은 끝입니다.
동(動)적입니다.	정(靜)적입니다.
적극적입니다.	소극적입니다.
빠릅니다.	느립니다.
가볍습니다.	무겁습니다.
양은 **홀수**입니다.	**음**은 **짝수**입니다.

● 음양을 이해하려면 세상 이치를 이해하면 됩니다. 세상에 짝 없는 것은 없고 하나로는 아무것도 되지 않습니다. 둘이 되어야 생산이 되고 역사가 이루어지고 그 역사가 영속됩니다. 상대가 있어야 하는 것입니다.

따라서 음양은 생산성(生産性)의 기본요소입니다.

음양은 서로 상반되면서도 반드시 필요로 하는 구조이며 나의 상대인 짝을 갈구하는 그리움이기도 합니다. 그리움의 기(氣)입니다.

기(氣)라는 것은 원천적인 힘(power)이요, 에너지를 의미합니다.

오행(五行)의 이해

오행이란 목(木), 화(火), 토(土), 금(金), 수(水) 다섯 글자를 말합니다. 쉽게 말하면 태양계에 운행하는 다섯 개의 행성 즉, 목성(木星), 화성(火星), 토성(土星), 금성(金星), 수성(水星)입니다.
형체가 있거나 없거나 생물이거나 무생물이거나 이 세상 자연계의 모든 만물 즉, 기(氣)와 질(質)을 위 다섯 개의 오행에 소속시켜 삼라만상의 구성요소로 삼고 이 원리에 의하여 자연이 운행된다고 보는 것입니다.
오행은 다음과 같이 각각의 고유한 특성이 있습니다.

木: 나무입니다. 계절적으로 봄의 기상을 의미하며 자연이 꿈틀거리고 활동을 시작하는 성분입니다. 생물이 생성하고 성장하는 발전을 뜻하며 따뜻한 기운입니다.

火: 불입니다. 계절적으로 여름의 기상을 의미하며 활짝 피는 성숙의 작용으로 활발하게 활동하는 성분입니다. 물질의 열화(熱化)되는 작용이며 뜨거운 기운입니다.

土: 흙이며 땅입니다. 사계절을 연결하는 각 계절의 끝자락으로 계절의 귀화성(歸化性)을 지니고 있으며 토양의 계절별 변화입니다.
찬 기운과 뜨거운 기운을 동시에 가진 중화성(中和性)입니다.

金: 쇠입니다. 계절적으로 가을의 기상을 의미하며 만물의 수렴과 결실의 작용을 하는 성분입니다. 활발했던 활동을 정리하고 마무리하는 현상이며 서늘한 기운입니다.

水 : 물입니다. 계절적으로 겨울의 기상을 의미하며 기체, 액체, 고체의 냉성화
(冷性化)를 뜻합니다. 수장(收藏)의 작용을 하며 활동을 정지하고 다음을
준비하는 성분이며 찬 기운입니다.

木, 火는 양의 기운이며 양성(陽性)입니다. 火는 양 중의 양입니다.
金, 水는 음의 기운이며 음성(陰性)입니다. 水는 음 중의 음입니다.
土는 음양의 기운을 같이 지니고 있는 복합적인 기운입니다.

오행은 태양을 중심으로 돌아가는 행성(行星)들입니다.
물론 태양계의 행성 중에는 지구와 오행을 비롯하여 천왕성도 있고 해왕성도 있으며 그 외에도 소행성(小行星)으로 불리는 많은 별들이 있습니다.
그러나 나머지 소행성들은 그 크기가 작거나 지구와의 거리가 멀어 영향력이 미미하므로 무시하고 위에 열거한 木, 火, 土, 金, 水 오행의 기운을 중심으로 해서 삼라만상의 구성 요소로 삼는 것입니다.
지구는 생명이 자리잡는 중심자리이며 태양과 달은 생명에 절대적인 영향을 주는 가장 가까운 주변이고 여기에 다섯개의 오행이 종속적인 변수로 작용하면서 지구에 사는 생명의 기, 질(氣, 質)에 미치는 기운을 분석하는 것이 음양오행학입니다. 다시 말하면 하늘은 그냥 텅 빈 공간이 아니라 눈에 보이지 않는 어떤 기운이 흐르고 있는 것이고 이것이 오행의 기운인 천문(天文)이며 이 천문을 인문(人文)으로 변환시켜 하늘의 기운을 인간의 길흉화복에 접목시켜 해석하는 것이 음양오행학이라고 할 수 있겠습니다.
눈에 보이는 현상을 초월한, 눈에 보이지 않는 현상 속의 본질을 보는 것입니다. 즉 이면(裏面)의 기운을 보는 것입니다.

오행의 상생(相生)

각 오행은 서로 생(生)해 주는 작용을 합니다.
生한다고 하는 것은 준다, 도와준다, 낳는다, 육성·생육하고 기른다는 의미가 있습니다. 어머니가 자식을 낳아 먹이고 입혀서 키우는 것과 같은 작용입니다. 선생님이 제자를 가르치고 지도하여 능력있는 사회인이 되도록 힘써 도와주는 것과 같은 작용입니다.

木은 火를 生합니다.
火는 土를 生합니다.
土는 金을 生합니다.
金은 水를 生합니다.
水는 木을 生합니다.

木은 火를 生하고 火는 土를 生하고 土는 金을 生하고 金은 水를 生하고 水는 木을 生합니다.
木 → (生) → 火 → (生) → 土 → (生) → 金 → (生) → 水 → (生) → 木 →

나무(木)에서 불(火)이 나고 불(火)이 다 타고 남은 재는 흙(土)이 되며 흙(土)은 서로 뭉쳐 쇠(金)나 암석이 생성되고 쇠(金)나 바위 틈에서 물(水)이 고여 흐르며 물(水)은 다시 나무(木)를 기르는 순환 관계입니다.

木生火, 火生土, 土生金, 金生水, 水生木.
生하는 쪽은 기운이 약해지며 生을 받는 쪽은 기운이 강해집니다.
주는 쪽과 받는 쪽의 차이입니다.

예를 들어 木生火 하면 木의 기운은 약해지며 火의 기운은 강해집니다.
어머니의 젖을 먹고 자라는 아이는 무럭무럭 자라지만 어머니는 아이에 젖을 먹이고 키우느라 기운이 쇠약해지는 이치와 같습니다.
이렇게 生하여 기운이 약해지는 작용을 설기(泄氣.洩氣)한다고 합니다.
기운을 뺏는다는 뜻인데 예를 들어 木生火 하면 木은 火에게 기운을 설기 당하는 것이며 火는 木의 기운을 설기하는 작용입니다.

木은 火를 生하면서 水의 生을 받습니다.
火는 土를 生하면서 木의 生을 받습니다.
土는 金을 生하면서 火의 生을 받습니다.
金은 水를 生하면서 土의 生을 받습니다.
水는 木을 生하면서 金의 生을 받습니다.

木生火 하면 火를 生하는 木의 기운은 약해지며
　　　　　木의 生을 받는 火의 기운은 강해집니다.
火生土 하면 土를 生하는 火의 기운은 약해지며
　　　　　火의 生을 받는 土의 기운은 강해집니다.
土生金 하면 金을 生하는 土의 기운은 약해지며
　　　　　土의 生을 받는 金의 기운은 강해집니다.
金生水 하면 水를 生하는 金의 기운은 약해지며
　　　　　金의 生을 받는 水의 기운은 강해집니다.
水生木 하면 木을 生하는 水의 기운은 약해지며
　　　　　水의 生을 받는 木의 기운은 강해집니다.
어머니가 자식을 젖 먹여 키우면 다 자란 그 자식은 또 그의 자식을 낳아 젖 먹여 키우듯이 한쪽의 생을 받으면 다른 한쪽을 생하는 작용입니다.

오행의 상극(相剋)

각 오행은 서로 극(剋)하는 작용을 합니다.
剋한다고 함은 生의 반대 작용으로 서로 치고 누르고 파극하며 억제하는 기운으로 억압하고 통제하며 견제하고 관리한다는 의미가 있습니다.
호랑이가 토끼를 잡듯이 강한 자가 약한 자를 억누르고 통제 관리하는 작용이며 힘센 폭력배가 선량한 시민을 폭행하는 기운입니다.

木은 土를 剋합니다.
土는 水를 剋합니다.
水는 火를 剋합니다.
火는 金을 剋합니다.
金은 木을 剋합니다.

木은 土를 剋하고 土는 水를 剋하고 水는 火를 剋하고 火는 金을 剋하고 金은 木을 剋합니다.
木 → (剋) → 土 → (剋) → 水 → (剋)→ 火→ (剋)→ 金 → (剋)→ 木 →

나무(木)는 흙(土)을 뚫고 싹이 나서 자라고 흙(土)은 물(水)의 흐름을 막고 물(水)은 불(火)을 끄며 불(火)은 쇠(金)를 녹이고 쇠(金)는 나무(木)를 자르는 상호 관계입니다.

木剋土, 土剋水, 水剋火, 火剋金, 金剋木.
剋을 받는 쪽은 기운이 약해지며 剋하는 쪽도 힘이 좀 빠집니다.
맞는 쪽은 맞아서 힘이 빠지지만 때리는 쪽도 힘을 써야 하기 때문입니다.

권투시합에서 승리자도 힘을 소모하여 지쳐버리는 현상과 같습니다.
예를 들어 木剋土 하면 土는 木의 剋을 받고 대항하느라 쓰러지지만 土를 剋하는 木도 힘을 쓴 나머지 지치는 이치입니다.

木은 土를 剋하면서 金의 剋을 받습니다.
土는 水를 剋하면서 木의 剋을 받습니다.
水는 火를 剋하면서 土의 剋을 받습니다.
火는 金을 剋하면서 水의 剋을 받습니다.
金은 木을 剋하면서 火의 剋을 받습니다.

호랑이가 토끼를 잡아먹지만 그 호랑이는 또 사람에게 먹혀 멸종 위기에 놓여 있습니다. 힘센 깡패가 사람을 때리면 그 깡패는 힘이 더 강한 깡패에게 당하거나 법(法)에 의하여 제재를 받습니다.
일방통행은 없습니다. 상호 작용입니다. 오는 것이 있으면 가는 것도 있는 법입니다. 세상의 이치입니다. 자연의 이치가 이러합니다.

원칙적으로 剋을 받는 쪽이 깨지고 파극되어 다치게 되어 있습니다.
그러나 剋하는 쪽이 剋을 받는 쪽보다 약하면 어떻게 될까요?
힘도 없는 사람이 힘이 천하장사인 사람을 때리겠다고 덤비면 오히려 먼저 덤비는(剋하는) 쪽이 다치겠지요? 계란으로 바위를 치면 분명히 치는(剋하는) 쪽은 계란이고 당하는 쪽은 바위지만 깨지는 것은 계란입니다.
이것을 역극(逆剋)이라고 합니다. 거꾸로 剋을 당한다는 말입니다.
공격자(剋하는 쪽)가 유리할 수 있지만 먼저 공격하는 쪽이 공격을 당하는(剋을 받는) 쪽에 오히려 패할 수도 있다는 말입니다.
하극상을 일으켰다가 힘이 부족해서 실패하고 역적으로 몰리는 꼴입니다.

생극(生剋)의 정리

오행의 生하는 작용과 剋하는 작용이 얽혀 돌아가는데 生과 剋의 관계를 종합해서 같이 묶어 보겠습니다. 生과 剋의 관계는 동시에 이루어집니다. 내가 생하는 쪽이 있으면 나를 생하는 쪽도 있고, 내가 극하는 쪽이 있으면 나를 극하는 쪽도 있습니다. 또한 내가 극을 받으면 맞아죽지 않기 위해서 사력을 다해 맞붙는 성향도 있습니다.

세상사는 도리가 간단하지 않음을 보여주는 복잡한 인연관계입니다.

木은 火를 生하고 水의 生을 받습니다.
  또한 木은 土를 剋하고 金의 剋을 받습니다.
  그리고 金에 대항해서 맞붙습니다.
火는 土를 生하고 木의 生을 받습니다.
  또한 火는 金을 剋하고 水의 剋을 받습니다.
  그리고 水에 대항해서 맞붙습니다.
土는 金을 生하고 火의 生을 받습니다.
  또한 土는 水를 剋하고 木의 剋을 받습니다.
  그리고 木에 대항해서 맞붙습니다.
金은 水를 生하고 土의 生을 받습니다.
  또한 金은 木을 剋하고 火의 剋을 받습니다.
  그리고 火에 대항해서 맞붙습니다.
水는 木을 生하고 金의 生을 받습니다.
  또한 水는 火를 剋하고 土의 剋을 받습니다.
  그리고 土에 대항해서 맞붙습니다.

오행의 生剋 관계를 그림으로 표시해 보겠습니다.

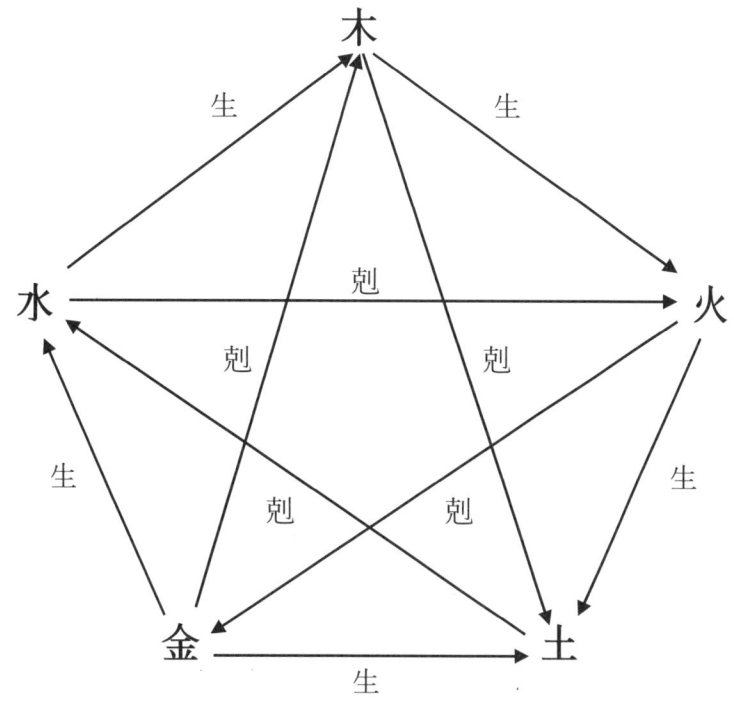

화살 표시대로 生하고 剋하는 관계를 살펴보면 이해가 빠를 듯합니다.
시계 방향으로 돌아가면서 서로 生합니다.
시계 방향으로 돌아가면서 한자씩 건너서 剋합니다.
生하는 것과 生을 받는 것을 바꾸어 생각해 보고
剋하는 것과 剋을 받는 것을 바꾸어 생각해 봅니다.
이렇게 간단해 보이는 도형 하나가 인간사를 운영하는 기본 구도입니다.
알고 보면 인생이란 별거 아니라는 말입니다. 복잡하게 펼쳐 놓으면 복잡하고
단순하게 정리해 버리면 단순한 것이 인생입니다.

木은 火를 生하고 火에게 설기 당합니다.
　　水의 生을 받고 水를 설기합니다.
　　土를 휀하며 金의 휀을 받고 金에게 대항합니다.
　　木의 조력을 받습니다. 木은 같은 편입니다.

火는 土를 生하고 土에게 설기 당합니다.
　　木의 生을 받고 木을 설기합니다.
　　金을 휀하며 水의 휀을 받고 水에게 대항합니다.
　　火의 조력을 받습니다. 火는 같은 편입니다.

土는 金을 生하고 金에게 설기 당합니다.
　　火의 生을 받고 火를 설기합니다.
　　水를 휀하며 木의 휀을 받고 木에게 대항합니다.
　　土의 조력을 받습니다. 土는 같은 편입니다.

金은 水를 生하고 水에게 설기 당합니다.
　　土의 生을 받고 土를 설기합니다.
　　木을 휀하며 火의 휀을 받고 火에게 대항합니다.
　　金의 조력을 받습니다. 金은 같은 편입니다.

水는 木을 生하고 木에게 설기 당합니다.
　　金의 生을 받고 金을 설기합니다.
　　火를 휀하며 土의 휀을 받고 土에게 대항합니다.
　　水의 조력을 받습니다. 水는 같은 편입니다.

천간(天干)

천간은 천기(天氣)를 의미하며 하늘의 원리요, 하늘의 기운입니다.
천간에는 모두 열 개의 글자가 있습니다.
갑(甲), 을(乙), 병(丙), 정(丁), 무(戊),
기(己), 경(庚), 신(辛), 임(壬), 계(癸)입니다.

甲, 乙, 丙, 丁, 戊, 己, 庚, 辛, 壬, 癸

천간은 기본적으로는 양이면서 그 안에서 또 음과 양으로 나뉩니다.
그리고 각 천간은 어느 오행에 소속되어 있습니다.
각 천간 글자의 음양 오행 소속과 의미를 간단히 요약합니다.

甲 : 오행으로 木이며 음양으로는 양입니다. 큰 나무입니다.
  순수한 양목(陽木)이며 열매 나무로 곧고 강직하며 열매를 맺거나 건축에 쓰이는 재목이고 불을 내는 화목(火木)입니다.
乙 : 오행으로 木이며 음양으로는 음입니다. 작은 나무, 화초입니다.
  화초목(花草木)이며 넝쿨과 같아 열매를 맺거나 재목이 되지 못하고 예쁜 모양을 간직하는 감상과 소유의 대상입니다.
丙 : 오행으로 火이며 음양으로는 양입니다. 큰 불입니다. 태양입니다.
  태양의 빛과 같아 불을 내는 불씨로서의 역할은 못하나 식물을 기르고 동물을 생육하며 따뜻하게 광명을 줍니다.
丁 : 오행으로 火이며 음양으로는 음입니다. 모든 인공(人工)의 불입니다.
  등촉화(燈燭火)와 같아 밝은 빛을 내지는 못하나 추운 겨울을 따뜻하게 하고 나무를 불태우며 쇠를 녹이는 역할을 합니다.

戊: 오행으로 土이며 음양으로는 양입니다. 크고 높은 땅으로, 태산입니다. 큰 산과 같아 나무가 자랄 수 있는 토양이 되고 바람을 막아주고 추위를 막아주며 물길을 막는 역할을 합니다.

己: 오행으로 土이며 음양으로는 음입니다. 작고 낮은 땅으로, 논밭입니다. 논밭의 흙이므로 戊(土)와 같이 왕성하지는 못하지만 곡식을 배양해 주는 역할을 합니다.

庚: 오행으로 金이며 음양으로는 양입니다. 크고 무딘 무쇠, 광석입니다. 제련되지 않은 무쇠덩이며 큰 바위와 같아 초목을 망치게 하나 물을 샘솟게 하는 역할을 합니다.

辛: 오행으로 金이며 음양으로는 음입니다. 작고 가공된 쇠입니다. 제련된 쇠로 칼과 같고 보석과 같아 스스로 빛이 나므로 귀하지만 초목을 베어 버리니 과히 좋은 역할은 되지 못한다고 하겠습니다.

壬: 오행으로 水이며 음양으로는 양입니다. 바다를 비롯한 큰 물입니다. 바다 또는 큰 강이나 큰 호수와 같아 만물의 생장에 반드시 필요하며 사람이 먹을 수 있는 물입니다. 큰 호수, 큰 강 등입니다.

癸: 오행으로 水이며 음양으로는 음입니다. 빗물을 비롯한 작은 물입니다. 빗물이므로 불을 끄고 나무를 자라게 하지만 먹을 수는 없는 물이며 태양을 가리는 역할을 합니다. 샘물, 개천, 안개, 구름 등입니다.

천간은 기둥이요 가지입니다. 잎이며 꽃입니다. 과실이며 열매입니다.
하나의 오행에 두 개의 천간이 배속되어 있으면서 음양이 다릅니다.
또한 기본적으로는 같은 오행에 소속되면 그 의미가 비슷하면서도 음양의 구별에 따라 그 크기가 다릅니다.

지지(地支)

지지는 지기(地氣)를 의미하며 땅의 원리요, 땅의 기운입니다.
지지에는 모두 열두 개의 글자가 있습니다.
자(子), 축(丑), 인(寅), 묘(卯), 진(辰), 사(巳),
오(午), 미(未), 신(申), 유(酉), 술(戌), 해(亥)입니다.

子, 丑, 寅, 卯, 辰, 巳, 午, 未, 申, 酉, 戌, 亥.

지지는 기본적으로는 음이면서 그 안에서 또 음과 양이 나뉩니다.
그리고 각 지지는 어느 오행에 소속되어 있습니다.
각 지지의 음양 오행 소속과 그 의미를 간단히 요약합니다.

子 : 오행으로는 水이며 음양으로는 양입니다.
　　음력 11월이며 쥐(띠)입니다.
丑 : 오행으로는 土이며 음양으로는 음입니다.
　　음력 12월이며 소(띠)입니다.
寅 : 오행으로는 木이며 음양으로는 양입니다.
　　음력 1월이며 호랑이(띠)입니다.
卯 : 오행으로는 木이며 음양으로는 음입니다.
　　음력 2월이며 토끼(띠)입니다.
辰 : 오행으로는 土이며 음양으로는 양입니다.
　　음력 3월이며 용(띠)입니다.
巳 : 오행으로는 火이며 음양으로는 음입니다.

음력 4월이며 뱀(띠)입니다.

午 : 오행으로는 火이며 음양으로는 양입니다.
음력 5월이며 말(띠)입니다.

未 : 오행으로는 土이며 음양으로는 음입니다.
음력 6월이며 양(띠)입니다.

申 : 오행으로는 金이며 음양으로는 양입니다.
음력 7월이며 원숭이(띠)입니다.

酉 : 오행으로는 金이며 음양으로는 음입니다.
음력 8월이며 닭(띠)입니다.

戌 : 오행으로는 土이며 음양으로는 양입니다.
음력 9월이며 개(띠)입니다.

亥 : 오행으로는 水이며 음양으로는 음입니다.
음력 10월이며 돼지(띠)입니다.

지지는 뿌리요 바탕입니다. 가정이요 집입니다.
하나의 오행에 두 개의 지지가 배속되어 있는데 土에만 네 개의 지지가 배속되어 있습니다.
하나의 오행에 배속된 지지가 음양으로 나뉘는데, 土에는 네 개의 지지가 있으므로 음과 양이 각각 두 개씩으로 되어 있습니다.
기본적으로는 같은 오행에 해당되면 의미가 비슷하면서도 음양의 구분에 따라 그 크기가 확연히 다릅니다.
예를 들면,
천간의 甲과 지지의 寅은 같은 오행으로 木이며 같은 음양으로 양입니다.
甲도 寅도 큰 나무에 비유할 수 있습니다.
양의 木이 천간으로 나타나면 甲이 되고 지지로 나타나면 寅이 됩니다.

지지를 천간과 연계해서 계절별로 정월(寅월)부터 다시 정리합니다.

천간과 지지를 오행으로 구분하면 다섯 부류로 분류할 수 있지만 계절로 나누면 네 부류로 나뉘어 사계절에 배속됩니다.
오행 가운데 土는 천간에서는 음양의 두 개로 나뉘지만 지지에서는 네 개로 분화되어 사계절의 각 끝자리에 하나씩 분산되어 자리잡고 하나의 계절 기운을 마무리하여 다음 계절의 기운으로 연결하는 작용을 합니다.
辰은 봄의 木기운을 마무리하고 여름으로 넘겨주는 다리 역할을 합니다.
未는 여름의 火기운을 마무리하고 가을로 넘겨주는 다리 역할을 합니다.
戌은 가을의 金기운을 마무리하고 겨울로 넘겨주는 다리 역할을 합니다.
丑은 겨울의 水기운을 마무리하고 봄으로 넘겨주는 다리 역할을 합니다.
따라서 辰, 未, 戌, 丑월에 태어난 사람은
중간에서 다리를 놓는 중매, 중개 역할을 잘합니다.

寅 : 木이며 양입니다. 천간의 甲과 같습니다.
　　정월입니다. 초봄의 기운입니다.
　　오장육부의 담낭에 해당하고 인체의 머리에 해당합니다.
卯 : 木이며 음입니다. 천간의 乙과 같습니다.
　　2월입니다. 봄 기운의 절정입니다.
　　오장육부의 간장에 해당하고 인체의 목에 해당합니다.
辰 : 土이며 양입니다. 천간의 戊와 같습니다.
　　3월입니다. 늦봄입니다. 윤택한 봄의 땅입니다.
　　오장육부의 위장에 해당하고 인체의 복부, 겨드랑이에 해당합니다.
巳 : 火이며 양입니다. 천간의 丙과 같습니다.
　　4월입니다. 초여름입니다.

　　　　오장육부의 소장에 해당하고 인체의 어깨, 팔에 해당합니다.
午: 火이며 음입니다. 천간의 丁과 같습니다.
　　　5월입니다. 여름 기운의 절정입니다.
　　　오장육부의 심장에 해당하고 인체의 가슴, 손에 해당합니다.
未: 土이며 음입니다. 천간의 己와 같습니다.
　　　6월입니다. 막바지 늦여름입니다. 뜨거운 여름의 땅입니다.
　　　오장육부의 비장에 해당하고 인체의 복부에 해당합니다.
申: 金이며 양입니다. 천간의 庚과 같습니다.
　　　7월입니다. 초가을입니다.
　　　오장육부의 대장에 해당하고 인체의 배꼽, 허벅지에 해당합니다.
酉: 金이며 음입니다. 천간의 辛과 같습니다.
　　　8월입니다. 가을 기운의 절정입니다.
　　　오장육부의 폐장에 해당하고 인체의 허벅지, 다리에 해당합니다.
戌: 土이며 양입니다. 천간의 戊와 같습니다.
　　　9월입니다. 늦가을입니다. 메마른 가을의 땅입니다.
　　　오장육부의 위장에 해당하고 인체의 복부, 겨드랑이에 해당합니다.
亥: 水이며 양입니다. 천간의 壬과 같습니다.
　　　10월입니다. 초겨울입니다.
　　　오장육부의 방광에 해당하고 인체의 종아리, 발에 해당합니다.
子: 水이며 음입니다. 천간의 癸와 같습니다.
　　　11월입니다. 겨울 기운의 절정입니다.
　　　오장육부의 신장에 해당하고 인체의 생식기관, 발에 해당합니다.
丑: 土이며 음입니다. 천간의 己와 같습니다.
　　　12월입니다. 늦겨울입니다. 꽁꽁 얼어붙은 겨울의 땅입니다.
　　　오장육부의 비장에 해당하고 인체의 복부에 해당합니다.

木은 봄의 기운입니다. 천간의 甲과 乙이며 지지의 寅과 卯입니다.
　　寅(1), 卯(2), 辰(3) 월입니다. 방위는 동쪽이며 색은 청록색입니다.
　　신맛입니다. 인체의 간장과 담낭에 속하며 머리와 목에 해당합니다.
　　만물이 기지개를 켜고 생동하는 생장과 활동의 기운입니다.

火는 여름의 기운입니다. 천간의 丙과 丁이며 지지의 巳와 午입니다.
　　巳(4), 午(5), 未(6) 월입니다. 방위는 남쪽이며 색은 붉은색입니다.
　　쓴맛입니다. 인체의 심장과 소장에 속하며 흉부에 해당합니다.
　　가장 활발한 활동과 성장의 기운입니다.

土는 사계절입니다. 천간의 戊와 己이며 지지의 辰, 戌, 丑, 未입니다.
　　환절기로 계절과 계절을 연결하는 다리 역할을 합니다.
　　방위는 중앙이며 색은 황색입니다. 맛은 단맛입니다.
　　인체의 비장과 위장에 속하며 복부와 허리에 해당합니다.

金은 가을의 기운입니다. 천간의 庚과 辛이며 지지의 申과 酉입니다.
　　申(7), 酉(8), 戌(9) 월입니다. 방위는 서쪽이며 색은 흰색입니다.
　　매운 맛입니다. 인체의 폐장과 대장에 속하며 하체입니다.
　　활발했던 활동과 성장을 굳히고 마무리하며 정리하는 기운입니다.

水는 겨울의 기운입니다. 천간의 壬과 癸이며 지지의 亥와 子입니다.
　　亥(10), 子(11), 丑(12) 월입니다. 방위는 북쪽이며 색은 흑색입니다.
　　짠맛입니다. 인체의 신장과 방광이며 생식기관입니다.
　　정지하여 쉬면서 다음을 준비하는 휴식의 기운입니다.

오행의 生과 剋의 관계는 천간 지지에 연계되어 응용됩니다.

木이 火를 生한다고 하는 것은
천간의 木인 甲과 乙과 지지의 木인 寅과 卯는
천간의 火인 丙과 丁과 지지의 火인 巳와 午를 生하는 것입니다.
즉, 木生火 하는 것은 丙이나 丁이나 巳나 午를 甲이나 乙이나 寅이나 卯가 生하는 것입니다. 즉, 甲(木)과 丁(火)이 있으면 木生火의 원칙에 따라
甲(木)이 丁(火)을 生하는 것입니다. 나머지도 마찬가지입니다.
火인 丙, 丁, 巳, 午는 土인 戊, 己, 辰, 戌, 丑, 未를 生합니다.
土인 戊, 己, 辰, 戌, 丑, 未는 金인 庚, 辛, 申, 酉를 生합니다.
金인 庚, 辛, 申, 酉는 水인 壬, 癸, 子, 亥를 生합니다.
水인 壬, 癸, 子, 亥는 木인 甲, 乙, 寅, 卯를 生합니다.

木이 土를 剋한다고 하는 것은
천간의 木인 甲과 乙과 지지의 木인 寅과 卯는
천간의 土인 戊와 己와 지지의 土인 辰, 戌, 丑, 未를 剋하는 것입니다.
즉, 木剋土 하는 것은 甲이나 乙이나 寅이나 卯가 戊나 己나 辰이나 戌이나 丑이나 未를 剋하는 것입니다. 나머지도 마찬가지입니다.
土인 戊, 己, 辰, 戌, 丑, 未는 水인 壬, 癸, 子, 亥를 剋합니다.
水인 壬, 癸, 子, 亥는 火인 丙, 丁, 巳, 午를 剋합니다.
火인 丙, 丁, 巳, 午는 金인 庚, 辛, 申, 酉를 剋합니다.
金인 庚, 辛, 申, 酉는 木인 甲, 乙, 寅, 卯를 剋합니다.
즉, 辛(金)과 甲(木)이 있으면 金剋木의 원칙에 따라서
辛(金)이 甲(木)을 剋하는 것입니다.

▌항열(行列)에 대하여

같은 혈족 사이의 관계를 계열별로 표시하는 글자인데 옛날에는 이름을 지을 때 반드시 항렬 글자를 넣었으나 요즘은 거의 이에 따르지 않습니다. 꼭 항렬을 따라 이름을 지으려고 하면 잘 맞지도 않고 좋은 이름이 나오기 어려운 경우가 많습니다.

 항렬은 대개
 첫째, 甲, 乙, 丙, 丁의 순서로 풀이 되면서 영속성이 순환되도록 하거나
 둘째, 木, 火, 土, 金, 水의 순서로 자원오행이 들어가는 글자를 쓰거나
 셋째, 一, 二, 三, 四 의 순서로 숫자를 넣어 계열을 구별하거나
 넷째, 아니면 부모가 좋은 글자를 택하여 지어주는 것입니다.

 항렬 글자에 너무 매달리지 않는 것이 좋습니다.
 요즘은 옛날처럼 많은 자식을 낳는 것도 아니기 때문에 굳이 항렬로 구분해야 할 정도로 가계(家系)가 복잡하지도 않습니다.

제2장

작명의 실제

좋은 이름은 이렇게 짓습니다.

01. 각 글자의 수리(數理; 획수)는 음양(陰陽)의 조화가 이루어지도록 구성합니다.
02. 본인의 사주(四柱)에서 희신(喜神), 용신(用神) 오행을 취하여 음령오행(音靈五行)이 구성되도록 하며 사주에서 결(缺)되어 없는 오행을 취하여 오행의 균형을 이루어 주고 보완해 주는 것도 좋습니다.
03. 성명의 글자 순서대로 글짜끼리 음령오행이 서로 상생(相生)되도록 합니다. 어느 쪽으로 상생이 되는가는 관계 없습니다.
    어느 한 오행으로 몰려 편중되는 것은 피하는 것이 좋습니다.
    간혹 사주의 그릇이 큰 인물에 대해서는 상극도 쓸 수 있다고 보는데 특수한 경우라 위험하므로 주의가 필요합니다.
04. 각 글자의 수리를 조합한 원격(元格), 형격(亨格), 이격(利格), 정격(貞格)의 수리가 좋은 의미를 가지는 수리에 해당하도록 조합합니다.
05. 사주의 일주(日柱) 천간(天干) 글자나 지지(地支) 글자와 충(沖)하는 글자(한글기준)는 취하지 않습니다. 예를 들어 일지가 子이면 '오'
06. 대법원에서 선정한 인명용(人名用) 한자 중에서 취해야 출생 신고를 할 수 있습니다.
07. 전통적으로 이름에는 불길하다고 전해 내려오는 글자는 피하는 것이 좋습니다. 단, 아호(雅號)나 상호(商號)에는 관계 없습니다.
08. 쓰기 어렵거나 글자의 획수가 복잡한 것은 피하는 것이 좋습니다.
09. 발음이 어렵거나 혼돈되기 쉬운 글자는 피하는 것이 좋습니다.
10. 두 가지 발음이나 뜻을 가진 글자는 피하는 것이 좋습니다.
    降(강. 항). 更(경. 갱) 등 등.

11. 뜻이 허약하거나 뜻이 흉하고 비속한 글자는 피하는 것이 좋고 그런 의미나 발음을 가진 글자도 피하는 것이 좋습니다.
12. 구성이 불안정하거나 좌우가 분리된 글자로만 구성되는 것은 피하는 것이 좋습니다.
    구성이 불안정한 글자: 丁(정). 좌우 분리된 글자 銓(전).
13. 성(姓) 글자와 같거나 발음이 같은 글자는 피하는 것이 좋습니다.
14. 동물, 식물, 광물, 천체, 인체의 부위 이름과 같은 글자는 피하는 것이 좋습니다. 足(족), 頭(두) 등등.
15. 별명거리가 되기 쉬운 글자는 피하는 것이 좋습니다.
    이름 두 글자나 성명 세 글자의 의미나 발음이 별명거리가 되기 쉬운 조합은 피하는 것이 좋습니다.
16 성과 이름을 같이 부를 때 부드럽고 자연스럽게 연결되는 구성이 좋습니다. 각 글자 사이가 끊어지는 듯한 발음은 좋지 않습니다.
17. 청각미(聽覺美)가 있어야 좋습니다. 이름에서 가장 중요한 것은 소리이므로 부르기 쉽고 밝고 선량한 느낌을 주는 이름이 좋습니다.
    채소나 화초를 키우는 데도 아름다운 음악소리를 들려주면 해충도 없고 성장도 잘 된다는 것은 이미 증명된 사실입니다.
    또한 임산부 태교(胎敎)에도 아름다운 음악을 들려주면 좋다고 알려져 있으며 가축이나 동물을 사육할 때도 밝은 음악이 효과가 있다는 것 또한 잘 알려진 사실입니다. 긍정적인 소리의 작용입니다.
18. 이름은 장기적으로 보고 짓는 것이 좋습니다. 평생 아이로 있는 것이 아니므로 어른이 되었을 때도 무난한 이름이 좋습니다.

누구에게나 좋은 이름은 없습니다. 본인에게 맞아야 합니다.
부모가 자식에게 좋은 이름을 지어주는 것은 자식에 대한 한없는 사랑의 표현이며 건강하고 훌륭하게 자라도록 기원하는 기도문입니다.

수리음양(數理陰陽)

음양오행학에서 특히 음양의 조화는 가장 중요한 기본 요소입니다.
성명학에서도 마찬가지인데 여기에는 글자의 획수에 따른 음양의 조화를 의미합니다. 성명의 각 글자 획수를 보고 음양을 구분합니다.
음양이 고루 섞여 조화가 되지 않고 음의 획수를 가진 글자로만 구성되거나 양의 획수를 가진 글자로만 구성되면 불화, 상극, 파괴 등의 작용을 부른다고 하여 대단히 흉하게 봅니다.
숫자(數字)의 음양을 보는 것인데 짝수는 음이 되고 홀수는 양이 됩니다.
음인 짝수를 우수(偶數)라고 하고 양인 홀수를 기수(寄數)라고도 합니다.
각 글자의 획수를 보며 십(十)수 이상의 수는 끝자리 수를 봅니다.

예를 들어 김병수(金炳秀)라는 이름이 있습니다.
'金'(김)은 8획으로 짝수이므로 ●음(陰)이 되고
'炳'(병)은 9획으로 홀수이므로 ○양(陽)이 되며
'秀'(수)는 7획으로 홀수이므로 ○양(陽)이 됩니다.
음과 양이 섞여 조화가 됩니다. 다만, 이름 두자의 음양이 같습니다.
특히 이름 두 글자에서 음양이 조화되는 것이 가급적 좋습니다.

※수리음양(數理陰陽) 표

양수(陽數)	기수(奇數)	1. 一.	3. 三.	5. 五.	7. 七.	9 九	○ + (홀수)
음수(陰數)	우수(偶數)	2. 二.	4. 四.	6. 六.	8. 八.	0 十	● − (짝수)

※태어난 해의 천간 지지를 보고 음양을 구분하여
(예: 甲辰년은 양의 해, 乙巳년은 음의 해)
양(陽)의 해에 태어나면 양의 획수 글자로만 구성된 이름을 피하고 음(陰)의 해에 태어나면 음의 획수 글자로만 구성된 이름을 피하라고 어렵게 설명하는 성명학자도 있습니다.
특히 양의 해에 태어난 여성의 이름에 양의 획수를 가진 글자로만 구성되면 기운이 너무 강해서 드센 성품을 가지게 되어 흉하다는 등의 해석을 하는데 이론적으로도 무리가 있지만 강해야 살아남는 현대 사회에서 여성도 역시 강해야 살 수 있는 세상입니다.

어쨌거나 간에 이렇게 복잡하게 생각할 것 없이 답은 간단합니다.
어느 해에 태어났거나, 여성이거나 남성이거나를 따질 것 없이 성명 석자를 구성할 때는 글자 획수가 음양의 배합으로 조화가 이루어지면 이상 없습니다. 특히 이름 두 글자가 음양조화를 이루면 좋습니다.

태어난 띠에서 기본적인 운명의 틀을 잡게 된다고 해서 띠 별로 이름을 다르게 지어야 한다고 하는 것은, 태어난 띠를 중심으로 보던 당사주의 영향을 받은 것 같지요?
그 당사주는 이미 사장(死藏)돼 가고 있는 중인 이론입니다.
아무리 오래전에 생성 발전된 고전학문인 음양오행학이지만 시대의 흐름에 맞게 적용해야 합니다.
불과 백년 전까지만 해도 평균 수명이 불과 50세도 되지 않았으나 지금은 80세에 육박하고 있으며 계속 늘어나는 중입니다.
신구(新舊)의 조화가 필요하고, 어울리는 비유인지는 모르겠으나 온고지신(溫故知新)의 자세가 필요한 것이지요.

음령오행(音靈五行)

한글의 자음(子音; 닿소리)을 기준으로 오행이 구분됩니다.
자음오행(字音五行)이라고도 합니다. 소리오행입니다.

木 : ㄱ, ㅋ 글자는 木에 해당합니다. 아음(牙音)이며 어금니 소리라고도 합니다. 치아의 어금니를 움직여서 나는 소리입니다.
모음과 어울려 한 글자를 이루는 가, 카 등은 주음(主音)이라고 하며 ㄱ, ㅋ 등 받침 글자는 종음(從音)이라고 합니다.
甲, 乙에 해당하며 건실한 연구성으로 발전하여 성취하는 암시가 있습니다.
간, 담, 신경 계통에 해당하며 부실하거나 극상(剋傷) 당하면 급성 및 만성의 간 질환이나 황달, 불면증, 노이로제, 정신질환 등을 초래한다고 봅니다.

火 : ㄴ, ㄹ, ㄷ, ㅌ 글자는 火에 해당합니다. 설음(舌音)이며 혀소리라고도 합니다. 혀를 움직여서 나는 소리입니다.
모음과 어울려 한 글자를 이루는 나, 라, 다, 타 등은 주음(主音)이라고 하며 ㄴ, ㄹ, ㄷ, ㅌ 등 받침 글자는 종음(從音)이라고 합니다.
丙, 丁에 해당하며 쾌활하고 왕성한 정열이며 민첩한 기운으로 급진성도 있는 암시입니다. 심장, 혈액, 소장 등에 해당하며 부실하거나 극상(剋傷) 당하면 심장 계통과 동맥 경화증 등 순환기 계통 질환을 부르며 소장의 질환도 있다고 봅니다.

土 : ㅇ, ㅎ 글자는 土에 해당합니다. 후음(喉音)이며 목소리라고도 합니다. 내쉬는 숨으로 목젖을 마찰하여 나는 소리입니다.

모음과 어울려 한 글자를 이루는 아, 하 등은 주음(主音)이라고 하며 ㅇ, ㅎ 등 받침 글자는 종음(從音)이라고 합니다.

戊, 己에 해당하며 모든 음성의 모체(母體)입니다. 강건하면서도 온유하고 묵직한 기운으로 꾸준히 노력하는 성향이며 위장, 비장 계열에 해당하고 부실하거나 극상(剋傷) 당하면 위장병, 설사, 장염, 피부병 등을 부른다고 봅니다.

金 : ㅅ, ㅈ, ㅊ 글자는 金에 해당합니다. 치음(齒音)이며 잇소리라고도 합니다. 이(잇몸) 사이에서 조절되어 나는 소리입니다.

모음과 어울려 한 글자를 이루는 사, 자, 차 등은 주음(主音)이라고 하며 ㅅ, ㅈ, ㅊ 등 받침 글자는 종음(從音)이라고 합니다.

庚, 辛에 해당하며 꺾이지 않는 성품으로 추진력이 강한 밀어붙이는 성향입니다. 폐, 대장, 뼈 계통에 해당하며 부실하거나 극상(剋傷) 당하면 폐와 관련된 기관지 병이나 천식, 치질, 치아, 대장 등의 질환을 부른다고 봅니다.

水 : ㅁ, ㅂ, ㅍ 글자는 水에 해당합니다. 순음(脣音)이며 입술소리라고도 합니다. 두 입술 사이에서 나는 소리입니다.

모음과 어울려 한 글자를 이루는 마, 바, 파 등은 주음(主音)이라고 하며 ㅁ, ㅂ, ㅍ 등 받침 글자는 종음(從音)이라고 합니다.

壬, 癸에 해당하며 지혜와 모사성(謀事性)의 성품으로 냉성(冷性)입니다. 신장, 방광 계통에 해당하며 부실하거나 극상(剋傷) 당하면 이와 관련된 질환을 부르고 부인병이 두려우며 정력의 약화를 뜻합니다.

주음(主音)을 초성(初聲), 종음(從音)을 종성(從聲)이라고도 부릅니다.

음령오행은 '소리오행'이라고 할 수 있습니다.

음령오행이 서로 상생되도록 하는 것은 각 글자의 소리에 해당하는 오행이 상생이 되도록 하는 것입니다. **성명학에서 가장 중요한 항목입니다.**
성(姓) 자와 이름 첫 자 및 이름 끝자의 순서대로 주음과 종음(받침)이 상생되어야 합니다. 일반적으로 각 글자의 주음끼리만 상생 비화(比和) 되어도 좋다고 보는데 종음과도 상생이 되어야 완벽하다고 할 수 있습니다.
다만 이름 끝자에 종음인 받침이 있다면 이 글자의 주음과 종음간에는 생극 관계를 따지지 않습니다.

예를 들어 김병수(金炳秀)라는 이름이 있습니다.
'김(金)'의 음령오행은 글자의 첫 발음이 ㄱ이므로 木이며 (종음 ㅁ은 水)
'병(炳)'의 음령오행은 글자의 첫 발음이 ㅂ이므로 水이고 (종음 ㅇ은 土)
'수(秀)'의 음령오행은 글자의 첫 말음이 ㅅ이므로 金입니다.
따라서 음령오행이 木(水) 水(土) 金으로 '병'자의 水와 土가 상극입니다. 그러나 바로 뒷 글자 '수'의 음령오행인 金이 상극 사이에 끼어 水↔金↔土로 통관 상생시켜 주므로 좋은 이름이 됩니다.

※음령오행(音靈五行) 구분표

오행(五行)	주음(主音)	종음(從音)	음성(音性)	
木(각; 角)	가, 카	ㄱ, ㅋ	아음(牙音)	어금니소리
火(치; 徵)	나, 라, 다, 타	ㄴ, ㄹ, ㄷ, ㅌ	설음(舌音)	혀소리
土(궁; 宮)	아, 하	ㅇ, ㅎ	후음(喉音)	목소리
金(상; 商)	사, 자, 차	ㅅ, ㅈ, ㅊ	치음(齒音)	잇소리
水(우; 羽)	마, 바, 파	ㅁ, ㅂ, ㅍ	순음(脣音)	입술소리

성명학은…

한자 이름은 뜻 글자로 구성되어 글자 자체의 뜻과 글자 수리의 의미에 따라 주로 내면적인 모습을 들여다 볼 수 있으면서 그 안에 인간의 길흉화복을 담고 있는데 반해 한글 이름은 소리 글자로 구성되어 부르는 소리의 五行과 글자 수리의 의미에 따라 주로 외면적인 모습을 들여다 볼 수 있으면서 그 안에 인간의 길흉화복을 담고 있다고 볼 수 있습니다.

인간의 운명은 四柱의 영향에 의한 기본 운명과 대운의 작용을 받으면서 더불어 태어나고 살아가는 (풍수)지리적인 영향과 이름이 주는 의미가 가미된다고 볼 수 있으며 또한 관상(觀相), 수상(手相), 족상(足相), 체상(體相), 음상(音相) 등등의 영향을 받는다고 봅니다.

☯ 중국의 송나라 때 채구봉이라는 사람이 81수원도(水元圖)를 창안하여 숫자의 길흉화복을 설명했다고 합니다.

　우주의 만물은 모두 81 숫자로 환원되며 1에서 81까지의 각 숫자에는 각각 다른 고유의 의미가 담겨 있다는 것입니다.

▌성명학의 한글 글자 음령오행(音靈五行)의 의미

木 = 1, 2 = ㄱㅋ = 사고, 자존, 이상, 강함, 머리, 목, 간, 담, 신경 등입니다.

火 = 3, 4 = ㄴㄹㄷㅌ = 쾌활, 성급, 활기왕성, 시력, 혈류, 심장, 소장, 흉부 등입니다.

土 = 5, 6 = ㅇㅎ = 온후, 독실, 보수적, 자중, 노력, 느긋, 허리, 복부, 비장, 위장 등입니다.

金 = 7, 8 = ㅅㅈㅊ = 인내, 과감, 용단, 실력, 예민, 폐, 대장, 기관지, 호흡기 등입니다.

水 = 9, 0 = ㅁㅂㅍ = 임기응변, 담백, 냉정, 지모, 신장, 방광, 생식기관, 정력 등입니다.

上	↔	中	↔	下
성씨.		이름 첫글자.		이름 끝 글자.
윗 사람, 선배		본인		아랫 사람, 후배
부모, 상사		자신		자식, 부하
남편, 아내				주변사람
상급기관				하급기관

▌音靈五行(主音)의 구성 길흉

1등급 = 上(姓) ← 中 ← 下 = 예, 金 土 火
2등급 = 上(姓) → 中 ← 下 = 예, 金 水 金
3등급 = 上(姓) ← 中 → 下 = 예, 火 木 火
4등급 = 上(姓) → 中 → 下 = 예, 金 水 木

☯ 정상(長)의 자리에 서게 되면 자신의 위치가 이름 첫 글자에서 성 글자의 자리로 이동된다고 봅니다.

☯ 이름에서 전체적인 본인 기운은 성(姓) 글자 五行입니다. 뿌리입니다.
上下의 글자가 가운데 글자를 동시에 剋하면 비위장이 좋지 않습니다.
가운데 글자가 下글자를 剋하면 허리 아래쪽이 좋지 않습니다.
가운데 글자가 上글자를 剋하면 두통, 신경, 간담 계열이 좋지 않습니다.

☯ 성 글자의 五行이 土인 사람은…
성 글자의 五行이 金인 사람을 도와주고 싶은 마음이 생기는 것이고
성 글자의 五行이 火인 사람은 土 五行의 성을 가진 사람을 도와주고 싶어지는 것이고 水 五行의 성을 가진 사람을 방해하고 싶어지고
木 五行의 성을 가진 사람으로부터 방해나 해를 입을 수 있습니다.

☯ 이름 첫 글자 五行이 성 글자 五行을 剋하면
부모, 선배, 상사 등을 해치거나 긴장 또는 적대관계가 되는 것입니다.

☯ 이름 두 글자의 五行이 相生되면 아랫 사람을 잘 챙기고 관계가 좋은 것입니다.

☯ 성 글자의 五行이 본체이므로
土의 성을 가진 사람과 木이나 水의 성을 가진 사람과는 서로 적대관계에 놓이게 되는데 이 두 사람의 사이가 화합되기 위해서는 서로를 相生시키는 성의 五行을 가진 사람의 중재가 유리합니다. 火입니다.

☯ 水 ← 金 ← 土의 성명을 가지게 되면
주변과 상생이 되면서 기운이 위로 올라가는 상승 형상이라 특히 좋고 윗사람을 잘 보좌하고 주변이나 아랫사람의 도움을 받는다고 봅니다.
지도자의 기운이라 야망을 품을 수 있습니다.

☯ 金 → 水 ← 金의 성명을 가지면
윗 사람도 나를 도와주고 아랫 사람도 나를 도와주는 형상으로 주변과의 관계가 좋습니다. 이기적인 면이 있을 정도로 주변의 도움을 받는 형국으로

인생이 평안하다고 볼 수 있습니다.

☯ 土(姓) × 水 ← 金의 성명을 가진 사람은
끊임없이 土 제방을 무너뜨리기 위해 계속 공격하는 입장이 되지만 정상의 자리에 오르게 되면 반대로 水의 공격을 받으므로 물을 막아내야 하는 입장이 됩니다.

☯ 土 → 金 → 水의 성명을 가지면
기(氣)가 내려가는 형상이므로 하강형이라 약한 기운이며 생각은 훌륭할 수 있으나 주변 환경이 받쳐주지 못하고 도리어 그 환경을 쫓아가야 하는 피곤한 인생이 될 수 있습니다.

☯ 木 ↔ 木 × 金의 성명을 가지면
관재구설이 많이 따르기 쉽습니다. 아랫 사람과의 불화입니다.

☯ 土 → 金 × 火의 성명을 가지면
윗 사람의 도움을 받고 아랫 사람의 해침을 당하므로 아랫 사람 관리에 주의해야 합니다. 윗 사람과의 관계는 좋고 총애를 받을 수 있으나 아랫 사람의 도움이나 지지가 약합니다.

☯ 水 → 木 × 土의 성명을 가지면
木은 土의 기운을 빨아먹고 산다는 의미인데 아랫 사람을 더 신경써서 챙겨야 할 필요가 있습니다. 아랫사람을 힘들게 하는 면이 많습니다.

☯ 水 ← 金 × 火의 성명을 가지면
윗 사람과는 상생 관계가 되지만 아랫 사람은 나를 해치고 나의 주변도 해치는 형상입니다. 내가 직접 아랫 사람을 상대하지 말고 보좌하는 참모를 아랫 사람에 해당하는 五行과 相剋되는 성 五行(水)을 가진 사람을 쓰면 아랫 사람의 해를 막을 수 있습니다.
주변이 모두 막혀 있어 주변과의 관계가 원만치 못하고 다툼이 많으므로 화합의 노력이 필요합니다.

☯ 木 ↔ 木 ↔ 木의 성명을 가지면
밀림의 형상으로 많은 사람을 모아서 밀어붙이는 힘을 가지므로 많은 사람들이 모여 세력을 형성하는 일에서 성공할 수 있습니다.
다만 金×金×金 이나 金×金을 만나면 천적을 만나는 형상이므로 피하는 것이 좋습니다.

☯ 金 ← 土 ↔ 土의 성명을 가지면
위의 金을 밀어주는 형상으로 원만한 사람이며 처신만 잘하면 위험을 만나도 능히 극복할 수 있습니다.

☯ 土 ← 火 → 土의 성명을 가지면
아래 위를 도와주는 형상으로 중간 조정자 역이 제격입니다.

☯ 金 ← 土 → 金의 성명을 가지면
멀리서 보면 쇠(金)만 강하게 보이는 형상입니다. 너무 큰 야망을 갖기보다 다른 사람을 도와주는 쪽으로 일을 풀어 나가는 것이 최상입니다.

☯ 金 ↔ 金 ← 土의 성명을 가지면
아랫 사람의 조력을 받아 윗 사람 金을 치고 올라가는 형상입니다. 소인배 기질을 가질 수 있으므로 대범함이 필요합니다. 나와 갈등의 소지가 있는 윗 사람이 강한 사람이므로 조심하는 것이 좋습니다.
윗 사람이 나를 도와주지 않고 치려는 경향이 있으므로 윗 사람과의 화합에 노력해야 합니다. 특히 입바른 소리를 조심하는 것이 좋습니다.

☯ 金 × 木 × 土의 성명을 가지면
큰 그릇이기는 하지만 위에서부터 내려가면서 훼하고 치므로 주변이 받쳐주지 않는 형상입니다. 윗 사람이 자기를 치므로 직접 나서지 않고 대신 다른 사람을 내세우는 것이 좋습니다.

☯ 土 × 木 → 火의 성명을 가지면
木이 土를 훼하여 이겨내므로 윗 사람을 극복하고 아랫 사람을 도와주는 운의 형상입니다.

☯ 火 ← 木 × 土의 성명을 가지면

윗 사람과는 좋고 아랫 사람을 剋하여 피곤하게 하는 형상이므로 아랫 사람에게 아량을 베푸는 삶을 사는 것도 개운하는 처세 방법입니다.

아랫 사람의 剋을 받아도 마찬가지로 아랫 사람에게 아량을 베푸는 처세가 필요합니다.

☯ 金 ← 土 ↔ 土의 성명을 가지면

아랫 사람의 조력을 받아 힘을 모아서 윗 사람을 도와주는 형상이므로 훌륭한 참모감입니다.

☯ 金 × 火 × 金의 성명을 가지면

불이 양쪽 金을 녹이고 있으므로 주위 사람들이 힘들어 할 수 있습니다. 호를 좋은 것으로 짓고 주변에 베푸는 노력을 하는 것이 좋습니다.

☯ 土 × 木 × 土의 성명을 가지면

주변을 해치므로 배려하고 참으며 화합하는 노력이 필요하며 또한 주변의 기운을 빨아들이는 형상으로 뜻과 의지가 대단합니다. 다만 사고와 건강을 조심해야 합니다.

☯ 土 × 木 × 金의 성명을 가지면

木이 土의 기운을 빨아들이고 金의 공격을 받는 형상으로 주변 환경의 도움을 받기 어렵습니다. 혼자서 어렵게 극복해 나가야 합니다.

☯ 木 ↔ 木 × 金의 성명을 가지면

金의 공격을 받지만 金이 강한 木을 다 쓰러뜨리지는 못하므로 주변과의 인화에 힘쓰면 약한 기운을 보완할 수 있습니다.

☯ 金 × 木 × 金의 성명을 가지면

누구의 도움도 기대하기 어려운 사면초가의 형상입니다. 종교를 가지는 것도 좋습니다. 金이 나의 본체이므로 土의 기운을 받는 것이 좋고 水의 기운을 받는 것도 좋습니다.

☯ 木 × 土 × 木의 성명을 가지면

土의 기운을 양쪽의 木이 다 빨아들이므로 전부 내 살을 뜯어먹고 살자는 판이라 인생이 너무 아픕니다.

☯ 金 ↔ 金 ↔ 金의 성명을 가지면

서로 강하게 부딪치므로 다칠 수가 있어 주위와의 인화에 특히 힘쓸 필요가 있고 직접 나서면 매사 피곤한 일만 생기므로 분쟁이나 다툼을 피하기 위해서 대외적으로는 나를 감추고 화합형의 다른 사람을 내세워 일을 처리하는 것이 좋습니다. 너무 강직하고 자기주장만 하기 쉬우므로 자제하고 주변 사람들의 의견을 따르는 것이 좋습니다.

☯ 金 ↔ 金 × 火의 성명을 가지면

윗 사람과는 부딪치고 아랫 사람은 나를 해치므로 주변 환경이 받쳐주지 않습니다. 부하나 주변 대중들과 일시적으로 화합한다고 해도 언제 적으로 돌아서서 공격할지 모릅니다. 중간에 양쪽을 相生시키면서 화합할 수 있는 다른 사람을 내세우는 것이 좋습니다.

☯ 土 ↔ 土 → 金의 성명을 가지면

위 아래 사이가 좋으나 아랫 사람에게 베푸는 기운이라 기(氣)를 너무 손상시키므로 기운을 북돋을 수 있는 火의 기운을 받으면 좋습니다.

☯ 金 × 木 → 火의 성명을 가지면

金의 공격을 받으면서도 火를 생해야 하므로 내가 힘겹게 쫓아가야 하는 형상입니다.

☯ 土 → 金 ↔ 金의 성명을 가지면

윗 사람은 나를 도와주지만 주변 사람들과는 갈등의 소지가 많으므로 아랫 사람들을 관대하게 대할 필요가 있습니다.

▌실제 성명의 五行 구성이 가지는 의미

水金土(박정호)… 주변과 상생이 되면서 기운이 위로 올라가는 상승 형상이라 특히 좋고 윗사람을 잘 보좌하고 주변이나 아랫 사람의 도움을 받는다고 봅니다. 지도자 기운으로 야망을 품는 암시입니다.

木火木(김도균)… 아래 위의 협조와 도움으로 안녕을 구가한다는 암시입니다.

土火土(이도화)… 아래 위를 챙겨야 하는 힘겨운 형상이지만 중화시키는 보람이 있는 암시입니다.

土金水(이지민)… 기(氣)가 내려가는 하강형으로 약한 기운이며 생각은 훌륭해도 주변 환경이 받쳐주지 못하고 오히려 그 환경을 쫓아가야 하는 피곤한 인생살이를 의미합니다.

木土木(강형국)… 비장, 위장, 소화기관이 부실하고 척추, 허리 부위가 부실합니다. 아래 위의 공격으로 무너진 형국이라 힘겹고 갇혀서 갑갑형상입니다.

金木金(정경순)… 간담 계열이나 소화기관, 허리 부위가 부실하고 몸을 다칠 수 있습니다. 아래 위의 공격으로 힘겹고 주위와 불화하고 철조망에 갇힌 형국입니다.

土水土(이문환)… 생식기관이나 소화기관, 허리 부위가 부실합니다. 아래 위의 공격으로 힘겹고 갇힌 형상이라 활동이 자유롭지 못합니다.

木金金(김선주)… 간담, 신경 계열이 부실하고 두통을 유발합니다. 관재구설을 부릅니다. 아래나 주위와는 융화하지만 위와는 불화하는 반항 하극상 형상입니다.

金火火(조대련)… 폐, 대장, 기관지 부위가 부실하고 두통을 유발합니다. 아래와는 융화 협조하지만 위와는 상극으로 반항 하극상 입니다.

土土水(이형민)… 생식기관 계열이 부실하고 정력이 약하며 아랫 도리가 부실합니다. 위와는 서로 융화하지만 주위나 아래와는 불화하고 힘들게 합니다. 아랫 사람을 괴롭히는 형상입니다.

火火金(나도준)… 폐, 대장 계열이 부실하고 아랫도리가 허약합니다. 위와는 융화 협조가 잘 되지만 아래와는 불화하고 힘들게 합니다.

水土火(민형대)… 생식기관 계열이 부실하고 두통을 유발하거나 머리쪽이 부실합니다. 아래와는 협조와 융화가 잘 되지만 위와는 불화하고 하극상을 유발합니다.

水木土(박규환)… 소화기관이나 허리 부위가 부실하고 아랫 도리가 허약합니다. 위와는 협조 융화가 잘 되지만 아래와는 불화하여 힘들게 하는 형국입니다.

土水金(이민주)… 누르고 있는 둑을 허물기 위해 아래의 협조로 끊임없이 역공하는 형국입니다. 불화, 불목을 부릅니다.

土木土(이규형)… 아래 위로 부딪치고 주변을 해치는 형국이라 바쁘고 사고(건강?)를 유발합니다.

土水水(이부명)… 위를 허물어 버립니다. 무너뜨리고 그 자리 주인공이 되면 방어하느라 힘듭니다. 치고 올라가는 전투력이 강합니다.

土火金(이대성)… 윗 사람은 잘 보좌하지만 아랫 사람에게는 해를 주거나 가혹하고 불화합니다.

土金木(이성규)… 윗 사람의 보호를 받으면서 아랫 사람을 억누르고 괴롭히는 형상입니다.

土木火(이규동)… 윗 사람과 대항하여 이겨내고 아랫 사람을 도와주는 형국입니다.

木木木(김경규)… 세력이 너무 강합니다. 울창한 숲이지만 갑갑할 수 있습니다.

火火火(남태령)… 세력이 너무 강합나다. 다 타고 태워 버립니다.

土土土(이원호)… 세력이 너무 강합니다. 과다한 욕심으로 다 무너지는 형국입니다.
金金金(차지철)… 세력이 너무 강합니다. 다 쳐버립니다. 관재구설 등 본인도 다칩니다.
水水水(박보민)… 세력이 너무 강합니다. 다 휩쓸고 허물어 버립니다.

土의 성을 가진 사람은 火의 성을 가진 사람과 金의 성을 가진 사람과의 관계가 좋고 원만합니다.

▎이름 두 글자가 같은 五行으로 구성된 경우의 특성.

木木(경규) = 주관성이 강하고 완고함을 의미합니다.
火火(나리) = 성격이 급하고 빨리 타고 식는 불 같은 성향입니다.
　　　　　　 뒤끝은 없습니다.
土土(희원) = 여리고 눈물이 많아 동정심은 있으나 고집이 강합니다.
　　　　　　 부자(富者) 기운을 암시합니다.
金金(정수) = 칼 같고 불 같은 성품에 정의와 의리를 숭상하는 성향입니다.
　　　　　　 뒤끝이 있는 편입니다.
水水(보민) = 순수하지만 부딪치면 불과 같고 빨리 식는 성향입니다.

▌어느 성명 학자께서

지금 적용하고 있는 소리의 오행 구분이 잘못 되었다고 주장했습니다.
무슨 얘기인가 해서 들여다봤더니 훈민정음의 원리에 맞지 않다는 내용이었습니다. 대부분의 성명가들이 졸지에 무식한 엉터리가 된 것입니다.
복잡하게 설명을 해놔서 필자는 그 중 18.37% 정도 밖에 이해를 못했지만 뜬금없이 훈민정음까지 끌어다 들이댔으므로 일견 그럴듯하게 들릴 수도 있습니다. 한글의 모태가 훈민정음인 것은 맞지만 훈민정음에서 소리의 오행까지 결정해 놨는지는 필자도 몰랐습니다.
어렵고 유식스러운 원리(?)를 어렵고 유식스럽게 늘어 놓으면 듣는 사람은 자신의 무지로 실수나 하는 것 아닌가 해서 헷갈리고 불안할 수 있습니다. 내용을 아주 간단히 설명하면 이렇습니다.
ㅇㅎ을 土가 아닌 水라고 주장하고
ㅅㅈㅊ을 水가 아닌 土라고 주장한 것입니다.
그럴까요?
목구멍에서 어, 아 또는 하 등의 기본 소리가 나오고 여기에 혀나 잇몸이나 치아나 입술 등을 거치며 여러 가지로 가공된 소리가 만들어집니다.
목구멍은 소리를 내는 기본 도구이고 본부요, 중앙이요, 동그란 원입니다. 따라서 목구멍에서 나오는 기본음인 어, 아, 하 등은 중앙인 土입니다.
성명학에서 소리를 오행으로 구분하고 운명학으로 연결시켜 풀이한 것은 훈민정음이 아니라 음양오행의 원리에 의한 것입니다.
모든 소리는 목구멍에서 나옵니다. 원음(原音)입니다. 그래서 목소리입니다.
혹시 水에 해당하는 귓구멍에서 원음인 소리가 나오는 사람 있나요?
이것 저것 자꾸 끌어다 붙이면 배가 산으로 갑니다.
산으로 가면 배가 넘어지고 뒤집어지고 부서집니다.

삼원오행(三元五行)

삼원오행은 천, 인, 지(天, 人, 地) 삼재(三才)의 조화 상생을 의미합니다.

天: 성(姓)을 일원(一元)이라 하고 천격(天格)이라고도 하며
성(姓)자의 획수에 천수(天數)인 1(一)의 수를 더한(加) 수리로 오행을 이룹니다. 천수(天數)를 가수(假數) 또는 가성(假姓)이라고도 합니다.
人: 이름의 첫 자를 이원(二元)이라 하고 인격(人格)이라고도 하며
성(姓)자의 획수와 이름 첫 글자의 획수를 합한 수리로 오행을 이룹니다.
地: 이름 끝자를 삼원(三元)이라 하고 지격(地格)이라고도 하며
이름 첫 글자의 획수와 이름 끝 글자의 획수를 합한 수리로 오행을 이룹니다.

이를 요약 정리하면
일원(一元) = 천격(天格) : 성(姓)자의 획수 + 1 (천수; 天數).
이원(二元) = 인격(人格) : 성자의 획수 + 이름 첫 자의 획수.
삼원(三元) = 지격(地格) : 이름 첫 자의 획수 + 이름 끝자의 획수.

※특히 일원(一元)을 구성할 때 성(姓) 글자에는 천수(天數) 또는 가수(假數)라고 하는 1의 수를 더해 주는데 이것은 인간이 세상에 태어나면서 천기(天氣; 정기(精氣))를 받아 조상의 근원을 표시하는 뜻으로 일천수(一天數)라고 하는 1의 수를 더해 주는 것입니다.
천수를 무시하여 쓰지 않고 첫 글자 자체의 획수로만 일원을 구성하는 성명가도 있습니다. 삼원 오행을 아예 무시하는 성명가도 많습니다.

※삼원오행을 구성하는 수리오행(數理五行) 표

오행	木		火		土		金		水	
수리	一. 1	二. 2	三. 3	四. 4	五. 5	六. 6	七. 7	八. 8	九. 9	十. 0

1과 2는 木이 되고 3과 4는 火가 되며 5와 6은 土가 되고
7과 8은 金이 되며 9와 10은 水가 됩니다. 오행의 순서대로 입니다.
글자의 획수를 합한 수가 10을 넘으면 끝자리 수로 봅니다.

예를 들어 김병수(金炳秀)라는 이름이 있습니다.
'金'(김)은 8획입니다. 따라서 8획에 천수(天數)인 1을 더하면 9가 됩니다.
　　　9는 수리오행으로 水에 해당하므로 일원(一元)은 <u>水</u>입니다.
'炳'(병)은 9획입니다. 따라서 성(姓)인 金(김)의 획수인 8과 합하면 17이
　　　됩니다. 10수가 넘으므로 끝자리 수인 7이 이원(二元)이 되는데 7은
　　　수리오행으로 金에 해당하므로 이원(二元)은 <u>金</u>입니다.
'秀'(수)는 7획입니다. 따라서 이름의 첫 자인 炳(병)의 획수인 9와 합하면
　　　16이 됩니다. 10수가 넘으므로 끝자리 수인 6이 삼원(三元)이 되는
　　　데 6은 수리오행으로 土에 해당하므로 삼원(三元)은 <u>土</u>입니다.

이를 요약 정리하면
'金'(김): 08획 + 1(천수) = 9 = <u>水</u>
'炳'(병): 09획 + 8획(성자 획수) = 17 → 끝자리 수 7 = <u>金</u>
'秀'(수): 07획 + 9획(이름 첫 자 획수) = 16 → 끝자리 수 6 = <u>土</u>
따라서 김병수의 삼원오행은 水 ← 金 ← 土로 상생이 되어 좋습니다.
성 글자에서 시작되거나 성명 끝 글자에서 시작되거나 어느 쪽에서 어느 쪽으로 되든 성명 세 글자가 차례로 상생 비화되면 됩니다.

삼원오행을 구성하는 데는 또 다른 이론(理論)이 있습니다.

앞에서 설명한 이론 외에 또 하나의 이론은
원, 형, 이, 정격의 수리에서
이격의 수리를 일원(一元)으로 삼고
형격의 수리를 이원(二元)으로 삼으며
원격의 수리를 삼원(三元)으로 삼는 것입니다. 다시 정리하면,
성자의 획수와 이름 끝 자의 획수를 합한 수에서 끝수를 일원으로 하고
성자의 획수와 이름 첫 자의 획수를 합한 수에서 끝수를 이원으로 하며
이름 첫 자의 획수와 이름 끝 자의 획수를 합한 수에서 끝수를 삼원으로 삼는 것입니다.
즉,
위에서 예를 든 金炳秀(김병수)를 예로 든다면
일원은 15가 되어 土가 되고
이원은 17이 되어 金이 되며
삼원은 16이 되어 土가 됩니다.
이원과 삼원은 어느 이론이나 같은데 일원의 오행만 다르게 나오지요?
일원의 구성 방법만 다른 것입니다.
그런데 문제는 이 두 가지 이론 중에서 어느 이론이 맞다고 단정하기 어렵다는 것입니다. 심지어 어떤 성명학자는 삼원오행의 이론을 아예 완전히 무시하기도 합니다. 이런 현상을 본다면 삼원오행의 이론이라는 것이 성명학에서 그렇게 중요한 항목은 아닌 듯도 합니다.
필자의 경우에는 삼원오행도 응용하는데, 두 가지 이론을 다 참작하지만 두 이론이 서로 상충할 때는 먼저 설명한 이론을 따르고 있습니다.
金炳秀(김병수)라는 이름은 어느 이론을 적용하더라도 상생이 됩니다.

원격(元格), 형격(亨格), 이격(利格), 정격(貞格)

사주(四柱)에서 년주(年柱), 월주(月柱), 일주(日柱), 시주(時柱)를 구성하여 초년(과거), 중년(현재), 말년(미래)의 운을 구분해 봅니다.
성명에서도 이와 같이 원(元), 형(亨), 이(利), 정(貞)격의 수리(數理)를 조합하여 초년, 중년, 말년, 그리고 전체적인 운을 봅니다.
원, 형, 이, 정격의 영향력을 아예 무시하는 성명학자도 있으나 무시하기에는 결코 만만치 않은 작용을 합니다.

원격(元格): 성(姓)자를 제외한 이름 두자의 획수를 합한 수리입니다.
　　　　　기초운(基礎運) 또는 전운(前運)이라고도 하며 출생시부터 약 20년 정도의 초년운에 영향을 주는데 조상덕의 유무를 볼 수 있습니다. 주로 자신의 신상과 가정의 환경에 영향을 준다고 봅니다. 지격(地格)이라고도 합니다.
형격(亨格): 성(姓)자와 이름 첫 자의 획수를 합한 수리입니다.
　　　　　성명에서 중심운(中心運) 작용을 하여 주운(主運)이라고도 하며 가장 중요한 역할을 합니다. 21세 이후 약 20년 정도의 청년기 운을 봅니다. 특히 형격의 운은 청년기 뿐만 아니라 평생 운을 좌우할 정도로 영향력이 크다고 봅니다.
　　　　　인격(人格)이라고도 합니다.
이격(利格): 성(姓)자와 이름 끝자의 획수를 합한 수리입니다.
　　　　　41세 이후 장년기 운을 보며 형격의 청년운을 뒷받침해 주는 역할을 하여 부운(副運)이라고도 합니다. 주로 주위 환경과 대외적인 관계를 봅니다. 천격(天格)이라고도 합니다.

정격(貞格) : 성(姓)자와 이름 글자 전부의 획수를 합한 수리입니다.
후운(後運)이라고도 하며 61세 이후의 말년 운을 봅니다.
총격(總格)의 운으로 총괄적인 운을 보기도 합니다.

이를 요약 정리하면
원격: 이름 첫 자 획수 + 이름 끝 자 획수
형격: 성(姓)자 획수 + 이름 첫 자 획수
이격: 성(姓)자 획수 + 이름 끝 자 획수
정격: 성명 글자 전부의 획수를 합한 수

♨ 미국의 캘리포니아 대학교에서 조사를 한 바 있다고 합니다.
미국인 중에서 1965년에서 1995년 사이의 30년 동안 사망한 사람을 대상으로 평균 수명을 조사하였는데 특이하게도 부정적인 이름을 가진 사람과 긍정적인 이름을 가진 사람 사이에는 평균 수명도 차이가 난다는 사실이 밝혀진 것입니다.
(아래에 예를 든 이름은 미국인 영문 이름과 성의 첫 글자입니다)

         부정적인 이름 ……   (평균)   ……긍정적인 이름
 (이름: PIG. PAT. ASS 등)   ……   (이름: ACE. WIN. VIP 등)
  평균 보다 - 2.8년 덜 살고   ……   평균 보다 + 4.5년 더 살고

정리해 보면 평균수명보다 더 사는 사람과 평균 수명보다 덜 사는 사람과의 차이는 7.3년이라는 계산이 나옵니다. 긍정적인 이름을 쓰는 사람이 부정적인 이름을 쓰는 사람보다 평균 7.3년을 더 산다는 말입니다.
이름은 보이는 작용과 보이지 않는 작용을 함께 합니다.

원, 형, 이, 정격의 의미를 도표로 정리합니다.

정격(貞格)	이격(利格)	형격(亨格)	원격(元格)
결(結). 총격(總格)	전(轉). 천격(天格)	승(承). 인격(人格)	기(起). 지격(地格)
실(實). 동(冬)	화(花). 추(秋)	묘(苗). 하(夏)	근(根). 춘(春)
자 손	기(己). 아(我)	부 모	조 상
종합운	사회운	가정운	기본운
말년운 60세 이후	장년운 41세~60세	청년운 21~40세	초년운 20세 이전

좋은 의미를 가진 길수(吉數)에 해당하는 수리(數理)를 정리합니다.

1		3		5	6	7	8	
11		13		15	16	17	18	
<u>21</u>		<u>23</u>	24	25				<u>29</u>
31	<u>32</u>	33		35		37	38	<u>39</u>
41				45		47	48	
	52					57	58	
61		63		65		67	68	
71		73		75		77	78	
81								

원, 형, 이, 정격의 수리에서 위의 표에 표시된 수리가 구성되면 무난합니다. 수리별 자세한 길흉 내용은 뒷 편의 수리영동운(數理靈動運)을 참고하면 됩니다. 밑줄 친 수리는 강한 의미 때문에 전통적으로 여성에게는 꺼렸는데 현대의 정서로 보면 맞지도 않고 여성도 강해야 사는 세상입니다.

▎수리(數理) 조합

이 동 규 = 3. 6. 4. = 원 10. 형 9. 이 7. 정 13. =
李 東 奎 = 7. 8. 9. = 원 17. 형 15. 이 16. 정 24. =

원격	형격	이격	정격
초년	장년	중년	말년
기본운	활동상황	주변환경	전체운
	최종학력	부부운	
	취업직장		
	결혼자식		

예를 들어 金炳秀(김병수)라는 이름이 있습니다.
원, 형, 이, 정격의 구성을 보겠습니다.

(김) '金' : 08획입니다.
(병) '炳' : 09획입니다.
(수) '秀' : 07획입니다.

원(元)격의 조합은 이름 첫 자인 炳의 9획과 이름 끝 자인 秀의 7획을 합한
　　　<u>16</u>입니다. 16이 원격의 수리입니다.
형(亨)격의 조합은 성(姓)자인 金의 8획과 이름 첫 자인 炳의 9획을 합한
　　　<u>17</u>입니다. 17이 형격의 수리입니다.
이(利)격의 조합은 성(姓)자인 金의 8획과 이름 끝 자인 秀의 7획을 합한
　　　<u>15</u>입니다. 15가 이격의 수리입니다.

정(貞)격의 조합은 성(姓)자인 金의 8획과 이름 글자 전부의 획수(炳의 9획과 秀의 7획)를 합한 24입니다. 24가 정격의 수리입니다.

16, 17, 15, 24 수리는 앞 페이지의 '좋은 의미를 가지는 수리표'에 의하면 길수(吉數)에 해당합니다.

각 수리의 자세한 길흉(吉凶) 내용은 뒷편의 '수리영동운(數理靈動運)'에서 해당 수리를 찾아보면 됩니다.

※한자의 정확한 획수는 뒷 편의 '인명용 한자'란을 참고하면 됩니다.
한자의 획수를 계산할 때 인명(人名)에서는 일반적인 계산과 다른 특수한 계산을 하는 글자가 있습니다.

그러나 문제가 있습니다.

누구나 성(姓) 한 자에 이름 두 자이면 위와 같이 삼원오행과 원, 형, 이, 정 격을 조합하여 구성하면 되겠는데 특별한 경우가 있습니다.
많은 숫자는 아니지만
성(姓)이 한 자이면서 이름이 한 자인 경우가 있고
성(姓)이 두 자이면서 이름이 한 자인 경우가 있고
성(姓)이 두 자이면서 이름도 두 자인 경우가 있습니다.
이런 경우에는 작명(作名)이 좀 까다로워집니다.

첫째,
성(姓) 한 자에 이름 한 자인 경우입니다.
金九(김구)라는 성명(姓名)을 가진 사람이 있습니다.

(김)金: 08획입니다. 성(姓)이 金입니다.
(구)九: 09획입니다. 이름이 九입니다.

金九(김구)라는 성명(姓名)의 삼원오행을 구성해 보면
일원(一元), 천격(天格)은 성(姓)자 金의 획수인 8에 천수(天數) 1을 합한
　　　　　9입니다. 9는 水에 해당합니다.
이원(二元), 인격(人格)은 성(姓)자 金의 획수인 8과 이름자 九의 획수인 9
　　　　　를 합한 17입니다. 끝자리 수인 7은 金에 해당합니다.
삼원(三元), 지격(地格)은 이름자 九의 획수인 9에 천수(天數) 1을 합한 10
　　　　　입니다. 10은 水에 해당합니다. 이름이 한 글자입니다.
따라서 삼원 오행은 水金水로 구성되어 서로 상생(相生)이 됩니다.

김구(金九)라는 성명(姓名)의 원, 형, 이, 정격을 조합해 보면
원격은 이름자 九의 획수 9에 천수(天數)인 1을 합한 수인 <u>10</u>이 원격이 됩입니다. 이름이 한 글자이므로 대신 천수 1을 더해 줍니다.
형격은 성(姓)자 金의 획수 8과 이름자 九의 획수 9를 합한 수인 <u>17</u>이 형격이 됩니다.
이격은 성(姓)자 金의 획수 8에 천수(天數)인 1을 합한 수인 <u>9</u>가 이격이 됩니다. 이름이 한 글자이므로 대신 천수인 1을 더해 줍니다.
정격은 성명의 글자 획수를 전부 합한 <u>17</u>입니다.
이렇게 해서 원, 형, 이, 정격의 수리는 10, 17, 9, 17입니다.
이 가운데 17은 길수(吉數)에 해당하지만 9와 10은 흉수(凶數)에 해당합니다. 뒷 편의 수리영동운(數理靈動運)에서 해당 수리를 찾아보면 9와 10의 수리는 흉한 작용을 하는 것으로 설명되어 있습니다.
특히 초년운인 원격과 말년운인 이격이 흉수에 해당합니다.
대한민국 국민이라면 누구나 다 알고 있는 백범 김구 선생의 일생을 살펴보면서 감정해 보는 것도 재미있을 것 같습니다.

둘째,
성(姓) 두 자에 이름이 한 자인 경우입니다.
鮮于井(선우정)이라는 성명(姓名)을 가진 사람이 있습니다.
성(姓)은 鮮于(선우)이고 이름이 井(정)입니다.

(선) '鮮'은 17획입니다.
(우) '于'는 03획입니다.
(정) '井'은 04획입니다.

鮮于井(선우정)이라는 성명(姓名)의 삼원오행을 구성해보면

일원(一元), 천격(天格)은 성(姓)자인 鮮于의 획수 각각 17획과 3획을 합하면 20이 됩니다. 여기에 천수(天數) 1을 더하면 21입니다. 끝자리 수는 1이 되고 1은 木에 해당합니다.

이원(二元), 인격(人格)은 성(姓)자인 鮮于의 획수 각각 17획과 3획을 합하면 20이 되고 여기에 이름자인 井의 획수 4를 더하면 24가 됩니다. 끝자리 수는 4가 되고 4는 火에 해당합니다.

삼원(三元), 지격(地格)은 이름자인 井의 획수 4에 천수(天數) 1을 합하면 5가 됩니다. 5는 土에 해당합니다. 이름이 한 글자입니다.

따라서 삼원오행은 木火土로 구성되어 서로 상생됩니다.

鮮于井(선우정)이라는 성명(姓名)의 원, 형, 이, 정격을 조합해보면

원격은 이름자인 井의 획수 4에 천수(天數) 1을 합하면 5가 되고 **5**는 원격의 수리가 됩니다. 이름이 한 글자여서 천수 1을 더해 줍니다.

형격은 성(姓)자인 鮮于의 획수 각각 17획과 3획을 합하면 20이 되고 여기에 이름자인 井의 획수 4를 더하면 **24**가 되며 형격입니다.

이격은 성(姓)자인 鮮于의 획수 각각 17획과 3획을 합하면 20이 되고 여기에 천수(天數) 1을 더하면 **21**이 되며 이격입니다.

정격은 성명의 글자 전부의 획수를 합한 **24**입니다.

이렇게 해서 원, 형, 이, 정격의 수리는 5, 24, 21, 24가 됩니다.

모두 길수(吉數)에 해당하지요?

따라서 鮮于井(선우정)이라는 성명은 삼원오행도 서로 상생되고 원, 형, 이, 정격의 수리도 모두 좋은 수리에 해당합니다.

음령오행에서 성자인 '선'은 金과 火로 구성되어 상극관계이나 土인 '우'자가 뒤따르면서 金과 火 사이를 통관 상생시켜주고 있습니다.

셋째,

성(姓) 두자에 이름이 두자인 경우입니다.
鮮于正雄(선우정웅)이라는 성명(姓名)을 가진 사람이 있습니다.
성(姓)은 선우(鮮于)이고 이름은 정웅(正雄)입니다.

(선)'鮮'은 17획입니다.
(우)'于'는 03획입니다.
(정)'正'은 05획입니다.
(웅)'雄'은 12획입니다.

鮮于正雄(선우정웅)이라는 성명(姓名)의 삼원오행을 구성해보면
일원(一元), 천격(天格)은 성(姓)자인 鮮于의 획수 각각 17획과 3획을 합하면 20이 됩니다. 여기에 천수(天數) 1을 더하면 21입니다.
끝자리 수는 1이 되고 1은 木에 해당합니다.
이원(二元), 인격(人格)은 성(姓)자인 鮮于의 획수 각각 17획과 3획을 합하면 20이 되고 여기에 이름 첫 자인 正의 획수인 5를 더하면 25가 됩니다. 끝자리 수는 5가 되고 5는 土에 해당합니다.
삼원(三元), 지격(地格)은 이름 첫 자인 正의 획수 5와 이름 끝 자인 雄의 획수 12를 합하면 17이 됩니다.
끝자리 수는 7이 되고 7은 金에 해당합니다.
따라서 삼원오행은 木土金으로 구성됩니다.
그런데 土와 金 사이는 상생이 되지만 木과 土는 서로 상극 관계입니다.
좋은 이름이 되지 못합니다.
삼원오행도 사주(四柱)상의 희신(喜神) 용신(用神) 오행이면 더욱 좋으며 아니면 최소한 서로 상생 관계는 되어야 좋습니다.

鮮于正雄(선우정웅)이라는 성명(姓名)의 원, 형, 이, 정격을 조합해보면
원격은 이름자의 첫 자인 正의 획수 5획과 끝 자인 雄의 획수 12획을 합하면 17이 되고 17은 원격의 수리가 됩니다.
형격은 성(姓)자인 鮮于의 획수 각각 17획과 3획을 합하면 20이 되고 여기에 이름의 첫 자인 正의 획수 5를 더하면 25가 되며 형격입니다.
이격은 성(姓)자인 鮮于의 획수 각각 17획과 3획을 합하면 20이 되고 여기에 이름의 끝 자인 雄의 획수 12를 더하면 32가 되며 이격입니다.
정격은 성명의 글자 전부의 획수를 합한 37이 됩니다.
이렇게 해서 원, 형, 이, 정격의 수리는 17, 25, 32, 37이 됩니다.
모두 길수(吉數)에 해당하지요? 수리는 이상이 없습니다.

종합해 보면 鮮于正雄(선우정웅)이라는 이름은 원, 형, 이, 정격은 모두 길수로 조합되어 좋고 음령오행도 상생되어 좋으나 삼원오행이 상생되지 못하여 하자가 있는 이름이 되고 말았습니다.
거기다 雄(웅)이라는 글자는 고독과 천시의 암시가 있다고 하여 전통적으로 꺼리는 불용(不用) 글자에 해당하기도 합니다.

원, 형, 이, 정격 이론은 전통적으로 전해오는 작명법으로 대다수의 작명학자들이 적용하고 있지만 한문 글자의 획수를 조합한 이론이므로 이름에서는 무엇보다도 소리의 중요성이 가장 크다는 성명학의 기본 원리에서 본다면 그 작용력의 크기에는 다소 의문점이 있는 것도 사실입니다.
수리음양법이나 삼원오행법 등도 같은 의문을 가질 수 있습니다.

아호(雅號)

본 이름 외에 따로 지어 부르는 이름으로 보통 호(號)라고 합니다.
주로 예술 문화인이나 학자 선비들이 아호를 지어 불렀는데 현대에는 이름에서 부족한 부분을 보완하는 의미로 활용하기도 합니다.
호는 성명과 연계하여 붙이는 것이 원칙이며 성명의 앞에 호칭합니다.
交堂(교당) 李東奎(이동규)라고 하면
성명이 李東奎(이동규)인 사람의 아호가 交堂(교당)입니다.

아호는
▶직업이나 희망 등과 어울리면 좋습니다.
▶아호의 각각 글자의 획수 수리가 음양 조화를 이루면 좋습니다.
▶음령오행(音靈五行)이 서로 상생되는 것이 좋습니다.
▶특히 아호의 끝자와 성(姓)자의 음령오행은 상생되어야 합니다.
▶음령오행이 사주(四柱)의 희신(喜神) 용신(用神) 오행이면 좋습니다.
▶사주에서 결(缺)되어 없는 오행을 쓰면 좋습니다.
▶각 글자의 획수가 길수(吉數)이면 좋습니다.
▶각 글자의 획수로 조합하는 수리(數理)가 길수(吉數)이면 좋습니다.
▶부르기 좋고 품위와 운치가 있어야 좋습니다.

예를 들어 李東奎(이동규)라는 사람의 호가 交堂(교당)입니다.
(교)交는 음령오행은 木이며 획수는 06획입니다. ●음(陰)입니다.
(당)堂은 음령오행은 火(土)이며 획수는 11획입니다. ○양(陽)입니다.
(이)李는 음령오행은 土이며 획수는 07획입니다. ○양(陽)입니다.

(동)東은 음령오행은 火(土)이며 획수는 08획입니다. ●음(陰)입니다.
(규)奎는 음령오행은 木이며 획수는 09획입니다. ○양(陽)입니다.
앞의 아호를 보면
아호 글자의 획수 수리가 음양 조화를 이루어 좋습니다.
아호와 이름 사이의 음령오행은 서로 상생이 됩니다.

　　　木 → 火 → (土) ↔ 土 ← 火 → (土) × 木

각 글자의 획수가 모두 길수(吉數)에 해당합니다.
　　　6, 11, 7, 8, 9.
아호 교당의 음령오행인 木, 火, 土가 사주상의 희신 용신인지를 봅니다.

수리(數理) 조합은
첫째, 아호인 交堂의 각 글자 획수를 합한 수리가 좋은 길수(吉數)여야 합니다.
　　　交는 6획이고 堂은 11획입니다. 두 획수를 합하면 17이 되고
　　　<u>17</u>은 좋은 길수(吉數)에 해당합니다.
둘째, 아호인 交堂과 성명인 李東奎의 각 글자 획수를 전부 합한 수리가 좋은 길수(吉數)여야 합니다.
　　　모두 합하면 6 + 11 + 7 + 8 + 9 = 41이 됩니다.
　　　<u>41</u>은 길수(吉數)에 해당합니다.
셋째, 성명의 각 글자의 획수를 전부 합한 수리가 길수(吉數)여야 하는데 만약 성명의 글자 획수가 좋은 수리가 되지 못하면 아호를 지으면서 위에 해당하는 다른 조건이 다 좋으면 보완이 된다고 봅니다.
　　　성명인 李(7)東(8)奎(9)의 각 글자 획수의 합은 24가 되고
　　　<u>24</u>는 길수(吉數)에 해당합니다.

※글자의 획수를 조합한 수리의 길흉(吉凶)을 보는 방법은 성명(姓名)과 같습니다. 뒷 편의 수리영동운(數理靈動運)을 보면 됩니다.

여기에서는 본인의 잘못된 이름이나 사주를 보완해주는 기능을 중시하여 음양오행을 바탕으로 호를 짓는 방법을 알아봤으나 이 외에도 호를 짓는 방법에는 여러 가지가 있습니다.

예를 들면,
자신이 태어난 고향의 지명이나 산 이름 또는 자신이 오랫동안 살았던 지명을 따서 짓는 방법이 있습니다.
율곡(栗谷)이라고 하면 밤골 마을인 율곡리에서 태어났거나 오랫동안 살면서 인연을 맺은 경우가 될 수 있습니다. 대개 운치(韻致)를 중요시 하고 음양오행적인 이론은 무시하는 편입니다.

다음으로 당사자를 오랫동안 지켜본 친구나 선배, 또는 스승이 그 사람의 특징적인 기질을 찾아 호를 지어 주는 것입니다.
여기서도 음양오행학적 이론은 배제되는 경우가 많습니다.

따라서 호를 어떻게 어떤 방법으로 지어야 하는지 초심자는 혼란을 느낄 수도 있겠으나 고민할 필요는 없습니다.
어느 것이 옳고 그르다고 단정적으로 정의할 수도 없고 어느 것이 좋고 어느 것이 좋지 않다고 따질 일도 아닙니다.
호 보다는 이름이 중요한 것이며 호라고 하는 것은 보완 작용 정도로 알면 되겠고 자신의 입장에서 인연이 가는대로 지어서 부르면 됩니다.
옛날의 선비들에게는 필수적으로 호가 있어야만 했으나 이제 그 전통도 서서히 저물어가고 있는 중입니다.

상호(商號), 사명(社名)

상호(商號)나 사명(社名)은 원칙적으로 주(主) 업종의 이미지와 잘 맞아야 합니다. 그리고 음령오행(音靈五行)상 좋은 이름이어야 하는데 주인의 사주(四柱)와 조화가 중요합니다. 특히 주인의 사주(四柱)상 희신, 용신 오행으로 음령오행을 구성하고 상생되는 것이 좋습니다.
또한 여기에다 각 글자의 획수를 조합한 수리(數理)까지 좋으면 금상첨화가 되겠지요.

예를 들어 大永實業(대영실업)이라는 상호가 있습니다.
(대)大는 음령오행으로 火이며 03획입니다. ○양(陽)입니다.
(영)永은 음령오행으로 土(土)이며 05획입니다. ○양(陽)입니다.
(실)實은 음령오행으로 金(火)이며 14획입니다. ●음(陰)입니다.
(업)業은 음령오행으로 土(水)이며 13획입니다. ○양(陽)입니다.
음령오행은 (대)火 → (영)土(土) → (실)金(火) ← (업)土(水)로 주음끼리는 상생되지만 '실'은 金(火)으로 주음과 종음이 상극이 되는데 다음 글자인 '업'의 주음 오행 土가 상극 사이에 들어가 통관 상생시켜 좋아졌습니다. 맨 끝자의 주음과 종음은 상극이 돼도 관계없습니다.

수리는 주운(主運), 부운(副運), 총운(總運)으로 구분합니다.
주운(主運)은 주명(主名)으로 자기만의 상호 이름이며 '大永'이 됩니다.
　　大永의 각각 글자 획수를 합한 수리를 주운이라고 합니다.
　　大永의 글자 획수는 각각 3, 5이며 이를 합한 8이 주운이 됩니다.
　　8은 길수(吉數)입니다. 또한 각자 수리 3과 5도 길수(吉數)입니다.

부운(副運)은 전체 상호 중에서 당연명(當然名)인 '實業'이 됩니다.

    '實業'의 각각 글자 획수를 합한 수리를 부운이라고 합니다.

    '實業'의 글자 획수는 각각 14, 13으로 이를 합한 **27**이 부운이 됩니다.

    27은 흉수(凶數)에 해당합니다.

총운(總運)은 상호 전체를 말합니다.

    상호의 글자 전부의 각각의 획수를 합한 수리를 총운이라고 합니다.

    '大永實業'의 글자 획수는 각각 3, 5, 14, 13 획이므로 이를 모두 합한 **35**가 총운이 됩니다. 35는 길수(吉數)입니다.

따라서 大永實業(대영실업)이라는 상호는 음령오행이 상극되고 부운(副運)의 수리가 좋지 않아 그다지 좋은 상호로는 볼 수 없습니다.

또한 주운(主運)의 글자 획수 수리가 양(陽)으로만 구성되어 좋지 않습니다. 특히 주운의 음령오행은 주인의 사주(四柱)상 희신(喜神) 용신(用神)오행이면 더더욱 좋습니다.

※글자의 획수를 조합한 수리의 길흉(吉凶)을 보는 방법은 성명(姓名)과 같습니다. 뒷 편의 수리영동운(數理靈動運)을 보면 됩니다.

전통적인 상호를 짓는 방법을 설명했습니다.

그러나 시대의 흐름은 전통적인 이름을 가지고 있다가도 (특히)외국어로 된 이름을 선호하여 바꾸는 경향이 점점 가속화 되고 있습니다.

한문 이름이든, 한글 이름이든, 영문 이름이든 다 좋습니다.

거기에 사람 이름이건, 회사 이름이건 간에 모든 이름에서 가장 중요한 사항은 음령오행(音靈五行)이라고 부르는 소리오행입니다.

주인의 사주상 희신 오행 글자이면 좋겠고 업종과 어울리는 오행이면 더욱 좋겠으며 각각의 글자끼리 연결되는 소리오행은 연결상 상생구도로 짜여지는 것이 좋겠습니다.

모든 것이 국제화 되고 있는 요즘은 특히 회사 이름에서 국제적으로 편리하게 알리고 활용할 수 있는 글로벌한 이름이 유행입니다.

예를 들면 이런 이름은 어떨까요?

주인의 성(姓)은 최(崔)씨이며 사주에서 土와 金이 희신입니다.

업종은 기계 금속이나 철제 가공 조립업이고 해외 영업도 하는 중소기업인데 사명의 당연명을 이엔지(Eng.) 또는 테크(Tech.)로 해 달라는 요구를 했습니다.

'초이스 이엔지'   Chois Eng.

金↔土↔金 ↔ 土↔土↔(火)↔金

또는

'초이 테크'   Choi Tech.

金↔土 ↔ 火↔木

상호나 상표를 지을 때는
① 기본적으로 성명학의 이론을 준용하는 것이 좋습니다.
② 의미가 긍정적이고 희망적이어야 합니다.
③ 기억하기 쉬워야 합니다.
④ 이미지가 정확하게 전달될 수 있어야 합니다.
⑤ 시대감각이 살아 있어야 합니다.
⑥ 다른 상호나 상표와는 확연히 구분되어야 합니다.
⑦ 외국에서도 통용될 수 있어야 합니다.
⑧ 법적으로 보호받을 수 있어야 합니다.

▎一字 성(姓)에 二자 이름의 실례

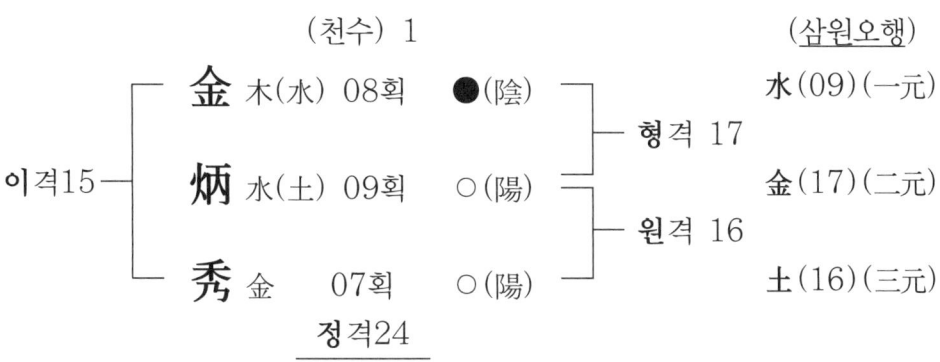

글자 획수 :	08	09	07	
수리 음양 :	●	○	○	… 음양이 조화됩니다.
삼원 오행 :	水	金	土	… 오행이 상생됩니다.
음령 오행 :	木(水)	水(土)	金	… '병'의 주음 水와 종음 土가 상극되지만 다음 글자 '수'의 오행인 金이 상생시킵니다.

원형이정격 : 원격: 16획: 덕망격(德望格)으로 좋습니다.
  형격: 17획: 건창격(健暢格)으로 좋습니다.
  이격: 15획: 통솔격(統率格)으로 좋습니다.
  정격: 24획: 입신격(立身格)으로 좋습니다.

▌一자 성(姓)에 一자 이름의 실례

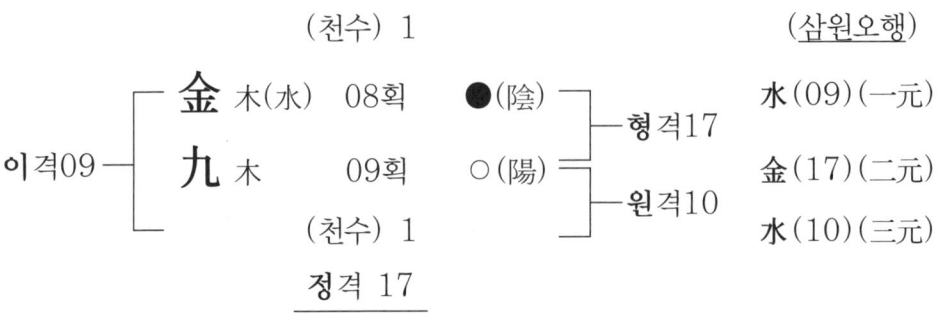

글자 획수 : 08 09
수리 음양 : ● ○ … 음양이 조화됩니다.
삼원 오행 : 水 金 水 … 오행이 상생됩니다.
음령 오행 : 木(水) 木 … 오행이 편중됩니다.
원형이정격 : 원격: 10획: 공허격(空虛格)으로 흉합니다.
　　　　　　형격: 17획: 건창격(健暢格)으로 좋습니다.
　　　　　　이격: 09획: 궁박격(窮迫格)으로 흉합니다.
　　　　　　정격: 17획: 건창격(健暢格)으로 좋습니다.

※ 원격과 이격의 수리가 흉하고 음령오행이 木, (水), 木으로 주음끼리 木의 기운으로 몰려 편중됩니다. 오행이 일방으로 편중되는 것은 꺼립니다.

▌二자 성(姓)에 一자 이름의 실례

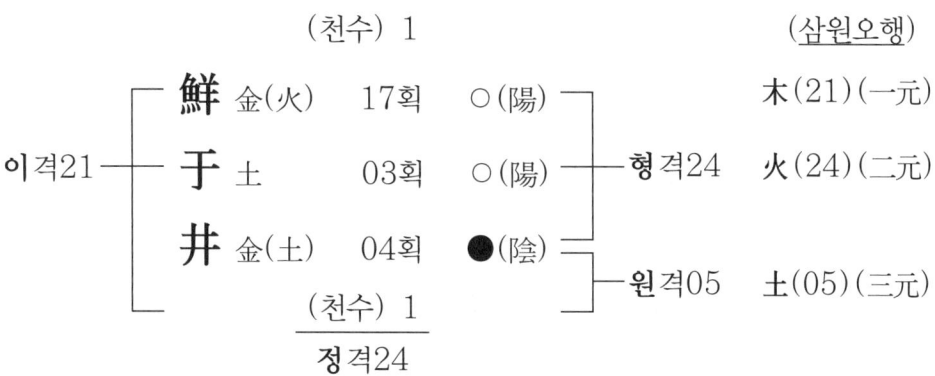

글자 획수 :   17   03   04
수리 음양 :   ○   ○   ●   …   음양이 조화됩니다.
삼원 오행 :   木   火   土   …   오행이 상생됩니다.
음령 오행 :   金(火)   土   金(土)   …   오행이 상생됩니다.
원형이정격 :   원격: 05획: 통어격(通御格)으로 좋습니다.
　　　　　　　　형격: 24획: 입신격(立身格)으로 좋습니다.
　　　　　　　　이격: 21획: 두령격(頭領格)으로 좋습니다.
　　　　　　　　정격: 24획: 입신격(立身格)으로 좋습니다.

'선'자의 주음과 종음이 金(火)으로 상극되지만 다음 글자인 '우'자가 土로 金과 火의 사이를 통관 상생시켜 주어 좋아졌습니다.

二字 성(姓)에 二字 이름의 실례

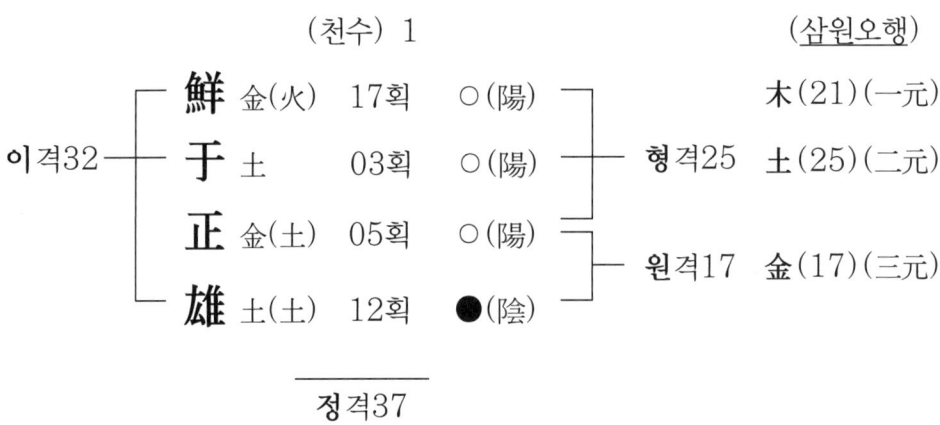

글자 획수 :   17   03   05   12
수리 음양 :   ○   ○   ○   ●   … 음양이 조화됩니다.
삼원 오행 :   木   土   金   … 木土는 상극입니다.
음령 오행 :   金(火)   土   金(土)   土(土) … 오행이 상생됩니다.
원형이정격 : 원격: 17획: 용진격(勇進格)으로 좋습니다.
             형격: 25획: 안강격(安康格)으로 좋습니다.
             이격: 32획: 순풍격(順風格)으로 좋습니다.
             정격: 37획: 인덕격(人德格)으로 좋습니다.

▎상호(商號) 사명(社名)의 실례

大 火   03획   ○양(陽) ┐
永 土(土)   05획   ○양(陽) ┴ 주운(主運) 08

實 金(火)   14획   ●음(陰) ┐
業 土(水)   13획   ○양(陽) ┴ 부운(副運) 27

―――――――――――
총운(總運) 35

음령오행(音靈五行)은 주음끼리는 火→ 土→ 金← 土로 상생됩니다.
그러나 '실'(實)자는 글자 자체의 金(火)으로 주음과 종음이 상극되지만 바로 뒤따르는 글자 '업'의 주음 오행 土가 상생시켜 줍니다.
주운(主運; 주명)의 수리는 8이며 길수(吉數)에 해당합니다.
부운(副運; 당연명)의 수리는 27이며 흉수(凶數)에 해당합니다.
총운(總運)의 수리는 35이며 길수(吉數)에 해당합니다.
주운인 주명(主名) 大永의 획수가 양(陽)으로만 구성되었고 당연명인 부운(副運)의 수리가 불길하여 최상의 좋은 상호로 보기는 어렵습니다.

희신(喜神), 용신(用神)

이름의 음령오행, 삼원오행, 자원오행을 구성할 때 본인의 사주를 보아서 희신이나 용신에 해당하는 글자로 조합하는 것이 좋다고 했습니다.
그렇다면 사주를 잘 모르는 사람은 좋은 이름을 지을 수 없을까요?
그렇지는 않습니다.
희신, 용신이란 사주상 필요해서 보완해 주어야 하는 오행입니다.
사주의 구성에 따라 변수도 있고 예외도 있으나(특히 3월생이나 9월생) 태어난 계절을 보면 대체적이고 기본적인 희신, 용신은 찾을 수 있습니다.
사주의 구성상 태어난 계절의 오행 기운이 가장 강한 작용을 하므로 태어난 달을 보면 여기에 필요한 희신, 용신 오행을 알 수 있습니다.
물론 제대로 된 이름을 지으려면 본인의 사주를 알아야 합니다.

음력으로
봄인 1월, 2월, (3월)에 태어난 사람은 木의 기운을 강하게 받고 태어나므로 火, (土), 金을 희신, 용신으로 보면 됩니다.

여름인 4월, 5월, 6월에 태어난 사람은 뜨거운 火의 기운을 강하게 받고 태어나므로 金, 水를 희신, 용신으로 보면 됩니다.

가을인 7월, 8월, (9월)에 태어난 사람은 金의 기운을 강하게 받고 태어나므로 木, 火를 희신, 용신으로 보면 됩니다.

겨울인 10월, 11월, 12월에 태어난 사람은 차가운 水의 기운을 강하게 받고 태어나므로 木, 火, (土)를 희신 용신으로 보면 됩니다.

▌여기에

사주에서 필요한 오행의 기본 글자가 이름 글자에 들어가면 더욱 좋다고 볼 수 있습니다. 자영오행(字靈五行) 또는 자원오행(字源五行)의 한 부분인데 한자(漢字)의 각 글자 속에 기본 오행의 글자가 들어가면 그 오행의 영(靈)과 기(氣)가 든다고 볼 수 있기 때문입니다.

木 : 林(임). 李(이). 宋(송). 利(이). 朴(박) … **木** 글자가 들어 있습니다.
火 : 烘(홍). 炳(병). 炷(주). 炎(염). 熒(형) … **火** 글자가 들어 있습니다.
土 : 地(지). 圭(규). 均(균). 坊(방). 基(기) … **土** 글자가 들어 있습니다
金 : 鐘(종). 銀(은). 銅(동). 鋼(강). 鎔(용) … **金** 글자가 들어 있습니다.
水 : 江(강). 海(해). 沓(답). 沈(침). 泳(영) … **水** 글자가 들어 있습니다.
　　氵변의 본부수(本部首)는 水입니다.
　　또한 江(강), 海(해) 등은 뜻이 물(水)을 의미하기도 합니다.

예를 들어 金釜汕(김부산)이라는 이름이 있습니다.
이름의 '釜'(부)자에는 金이라는 글자가 들어 있고 '汕'(산)자에는 水(氵)라는 글자가 들어 있습니다.
따라서 사주상 金, 水의 오행이 필요한 사람이 釜汕(부산)이라는 이름을 쓰면 필요한 오행을 보완해주는 역할을 하면서 음령오행까지 金, 水로 구성되어 더욱 좋은 이름이라고 할 수 있겠습니다.
물론
사주의 희신, 용신 오행의 기본 오행 글자가 들어가고 그 오행 글자끼리 상생까지 되면 더 더욱 좋겠지요?

작명 연습

실제 이름을 짓는 연습입니다.

여자입니다.
이름을 짓고자 하는 사람의 성씨가 우리나라에서 가장 많은 '김(金)'씨입니다.
사주를 감정해본 결과 사주가 뜨겁고 火氣가 너무 많아 보완해 줄 필요가 있는 희신 오행이 金과 水입니다.

그렇다면
사주에서 한쪽으로 기울어진 오행을 중화·조화시켜 주기 위해서는 이름의 글자에 음령오행으로 金, 水가 들어가도록 하는 것이 좋겠습니다.
'김'이라는 성에서 주음의 음령오행이 木이며 종음은 水입니다.
이름 첫 자가 음령오행으로 水에 해당하는 글자를 택하면 성 글자의 주음 및 종음과 모두 비화(比和) 상생되겠고 이름 끝 자의 글자는 음령오행으로 金에 해당하는 글자를 택하면 되겠습니다.
성 글자부터 木(水)→ 水→ 金으로 이루어져 상생이 되게 합니다.

우선 별첨 부록의 '성씨 오행별 좋은 이름들'을 참고하여 이름의 두 글자가 水, 金으로 이루어진 이름들 중에서 마음에 드는 예쁜 이름을 고릅니다.
미소, 미송, 미지, 미솔, 미슬 … 등등이 나옵니다.
이 글자들을 보면 첫 글자는 水에 해당하고 뒷 글자는 金에 해당합니다. 단 '솔'이나 '슬'은 주음이 金이고 종음(받침)이 火가 되어 상극이지만 끝 글자의 주음과 종음의 관계에서는 상극이 되어도 흉으로 보지 않습니다.

이들 이름 중에서 '미소'라는 이름이 예쁘고 마음에 들어 골라 봅니다.
'김 미소'라는 이름, 예쁘고 부드럽지요?
그런 다음 맞는 한자를 찾아야 하는데
먼저 글자의 획수를 조합한 원, 형, 이, 정격의 수리와 삼원오행의 조화를 이루게 하자면 '길상수리조합'의 표를 보고 도움을 받는 것이 편리합니다. 이 표를 참고하지 않으면 계산이 복잡해서 어지럽습니다.
金이라는 성 글자의 한자 획수가 8획이므로 金이 포함된 8획의 성에서 이루어지는 좋은 수리 조합 예를 보면 다음과 같은 내용이 나옵니다.

8획의 성(姓) : 金(김). 具(구). 空(공). 季(계) …… . 등등

성.	이름		원.	형.	이.	정.	삼원오행
8.	3.	10.	13.	11.	18.	21.	水 木 火
8.	3.	21.	24.	11.	29.	32.	水 木 火
8.	9.	7.	16.	17.	15.	24.	水 金 土
8.	9.	8.	17.	17.	16.	25.	水 金 金
8.	10.	5.	15.	18.	13.	23.	水 金 土
8.	10.	7.	17.	18.	15.	25.	水 金 金
8.	13.	10.	23.	21.	18.	31.	水 木 火
8.	13.	16.	29.	21.	24.	37.	水 木 水
8.	21.	8.	29.	29.	16.	37.	水 水 水

위에 해당하는 성씨에는, 나열해 놓은 획수의 글자를 선택하면 원, 형, 이, 정격과 삼원오행의 구성이 무난하다는 말입니다. 10개 정도의 예가 있어 선택의 폭이 비교적 넓은 편입니다. 그러나 3획수나 5획수의 글자는 귀해서 찾기

가 어렵고 21획수의 글자는 획수가 너무 복잡합니다.
따라서 이 중에서 무난한 수리(數理)를 골라보면

8.   9.   7.
8.   9.   8.
8.   13.   10.

정도가 될 것 같습니다. 순서대로 성(姓) 글자의 획수와 이름 첫 글자의 획수와 이름 끝 글자의 획수입니다. 수리 음양도 모두 음양이 조화되어 좋습니다. 각각 끝 수로 보아 홀수는 양이요, 짝수는 음입니다.

이름 첫 자는 음령오행상 水에 해당하는 '미'로 정했으므로 '인명용 한자 사전'에서 9획이나 13획에 해당하는 '미'자를 찾습니다.
9획은 없고 13획이 있지요? '물 미(渼)'입니다. 水와 金이 좋으므로 물 수(水 = 氵) 변이 있어 더욱 마음에 듭니다. '미'자는 해결 되었습니다.
다음으로 13획과 조를 이루는 10획의 '소'자를 찾습니다.
'아름다운 옥 소(珆)'가 마음에 듭니다.
이렇게 해서 '김 미소(金 渼珆)'라는 이름이 탄생 했습니다.
단, 사주에서 태어난 날인 일지(日支)가 '丑'이면 '미'와는 상충되는 한글이므로 피하는 것이 좋겠습니다.

하나 더 보겠습니다.

성(姓) 글자 외에 모든 다른 조건은 앞에서 연습한 경우와 같습니다.
성 글자의 음령오행이 주음과 종음(받침)이 상극 관계인 경우입니다.
'강(康)'씨입니다.
주음의 오행은 木이고 종음의 오행은 土입니다.

이렇게 되면 이름의 첫 글자는 火가 되는 것이 좋습니다. 성 글자의 음령오행인 木과 土의 사이에 끼어 통관 상생시켜 줍니다. 木↔(火)↔土.

이름 끝 자는 이름 첫 글자와 상생되면서 사주에서 필요한 오행이 좋다고 했으므로 土가 좋겠습니다. 아니면 火가 되어야 하는데 조열한 사주에 이름에까지 火氣를 더하는 것은 바람직하지 못합니다.

土氣도 흡족하지는 않지만 왕한 火氣를 설기(泄氣)하는 작용을 하므로 이에 만족합니다.

그러면 木(土) ↔ 火 ↔ 土로 정했습니다.

별첨 부록의 '성씨 오행별 좋은 이름들'을 참고하여 이름 첫 글자와 이름 끝 글자가 火, 土로 이루어진 항목에 나오는 여러 이름들 중에서 마음에 드는 이름을 찾아냅니다.

라희, 라영, 나연, 도희 … 등등 예쁜 이름들이 많이 나옵니다.

이 글자들을 음령오행으로 대조해 보면 첫 글자는 火에 해당하고 다음 글자는 土에 해당합니다.

이들 중에서 '나연'이라는 이름을 골라 봅니다.

이제 여기에 맞는 한문 글자를 찾아야 하는데 역시 '길상수리조합'의 표를 보고 협조를 받는 것이 좋겠습니다.

성씨인 康(강)의 글자는 11획이므로 '길상수리조합'의 표에서 11획 성에 해당하는 항목을 찾으면 다음과 같이 나옵니다.

11획의 성(姓): 康(강), 强(강), 堅(견) …… 등등

성.	이름		원.	형.	이.	정.	삼원오행
11.	10.	14.	24.	21.	25.	35.	木 木 火
11.	12.	12.	24.	23.	23.	35.	木 火 火
11.	20.	4.	24.	31.	15.	35.	木 木 火

이 중에서 4획은 글자가 귀하므로 일단 제외하고
11. 10. 14.
11. 12. 12.
이 정도를 활용할 수 있겠습니다. 순서대로 성(姓) 글자의 획수와 이름 첫 글자의 획수와 이름 끝 글자의 획수입니다. 모두 수리 음양이 조화되어 좋습니다. 각각 끝수로 보아 홀수면 양이고 짝수면 음이라고 했지요?
10획이나 12획 중의 '나'라는 한문 글자를 찾아봅니다. '나연'으로 이름을 정했으므로 '인명용한자사전'에서 '나'자를 찾아 10획이나 12획을 고릅니다. 10획으로 '아름다울 나(娜)'가 있고 12획으로 '나팔 나(喇)'가 있습니다. 다음으로 '연'자를 찾아봅니다.
12획과 조를 이루는 12획으로 '못 연(淵)'자가 보입니다. 마침 사주에서 水氣가 필요하므로 잘되었습니다. 연(淵)자는 물수(水=氵)변입니다.
이렇게 해서 '강 나연(康 喇淵)'이라는 이름이 탄생 했습니다.
만약에
맞는 글자를 찾기 어려우면 또 다른 이름을 골라 찾아 맞추어 봅니다.

이렇게 몇 번만 지어보면 별로 어렵지 않습니다.

이상으로 음양오행을 기본으로 한 작명법을 설명하였습니다.

이름은 부르는 소리가 중요하다고 했습니다. 따라서 음령오행의 상생이 중요하면서 그 오행이 본인의 사주에서 필요한 오행이어야 좋습니다.
여기서 주의할 점은, 성명의 각 글자의 주음끼리만 서로 상생이 되면 이상이 없다고 보는 경향도 있는데 필자의 견해로는 주음과 상생이 되면서 종음과도 역시 상생이 되어야 하자가 없는 이름이 된다고 봅니다.
한 글자에서 주음과 종음이 상극이 될 때는(예: 남 - 주음은 火. 종음은 水) 다음 글자의 주음이 그 사이에 들어 상생시켜주면 됩니다.
火와 水가 상극되므로 다음 글자를 木인 '규'로 정하면 '남규'가 되어 木이 火와 水 사이를 상생시켜 줍니다.
이름 끝 자의 주음과 종음이 상극될 때는 무시합니다.
물론,
성명의 각 글자가 모두 주음과도 서로 상극이 되고 종음과도 상극이 되면 빵점짜리의 대단히 흉한 이름이 되겠지요.

한문과 관계없이 순수 한글로 이름을 지을 때는 그냥 듣기에 예쁜 이름으로만 고르거나 꽃의 이름 등을 사용하기도 하는데 여기에는 음령오행의 작용까지도 완전히 무시하는 경우가 많습니다.
또 소리의 파동을 연구하여 이름을 짓는 방법이 새로운 이론으로 나와서 가장 완벽한 것처럼 강조하지만 이 또한 자세히 들여다보면 모순은 있고 음양오행의 원칙에서 보면 쉽게 인정하기도 어려운 부분이 있습니다.
이것이든 저것이든 세상에 완벽한 것은 없습니다. 따라서 성명학에도 완전한 이론은 없습니다. 자기의 이론만이 완벽하다고 주장하고 다른 이론을 무시한다면 자기 도취의 늪에 빠진 아집(我執)일 뿐입니다.

참고 1

음령 오행이 서로 상생되면서 사주에 없거나 필요한 오행으로 구성하는 것이 가장 바람직하지만 성(姓) 글자와의 연결상 사주의 희신 오행으로 이름 석자의 주음과 종음을 전부 상생시키기 어려운 경우가 있습니다.

이때에는 사주상의 희신 오행을 중시하느냐 아니면 오행의 상생을 중시하느냐 하는 문제로 고민에 빠질 수 있습니다.

이런 경우에는 주음의 기능이 더 중요하므로 일부 종음이 상극 되더라도 주음끼리만 상생시켜 주고 사주에서 필요한 오행으로 구성하는 것이 좋을 수가 있는데, 특히 사주가 합과 상생 관계로만 구성되고 충이 전혀 없다면 이름에서 오행이 일부 상극되는 것도 좋을 수 있습니다.

오행끼리의 상극 상충이 전혀 없으면 험한 세상을 살아가는 전투력이 약하다고 볼 수 있습니다. 다시 말해서 생명력이 약한 것이지요.

사람 좋다는 소리는 들을 수 있을지 몰라도 남에게 항상 양보하고 지기만 하는 실속 없는 형국이 되는 것입니다. 상생과 합이 중요하지만 상극도 상충도 있어야 한다는 말입니다. 여기에 대해서는 반론도 있을 수 있겠으나 현대사회에서 살아남기 위해서는 더더욱 상극도 상충도 필요합니다.

필요한 목표는 저절로 굴러 들어오는 것이 아니고 싸워서 쟁취해야 하는 세상이기 때문입니다.

예를 들어 '김 민재'라는 이름이 있습니다. 성의 오행은 木과 水입니다.
사주상 金, 水가 절대적으로 필요해서 이름을 '민재'라고 지어 봅니다.
그런데 '김 민재'로 골라 놓고 보니 木(水)↔水(火)↔金으로 '민'이라는 글자의 주음(水)과 종음(火)이 상극되고 '민'의 종음(火)과 '재'의 주음(金)이 상극입니다. 이런 경우에는 다음 글자를 중간에 넣어 상생시켜주어야 한다고 했으니 뒷 글자는 木이 와야 하는데 金이 온 것입니다.
그러나 사주가 너무 조열해서 이름에서까지 木이 들어가 기름을 퍼부어 불을 질러대는 것은 아무래도 위험하고 불안합니다.
이때에는 이름 첫 글자인 '민'과 이름 끝 글자인 '재'의 주음 水와 金으로 상생 시켜 주면서 水氣를 생해주는 것이 상책이 될 수 있습니다.

이름 하나로 운명이 왔다 갔다 하지 않는다고 분명히 밝혔습니다.
다만,
이름이 운명의 길흉에 어느 정도 도움을 주거나 해를 주는 작용은 분명히 있다고 보여줌으로, 사주의 모자라는 부분을 이름을 활용하여 보완해주는 작용을 해야 합니다.
이름이란, 부르는 소리가 중요하므로 소리오행인 음령오행이 핵심이라고 할 수 있을 정도로 중요하고 이 음령오행은 사주에서 필요한 희신, 용신, 오행으로 구성되면서 앞뒤의 글자와 서로 상생되어야 합니다.

지금까지 본 작명법 외에도 여러 이론들이 많이 있지만 동양철학의 기본원리가 무엇인지를 생각해 보면 그 답이 나오리라고 생각됩니다.

이름을 짓는 것은 한 인간의 생명에게 주는 기도문이 되어야 하고 특히 신생아에게는 이 세상에 태어난데 대한 축하와 축복의 선물이 되어야 합니다.

▌참고 2

음령오행상 성(姓) 글자와 성 다음의 이름 첫 글자와는 상생이 되어야 합니다. 그런데, 엉뚱하게도 태어난 띠와 성(姓) 다음의 이름 첫 글자와 상극이 되면 절대로 좋지 않다고 주장하는 성명학자도 있습니다.

무슨 말이냐 하면
만약, 개띠로 태어났다고 하면 戌土가 됩니다.
이 戌土가 극하는 음령오행의 水에 해당하는 글자를 이름 첫 자에 배치하지 말라는 말입니다. 예를 들면 ㅁ, ㅂ, ㅍ 등의 발음으로 시작되는 글자를 배치하지 말라는 것입니다.
좀 황당하기까지 한 이론인데 이런 잡다한 이설(異說)에 매달리지 말고 성(姓) 글자와 이름의 첫 글자가 음령오행으로 상생되면 되는 것이지 태어난 띠에까지 연계시켜 어지럽게 하는 것은 다분히 이론을 위한 이론으로 보입니다.
사공이 많으면 배가 열 받아서 산으로 기어 올라간다고 했습니다.

바야흐로 신 개발시대여서인지는 모르겠으나 심지어 신의 계시로 독창적인 역법을 개발했다는 사람까지 등장하는 등 별의별 요상한 술법들이 난무하고 있습니다.
필자가 내세우는 이론 외의 모든 것이 다 엉터리라는 말은 아닙니다.
물론, 그것들이 일부 맞을 수도 있고 나름대로는 허무맹랑한 소리가 아니라고 핏대를 세울 수도 있습니다.
그러나 음양오행학의 근본 원리에 충실하면 오류가 적습니다.

참고 3

성명에 육신(六神), 육친(六親)을 붙여 길흉을 보기도 합니다.
사주에서 보는 육신, 육친과 달리 성명 자체에서 태어난 띠를 기준으로 육신, 육친을 정해서 보는 것이라 신빙성이 떨어질 수 있겠으나 성명의 글자만으로 간단히 감정할 수 있는 장점도 있으므로 간략히 소개합니다. 당사주나 십이신살로 신수를 보는 정도로 생각해도 되겠습니다.

먼저 태어난 띠를 천간으로 바꾸어 주인공으로 삼습니다.

癸	己	甲	乙	戊	丙	丁	己	庚	辛	壬	戊
↑	↑	↑	↑	↑	↑	↑	↑	↑	↑	↑	↑
子	丑	寅	卯	辰	巳	午	未	申	酉	亥	戌
쥐띠	소띠	범띠	토끼띠	용띠	뱀띠	말띠	양띠	원숭이띠	닭띠	돼지띠	개띠

예를 들어 개띠(戌) 해에 태어났다면 戊土가 주인공입니다.

다음으로 성명의 한글 음령오행과 한자(漢字) 획수로 음양을 구분합니다.
예: 이(李. 7획. 양) … ㅇ. 土. 양토이므로 戊 … 개띠 戊土의 비견
　　동(東. 8획. 음) … ㄷ. 火. 음화이므로 丁 … 개띠 戊土의 정인
　　　　　　　　　　 … ㅇ. 土. 음토이므로 己 … 개띠 戊土의 겁재
　　규(奎. 9획. 양) … ㄱ. 木. 양목이므로 甲 … 개띠 戊土의 편관

위의 이름에서 육신, 육친을 감정해 보면

성명에서 식상과 재성이 없습니다. 아내와 처가(妻家) 인연이 박하기 쉽다고 봅니다. 주인공과 편관이 전쟁을 일으키는데 정인이 중간에 들어 통관 상생시켜 말려주는 형국이 되기도 합니다.
여명(女名)에는 관살(남편)이 있어야 하고 남명(男命)에서는 재성(아내)이 있어야 기본적으로 좋은 이름이 된다고도 봅니다.
이름으로 일년 신수를 보기도 하는데 이때에는 신수를 보는 당해 년도의 지지를 중심으로 육신을 정합니다.

여기에다 또,
이름을 풀어헤쳐 놓고 태어난 띠의 천간을 기준으로 육효에서 활용하는 육수(六獸; 청룡, 주작, 구진, 등사, 백호, 현무)를 붙여 각 육친에 붙은 육수를 보고 길흉을 감정하기도 합니다.
정, 편재에 백호가 붙으면 아내가 흉사를 만난다고 하거나
정, 편관에 청룡이 붙으면 명예에 좋으므로 훌륭한 이름으로 보는 등의 해석을 합니다.

청룡(靑龍)은 경사, 승진, 합격 등의 길조(吉兆)를 부르며 귀격(貴格)이면 나라의 원수도 될 수 있다고 보는데 좋은 일이 많으며 원만하게 이루어짐을 의미합니다. 甲, 乙 木에 해당합니다.
주작(朱雀)은 구설, 시비, 언쟁 등의 흉조(凶兆)를 의미하며 언론이나 교직 등의 말을 많이 하는 직업에 인연이 있다고 봅니다. 丙, 丁 火에 해당합니다.
구진(句陳)은 매사에 일이 지체되거나 근심 걱정이 따르는 흉조(凶兆)를 뜻합니다. 戊, 土에 해당합니다.
등사(螣蛇)는 놀라는 일이 있거나 군경, 검찰 등의 형권직의 권력을 잡을 수 있다고 봅니다. 己, 土에 해당합니다.
백호(白虎)는 사업에는 큰 재물이 따르나 배우자 운이 나쁘며 사고, 수술 등을

의미하고 의로운 사람을 뜻합니다. 庚, 辛 金에 해당합니다.
현무(玄武)는 일시적인 어려움이 따르기도 하나 대기만성의 운입니다.
壬, 癸 水에 해당합니다.

그러면 육수를 붙이는 예를 하나 들어 볼까요?

戊戌년에 태어난 사람의 이름이 이동규(李東奎)입니다.

우선 성명의 한글 음령오행을 보고 한자(漢字) 획수로 음양을 구분하여 띠를 기준으로 육신을 붙입니다.

예: 이(李. 7획. 양) … 戊 … 개띠 戌土의 비견 … 주작
　　　　　　　　　　　　　　　　　　　　　… 청룡
　　동(東. 8획. 음) … 丁 … 개띠 戌土의 정인 … 현무
　　　　　　　　　　… 己 … 개띠 戌土의 겁재 … 백호
　　규(奎. 9획. 양) … 甲 … 개띠 戌土의 편관 … 등사
　　　　　　　　　　　　　　　　　　　　　… 구진

다음으로 태어난 해의 천간을 기준으로 해서 아래에서부터 차례로 육수를 붙여 올라가는데

天干이 甲, 乙이면 맨 아래서부터 청룡, 주작, 구진, 등사, 백호, 현무의 순서
　　　대로 붙여 올라가고
天干이 丙, 丁이면 맨 아래서부터 주작, 구진, 등사, 백호, 현무, 청룡의 순서
　　　대로 붙여 올라가고
天干이 戊이면 맨 아래서부터 구진, 등사, 백호, 현무, 청룡, 주작의 순서대로
　　　붙여 올라가고
天干이 己이면 맨 아래서부터 등사, 백호, 현무, 청룡, 주작, 구진의 순서대로

　　　　 붙여 올라가고
天干이 庚. 辛이면 맨 아래서부터 백호, 현무, 청룡, 주작, 구진, 등사의 순서
　　　　 대로 붙여 올라가고
天干이 壬. 癸이면 맨 아래서부터 현무, 청룡, 주작, 구진, 등사, 백호의 순서
　　　　 대로 붙여 올라갑니다.

육신을 붙일 때와 달리 받침이 없는 자리에도 받침이 있는 것으로 가상하고 육수를 붙입니다.

이 육신법(六神法)과 육수법(六獸法)을 성명 감정에 활용할 수 있습니다.
다만, 단순 판단을 하는데 활용할 수는 있겠으나 이런 방식으로 운명을 구체적으로 감정하기는 어렵습니다.
운명의 세부적인 감정은 사주를 보는 것이 가장 합리적입니다.

이렇게 성명학에서 활용하는 여러 가지 이론들을 간단 간단히 살펴봤습니다.
필자의 경우에는 이런 잡다한 이론들에는 그렇게 큰 의미를 두지 않고 본문에서 설명한 이론을 근간으로 하고 있습니다.
수리음양을 조화시키고, 음령오행은 사주의 희신, 용신, 오행을 취하여 상생시키는데 이 두 가지 사항을 가장 중요시 합니다.
이 외에도 보완적으로 삼원오행을 구성하여 상생시키고, 원형이정격의 수리를 좋은 배합으로 구성하며 전통적으로 전해 내려오는 불용한자는 가급적 피하고 있고 그 뜻이 좋지 않는 글자도 피하는 등등입니다.
또한 사주의 일주와 충하는 글자도 피하고 있습니다.
물론, 부르기 좋고 청량감이 감도는 이름을 우선적으로 선택하는 것은 기본 중에서도 기본입니다.

생활 수리(數理) 활용

단순해 보이는 숫자에도 어떤 의미를 부여합니다.
가장 활용도가 많은 것이 오행 수리입니다

木에 해당하는 수리는 3. 8입니다.
火에 해당하는 수리는 2. 7입니다.
土에 해당하는 수리는 5. 0입니다.
金에 해당하는 수리는 4. 9입니다.
水에 해당하는 수리는 1. 6입니다.

자신의 사주에서
木, 火가 필요한 사람은 3. 8. 2. 7의 수를 활용하고
金, 水가 필요한 사람은 4. 9. 1. 6의 수를 활용하며
火, 土가 필요한 사람은 2. 7. 5. 0의 수를 활용합니다.
水, 木이 필요한 사람은 1. 6. 3. 8의 수를 활용하며
土, 金이 필요한 사람은 5. 0. 4. 9의 수를 활용합니다.

전화번호, 비밀번호, 자동차 번호 등등 활용도는 많습니다.
로또 복권을 구입할 때도 자신의 사주에서 필요한 오행의 수를 조합해서 활용하기도 합니다.
두 자리 수를 볼 때는 13이면 水氣와 木氣가 함축된 수로 봅니다.
34 이면 金의 기운이 木의 기운을 극해서 木氣가 약화된다고 봅니다.
여기에

사주에서 필요한 오행의 음양까지 구분해서 활용하면 더욱 좋겠지요.
예를 들어
木이 필요한 사람은 3388 등의 수를 활용하면 좋겠는데 필요한 오행이 겹치면 그 오행의 기운이 더욱 강화된다고 봅니다.
木, 火의 기운이 같이 필요하면 3. 8. 2. 7의 수를 활용합니다.
3. 8. 2. 7. 33. 88. 22. 77. 28. 32. 27. 38. 37. 327. 238….

다만,
여기에 보완할 것이 있습니다.
보통 4자리 수로 많이 구성하므로 3. 8. 2. 7의 수로 조합했다고 할 때 숫자끼리의 합의 수리도 중요합니다.
① 첫 수와 두 번째 수를 합하고(3+8=11)
② 두 번째 수와 세 번째 수를 합하고(8+2=10)
③ 세 번째 수와 끝 수를 합하고(2+7=9)
③ 전체수를 합해서(3+8+2+7=20)
각각의 합한 수가 좋은 의미를 가지는 것이 좋은데
위 예의 경우에는
① 11은 좋은 의미를 가진 수리이나 ② 10과 ③ 9와 ④ 20은 흉한 작용을 하는 수리이므로 순서를 바꾸어 다시 배치하는 것이 좋겠습니다.
합이 된 수의 좋은 의미와 좋지 않은 의미는 성명학의 수리 조합인 원, 형, 이, 정격의 수리 감정표에서 길수와 흉수를 참고합니다.
각각 두 자리 수 또는 전체 수를 합해서 나오는 합수의 끝수가 0이 되는 경우 더욱 불길하게 봅니다. 10. 20. 30. 40….

길상수리조합(吉祥數理組合)

성(姓)자와 이름의 한자(漢字) 획수(劃數)를 조합하여 원격(元格), 형격(亨格), 이격(利格), 정격(貞格)을 구성하고 삼원오행(三元五行)을 구성합니다. 그런데 이 길상(吉相)의 수리를 조합하는 작업이 보통일이 아닙니다. 까다롭고 시간도 많이 걸립니다.

이 불편을 덜기 위해서 여기에 각 성(姓) 글자를 획수별로 모아 정리하고 원, 형, 이, 정격과 삼원오행이 좋은 배합으로 조합 구성되는 수리를 간추려 정리합니다.

2획의 성(姓): 乃(내). 卜(복). 丁(정). 力(력. 역). 又(우). 입(入)

성.	이름		원.	형.	이.	정.	삼원오행		
2.	3.	13.	16.	5.	15.	18.	火	土	土
2.	4.	9.	13.	6.	11.	15.	火	土	火
2.	4.	11.	15.	6.	13.	17.	火	土	土
2.	4.	19.	23.	6.	21.	25.	火	土	火
2.	9.	14.	23.	11.	16.	25.	火	木	火
2.	11.	4.	15.	13.	6.	17.	火	火	土
2.	11.	5.	16.	13.	7.	18.	火	火	土
2.	21.	14.	35.	23.	16.	37.	火	火	土

3획의 성(姓): 弓(궁). 大(대). 凡(범). 于(우). 千(천). 子(자). 干(간). 也(야). 山(산).

성.	이름		원.	형.	이.	정.	삼원오행
3.	3.	10.	13.	6.	13.	16.	火 土 火
3.	3.	12.	15.	6.	15.	18.	火 土 土
3.	8.	5.	13.	11.	8.	16.	火 木 火
3.	8.	13.	21.	11.	16.	24.	火 木 木
3.	8.	21.	29.	11.	24.	32.	火 木 水
3.	10.	5.	15.	13.	8	18.	火 火 土
3.	10.	22.	32.	13.	25.	35.	火 火 木
3.	12.	3.	15.	15.	6	18.	火 土 土
3.	13.	22.	35.	16.	25.	38.	火 土 土
3.	18.	3.	21.	21.	6.	24.	火 木 木
3.	18.	14.	32.	21.	17.	35.	火 木 木
3.	20.	12.	32.	23.	15.	35.	火 火 木
3.	21.	14.	35.	24.	17.	38.	火 火 土

4획의 성(姓): 公(공). 孔(공). 介(개). 斤(근). 今(금). 方(방). 卞(변). 文(문). 毛(모). 木(목). 夫(부). 水(수). 尹(윤). 允(윤). 午(오). 仁(인). 元(원). 王(왕). 才(재). 片(편). 巴(파). 天(천). 太(태). 化(화).

성. 이름	원. 형. 이. 정.	삼원오행
4. 3. 4.	7. 7. 8. 11.	土 金 金
4. 3. 14.	17. 7. 18. 21.	土 金 金
4. 4. 3.	7. 8. 7. 11.	土 金 金
4. 4. 13.	17. 8. 17. 21.	土 金 金
4. 4. 21.	25. 8. 25. 29.	土 金 土
4. 9. 4.	13. 13. 8. 17.	土 火 火
4. 9. 12.	21. 13. 16. 25.	土 火 木
4. 11. 14.	25. 15. 18. 29.	土 土 土
4. 12. 13.	25. 16. 17. 29.	土 土 土
4. 13. 4.	17. 17. 8. 21.	土 金 金
4. 13. 12.	25. 17. 16. 29.	土 金 土
4. 14. 3.	17. 15. 7. 21.	土 金 金
4. 14. 11.	23. 18. 15. 29.	土 金 土
4. 14. 21.	35. 15. 25. 29.	土 金 土
4. 19. 12.	31. 23. 16. 35.	土 火 木
4. 20. 11.	31. 24. 15. 35.	土 火 木
4. 21. 4.	25. 25. 8. 29.	土 土 土
4. 21. 14.	35. 25. 18. 39.	土 土 土

5획의 성(姓): 丘(구). 功(공). 白(백). 史(사). 김(소). 石(석). 申(신). 玉(옥). 永(영). 甘(감). 田(전). 皮(피). 左(좌). 玄(현). 平(평). 包(포). 조(비). 占(점). 氷(빙). 弘(홍). 台(태). 乙支(을지).

성. 이름	원. 형. 이. 정.	삼원오행
5. 8. 3.	11. 13. 8. 16.	土 火 木
5. 8. 8.	16. 13. 13. 21.	土 火 土
5. 8. 16.	24. 13. 21. 29.	土 火 火
5. 8. 24.	32. 13. 29. 37.	土 火 木
5. 10. 3.	13. 15. 8. 18.	土 土 火
5. 10. 8.	18. 15. 13. 23.	土 土 金
5. 12. 6.	18. 17. 11. 23.	土 金 金

6획의 성(姓): 吉(길). 光(광). 圭(규). 朴(박). 安(안). 伊(이). 任(임). 印(인). 朱(주). 全(전). 牟(모). 曲(곡). 米(미). 百(백). 西(서). 在(재). 宅(택). 羽(우). 后(후). 老(로). 旭(욱). 先(선).

성. 이름	원. 형. 이. 정.	삼원오행
6. 9. 9.	18. 15. 15. 24.	金 土 金
6. 10. 5.	15. 16. 11. 21.	金 土 土
6. 10. 7.	17. 16. 13. 23.	金 土 金
6. 10. 15.	25. 16. 21. 31.	金 土 土
6. 11. 18.	29. 17. 24. 35.	金 金 水
6. 12. 17.	29. 18. 23. 35.	金 金 水

7획의 성(姓): 君(군). 江(강). 杜(두). 宋(송). 辛(신). 成(성). 李(이. 리). 呂(여. 려). 余(여). 汝(여). 延(연). 吳(오). 位(위). 廷(정). 池(지). 車(차). 判(판). 初(초). 何(하). 孝(효). 君(군). 甫(보).

성.	이름		원.	형.	이.	정.	삼원오행
7.	8.	8.	16.	15.	15.	23.	金 土 土
7.	8.	9.	17.	15.	16.	24.	金 土 金
7.	8.	10.	18.	15.	17.	25.	金 土 金
7.	8.	16.	24.	15.	23.	31.	金 土 火
7.	8.	17.	25.	15.	24.	32.	金 土 土
7.	9.	8.	17.	16.	15.	24.	金 土 金
7.	9.	16.	25.	16.	23.	32.	金 土 土
7.	10.	6.	16.	17.	13.	23.	金 金 土
7.	11.	14.	25.	18.	21.	32.	金 金 土
7.	18.	6.	24.	25.	13.	31.	金 土 火
7.	22.	9.	31.	29.	16.	38.	金 水 木
7.	22.	10.	32.	29.	17.	39.	金 水 木
7.	22.	16.	38.	29.	23.	45.	金 水 金

8획의 성(姓): 金(김). 具(구). 空(공). 季(계). 庚(경). 京(경). 奇(기).
奈(내. 나). 明(명). 門(문). 奉(봉). 林(림. 임). 尙(상).
舍(사). 昔(석). 松(송). 孟(맹). 昇(승). 承(승). 沈(심).
岳(악). 艾(애). 夜(야). 長(장). 宗(종). 周(주). 昌(창).
采(채). 卓(탁). 房(방). 和(화).

성.	이름		원.	형.	이.	정.	삼원오행
8.	3.	10.	13.	11.	18.	21.	水 木 火
8.	3.	21.	24.	11.	29.	32.	水 木 火
8.	9.	7.	16.	17.	15.	24.	水 金 土

성.	이름		원.	형.	이.	정.	삼원오행
8.	9.	8.	17.	17.	16.	25.	水 金 金
8.	10.	5.	15.	18.	13.	23.	水 金 土
8.	10.	7.	17.	18.	15.	25.	水 金 金
8.	13.	10.	23.	21.	18.	31.	水 木 火
8.	13.	16.	29.	21.	24.	37.	水 木 水
8.	21.	8.	29.	29.	16.	37.	水 水 水
8.	21.	16.	37.	29.	24.	45.	水 水 金

9획의 성(姓): 姜(강). 南(남). 段(단). 柳(유. 류). 施(시). 柴(시). 宣(선).
　　　　　　 星(성). 思(사). 信(신). 辻(십). 俊(준). 彦(언). 禹(우).
　　　　　　 韋(위). 俞(유). 貞(정). 秋(추). 肖(초). 姚(요). 表(표).
　　　　　　 扁(편). 咸(함). 河(하). 後(후). 奏(주). 泰(태).

성.	이름		원.	형.	이.	정.	삼원오행
9.	8.	7.	15.	17.	16.	24.	水 金 土
9.	8.	8.	16.	17.	17.	25.	水 金 土
9.	9.	6.	15.	18.	15.	24.	水 金 土
9.	9.	20.	29.	18.	29.	38.	水 金 水
9.	12.	20.	32.	21.	29.	41.	水 木 木
9.	20.	12.	32.	29.	21.	41.	水 水 木
9.	22.	7.	29.	31.	16.	38.	水 木 水
9.	23.	6.	29.	32.	15.	38.	水 木 水
9.	23.	9.	32.	32.	18.	41.	水 木 木

10획의 성(姓): 剛(강). 高(고). 骨(골). 宮(궁). 俱(구). 桂(계). 起(기). 唐(당). 馬(마). 芳(방). 徐(서). 席(석). 洙(수). 素(소). 孫(손). 乘(승). 芮(예). 殷(은). 袁(원). 芸(운). 邕(옹). 洪(홍). 桓(환). 候(후). 夏(하). 秦(진). 眞(진). 晋(진). 曺(조.曹?). 倉(창). 旁(방). 恩(은). 花(화).

※(창녕) 조씨의 경우 曹라는 글자 대신에 曺라는 글자를 씁니다. 중국에서는 曹라는 글자를 쓰지만 우리나라에 서는 曺라는 글자를 쓰는데 그럴만한 조상 내력이 있다고 합니다. 曺는 11획입니다.

성.	이름		원.	형.	이.	정.	삼원오행
10.	3.	3.	6.	13.	13.	16.	木 火 土
10.	3.	8.	11.	13.	18.	21.	木 火 木
10.	3.	22.	25.	13.	32.	35.	木 火 土
10.	13.	8.	21.	23.	18.	31.	木 火 木
10.	13.	22.	35.	23.	32.	45.	木 火 土
10.	14.	7.	21.	24.	17.	31.	木 火 木
10.	14.	11.	25.	24.	21.	35.	木 火 土
10.	19.	19.	38.	29.	29.	48.	木 水 金
10.	21.	8.	29.	31.	18.	39.	木 木 水
10.	22.	7.	29.	32.	17.	39.	木 木 水

11획의 성(姓): 康(강). 强(강). 堅(견). 國(국). 浪(랑). 梁(량. 양). 麻(마). 苗(묘). 班(반). 彬(빈). 邦(방). 梅(매). 魚(어). 御(어). 尉(위). 珠(주). 票(표). 畢(필). 許(허). 扈(호). 胡(호).

邢(형). 偰(설). 卨(설). 常(상). 海(해). 章(장). 張(장). 將(장). 崔(최). 范(범). 那(나). 紫(자).

성. 이름	원. 형. 이. 정.	삼원오행
11. 10. 14.	24. 21. 25. 35.	木 木 火
11. 12. 12.	24. 23. 23. 35.	木 火 火
11. 20. 4.	24. 31. 15. 35.	木 木 火

12획의 성(姓): 邱(구). 景(경). 童(동). 東方(동방). 單(단). 傅(부). 雁(안). 堯(요). 庚(유). 異(이). 雲(운). 閔(민). 象(상). 善(선). 勝(승). 邵(소). 森(삼). 淳(순). 順(순). 舜(순). 筍(순). 程(정). 智(지). 邸(저). 弼(필). 馮(풍). 馮(빙). 賀(하). 黃(황). 彭(팽). 敦(돈). 曾(증). 壹(일). 大室(대실). 小室(소실). 以先(이선).

성. 이름	원. 형. 이. 정.	삼원오행
12. 3. 3.	6. 15. 15. 18.	火 土 土
12. 3. 20.	23. 15. 32. 35.	火 土 火
12. 4. 9.	13. 16. 21. 25.	火 土 火
12. 4. 13.	17. 16. 25. 29.	火 土 金
12. 4. 19.	23. 16. 31. 35.	火 土 火
12. 9. 4.	13. 21. 16. 25.	火 木 火
12. 9. 20.	29. 21. 32. 41.	火 木 水
12. 12. 11.	23. 24. 23. 35.	火 火 木

성.	이름		원.	형.	이.	정.	삼원오행		
12.	12.	13.	25.	24.	25.	37.	火	火	土
12.	12.	23.	35.	24.	35.	47.	火	火	土
12.	13.	4.	17.	25.	16.	29.	火	土	金
12.	13.	12.	25.	25.	24.	37.	火	土	土
12.	20.	3.	23.	32.	15.	35.	火	木	火
12.	20.	9.	29.	32.	21.	41.	火	木	水
12.	23.	12.	35.	35.	24.	47.	火	土	土

13획의 성(姓): 賈(가). 琴(금). 頓(돈). 路(노. 로). 廉(염. 렴).
雷(뇌. 뢰). 睦(목). 岡田(강전). 〈岡田(망전)?〉.
司空(사공). 小峰(소봉). 新(신). 溫(온). 雍(옹). 阿(아).
楊(양). 莊(장). 楚(초). 椿(춘). 湯(탕). 邢(형). 郁(욱).
令孤(영고).

성.	이름		원.	형.	이.	정.	삼원오행		
13.	3.	22.	25.	16.	35.	38.	火	土	土
13.	8.	3.	11.	21.	16.	24.	火	木	木
13.	8.	16.	24.	21.	29.	37.	火	木	火
13.	8.	24.	32.	21.	37.	45.	火	木	木
13.	10.	22.	32.	23.	25.	35.	火	火	木
13.	12.	4.	16.	25.	17.	29.	火	土	土
13.	12.	12.	24.	25.	25.	37.	火	土	火
13.	22.	3.	25.	35.	16.	38.	火	土	土

14획의 성(姓): 箕(기). 菊(국). 甄(견). 端(단). 連(련. 연). 裵(배). 鳳(봉). 愼(慎신). 嘗(상). 榮(영). 西門(서문). 實(실). 慈(자). 趙(조). 齊(제). 菜(채). 郝(학). 華(화). 溫(온). 賓(빈). 公孫(공손). 碩(석).

※ 거창 신씨의 경우 愼이라는 글자 대신 慎이라는 글자를 씁니다. 약자입니다. 조상의 내력이 있다고 합니다. 획수는 14획으로 같습니다.

성.	이름		원.	형.	이.	정.	삼원오행
14.	3.	4.	7.	17.	18.	21.	土 金 金
14.	3.	15.	18.	17.	29.	32.	土 金 金
14.	4.	11.	15.	18.	25.	29.	土 金 土
14.	4.	21.	25.	18.	35.	39.	土 金 土
14.	9.	15.	24.	23.	29.	38.	土 火 火
14.	10.	11.	21.	24.	25.	35.	土 火 木
14.	10.	15.	25.	24.	29.	39.	土 火 土
14.	10.	21.	31.	24.	35.	45.	土 火 木
14.	11.	4.	15.	25.	18.	29.	土 土 土
14.	11.	7.	18.	25.	21.	32.	土 土 金
14.	21.	3.	24.	35.	17.	38.	土 土 火

15획의 성(姓): 價(가). 葛(갈). 慶(경). 郭(곽). 廣(광). 歐(구). 德(덕). 董(동). 樑(양. 량). 劉(유. 류). 魯(로. 노). 萬(만). 滿(만). 墨(묵). 影(영). 葉(섭). 長谷(장곡). 彈(탄). 興(흥). 司馬(사마). 葉(엽). 標(표). 仲室(중실). 鴌(귁). 樓(루).

성.	이름		원.	형.	이.	정.	삼원오행
15.	3.	14.	17.	18.	29.	32.	土 金 金
15.	8.	8.	16.	23.	23.	31.	土 火 土
15.	8.	16.	24.	23.	31.	39.	土 火 火
15.	9.	23.	32.	24.	38.	47.	土 火 木
15.	10.	6.	16.	25.	21.	31.	土 土 土
15.	10.	14.	24.	25.	29.	39.	土 土 火
15.	20.	3.	23.	35.	18.	38.	土 土 火
15.	20.	17.	37.	35.	32.	52.	土 土 金
15.	23.	14.	37.	38.	29.	52.	土 金 金

16획의 성(姓): 疆(강). 橋(교). 霍(곽). 潭(담). 道(도). 都(도). 陶(도). 頭(두). 陸(륙. 육). 龍(룡. 용). 盧(노. 로). 潘(반). 陰(음). 燕(연). 陳(진). 錢(전). 皇甫(황보). 諸(제). 賴(뢰).

성.	이름		원.	형.	이.	정.	삼원오행
16.	9.	7.	16.	25.	23.	32.	金 土 土
16.	9.	16.	25.	25.	32.	41.	金 土 土
16.	13.	8.	21.	29.	24.	37.	金 水 木
16.	13.	16.	29.	29.	32.	45.	金 水 水
16.	13.	19.	32.	29.	35.	48.	金 水 木
16.	22.	7.	29.	38.	23.	45.	金 金 水

17획의 성(姓): 鞠(국). 獨(독). 謝(사). 遜(손). 鮮(선). 陽(양). 襄(양). 蓮(연. 련). 蔚(위). 蔣(장). 鍾(종). 蔡(채). 鄒(추). 追(추). 燭(촉). 澤(택). 韓(한). 濂(렴). 應(응).

성. 이름	원. 형. 이. 정.	삼원오행
17. 8. 7.	15. 25. 24. 32.	金 土 土
17. 12. 6.	18. 29. 23. 35.	金 水 金
17. 18. 6.	24. 35. 23. 41.	金 土 火
17. 20. 15.	35. 37. 32. 52.	金 金 土
17. 21. 14.	35. 38. 31. 52.	金 金 土

18획의 성(姓): 簡(간). 瞿(구). 魏(위). 鎬(호). 顔(안). 鞦(추). 網切(망절).〈網切(강절)?〉

성. 이름	원. 형. 이. 정.	삼원오행
18. 3. 20.	23. 21. 38. 41.	水 木 火
18. 11. 6.	17. 29. 24. 35.	水 水 金
18. 14. 7.	21. 32. 25. 39.	水 木 木

19획의 성(姓): 關(관). 南宮(남궁). 譚(담). 龐(방). 薛(설). 鄭(정). 魚金(어금). 再會(재회). 黃甫(황보)

성. 이름	원. 형. 이. 정.	삼원오행
19. 12. 20.	32. 31. 39. 51.	水 木 木
19. 13. 16.	29. 32. 35. 48.	水 木 水

20획의 성(姓): 羅(나. 라). 嚴(엄). 鮮于(선우). 釋(석).

성. 이름	원. 형. 이. 정.	삼원오행
20. 4. 11.	15. 24. 31. 35.	木 木 木
20. 4. 17.	21. 24. 37. 41.	木 火 木
20. 9. 9.	18. 29. 29. 38.	木 水 金
20. 9. 12.	21. 29. 32. 41.	木 水 金

21획의 성(姓): 藤(등). 隨(수). 顧(고). 負鼎(부정).

성. 이름	원. 형. 이. 정.	삼원오행
21. 8. 10.	18. 29. 31. 39.	木 水 金
21. 10. 14.	24. 31. 35. 45.	木 火 火

22획의 성(姓): 鑑(감). 權(권). 邊(변). 蘇(소). 襲(습). 隱(은). 蘆(로).

성. 이름	원. 형. 이. 정.	삼원오행
22. 3. 10.	13. 25. 32. 35.	火 土 火
22. 3. 13.	16. 25. 35. 38.	火 土 土
22. 10. 3.	13. 32. 25. 35.	火 木 火
22. 10. 13.	23. 32. 35. 45.	火 木 火

25획의 성(姓)∶ 獨孤(독고).

성.	이름	원.	형.	이.	정.	삼원오행
25.	10. 6.	16.	35.	31.	37.	土 土 土
25.	10. 13.	23.	35.	38.	48.	土 土 火
25.	12. 4.	16.	37.	29.	41.	土 金 土

31획의 성(姓)∶ 諸葛(제갈).

성.	이름	원.	형.	이.	정.	삼원오행
31.	4. 20.	24.	35.	51.	55.	木 土 火
31.	20. 4.	24.	51.	35.	55.	木 木 火

※23. 24. 26. 27. 28. 29. 30의 획수를 가진 성(姓)은 없습니다.

※31획 성(姓)씨의 경우에는 원, 형, 이, 정격의 수리 전부를 길수(吉數)로만 구성되도록 이름 글자를 조합하기가 어렵습니다.

따라서 흉수(凶數) 중에서도 흉한 기운이 좀 가벼운 편인 51수와 55수를 쓰는 수 밖에 없겠습니다.

※수리 배합이 어려우면 초년 운을 의미하는 원격의 수리를 길수(吉數)가 아닌 수리 중에서 가려 쓰기도 합니다. 초년 고생은 사서도 한답니다.

성명학에서 적용하는 획수와 본부수(本部首)

한자는 한글과 달리 그림이나 형상을 표현하여 시각적으로 전달하는 표의문자(表意文字)입니다. 따라서 글자의 구조와 변형에서 일정한 뜻을 나타내므로 성명학에서는 일반적으로 적용하는 필획법(筆劃法)의 획수(약부수; 略部首)와 다르게 원획법(原劃法)의 본부수(本部首) 획수를 적용합니다.

획	원글자	적용	성명적용실례	획	원글자	적용	성명적용실례
忄	心(심)	4획	性 → 9획	艹	艸(초)	6획	芬 → 10획
氵	水(수)	4획	池 → 7획	罒	网(망)	6획	罪 → 14획
扌	手(수)	4획	投 → 8획	月	肉(육)	6획	肝 → 9획
犭	犬(견)	4획	狗 → 9획	耂	老(노)	6획	考 → 8획
王	玉(옥)	5획	琓 → 12획	辶	辵(착)	7획	迷 → 13획
礻	示(시)	5획	祥 → 11획	阝	邑(읍)우	7획	郡 → 14획
衤	衣(의)	6획	補 → 13획	阝	阜(부)좌	8획	附 → 13획

예를 들면 氵는 3획입니다. 그러나 氵의 원래 글자가 水이므로 水의 원획수(原劃數)인 4획을 적용하는 것입니다. 그리고 숫자를 표시 할 때는 一은 1획으로, 二는 2획으로, 三은 3획으로, 四는 4획으로, 五는 5획으로, 六은 6획으로, 七은 7획으로, 八은 8획으로, 九는 9획으로, 十은 10획으로 적용하며 다만 百은 6획으로 千은 3획으로 적용합니다.

그러나 일부 역학인 중에는 원획수(原劃數)가 아닌 필획수(筆劃數)를 사용하기도 하는데 숫자도 마찬가지로 九를 2획으로 사용합니다.

이 책에서는 대다수 성명학자가 인정하는 원획수를 적용합니다.

★재미있는 통계가 있습니다.

　대법원에서 통계를 낸 것인데 연도별로 가장 흔했던 이름을 추려 정리한 것입니다. 시대별로 이름이 변해가는 유행의 흐름을 알 수 있는 자료가 될 수도 있을 것 같아 옮겨 봅니다.

※가장 흔한 남자 이름

	1945년 출생자	1975년 출생자	2005년 출생자
1 위	영수 (835명)	정훈 (2286명)	민준 (2046명)
2 위	영호 (710명)	성호 (1789명)	현우 (1876명)
3 위	영식 (622명)	성훈 (1746명)	동현 (1681명)
4 위	정웅 (577명)	성진 (1659명)	준혁 (1599명)
5 위	영길 (570명)	정호 (1641명)	민재 (1592명)
6 위	영일 (537명)	상훈 (1604명)	도현 (1572명)
7 위	정수 (512명)	성민 (1486명)	지훈 (1564명)
8 위	정남 (503명)	영진 (1478명)	준영 (1501명)
9 위	광수 (499명)	상현 (1421명)	현준 (1343명)
10 위	중수 (482명)	준호 (1391명)	승민 (1302명)

※가장 흔한 여자 이름

	1945년 출생자	1975년 출생자	2005년 출생자
1 위	영자 (9298명)	미영 (9129명)	서연 (3006명)
2 위	정자 (8995명)	은정 (9012명)	민서 (2541명)
3 위	순자 (8314명)	은주 (8732명)	서현 (2442명)
4 위	춘자 (5615명)	은영 (8159명)	수빈 (2336명)
5 위	경자 (4340명)	현주 (7351명)	유진 (2212명)
6 위	옥자 (3804명)	은경 (7350명)	민지 (2129명)
7 위	명자 (3680명)	지영 (7321명)	서영 (2112명)
8 위	숙자 (3401명)	미경 (7091명)	지원 (2085명)
9 위	정순 (3257명)	현정 (7007명)	수민 (2041명)
10 위	화자 (3173명)	미정 (6640명)	예원 (1902명)

♨고려는 왕건(王建)이 세운 왕(王)씨의 나라입니다.

王(왕)이라는 글자에는 土라는 글자가 들어 있습니다.

음령오행상도 土에 해당합니다.

따라서 고려는 토국(土國)이라고 할 수 있습니다.

고려를 무너뜨리고 세운 조선은

이성계(李成桂)가 세운 이(李)씨의 나라입니다.

李(이)라는 글자에는 木이라는 글자가 들어 있습니다.

따라서 조선은 목국(木國)이라고 할 수 있습니다.

오행의 생극(生剋) 작용으로 보면 木이 土를 剋합니다. 木剋土.

즉, 木인 이씨가 土인 왕씨를 剋하여 무너뜨린 형상이 됩니다.

이렇게 되면 木인 이씨의 나라도 金剋木의 작용에 따라 언젠가는 金씨로부터 剋을 당하여 무너질 수 있다는 논리가 됩니다.

그래서 머리를 싸매고 연구한 끝에 금(金)씨라는 성을 아주 없앨 수 는 없는 일인지라

김(金)씨로 음(音)을 슬그머니 바꾸어 버렸다고 합니다.

금극목(金剋木)은 있어도 김극목은 없으니까요.

지역 이름도 마찬가지라고 하네요.

금해(金海)는 김해(金海)로 바꾸고 금포(金浦)는 김포(金浦)로 바꾸고…

믿거나 말거나 고서(古書)에도 나와 있는 이야기입니다.

제3장

성명운 해설

성명불용한자(姓名不用漢字)

이름에 쓰지 않는 것이 좋다고 전해져 내려 오는 글자들이 있습니다.
일반적으로 통용되는 불용한자를 선별하여 정리합니다.

江(강) : 풍파가 많고 고독, 불화, 부부이별 등으로 세상을 쓸쓸하게 살 수 있는 기운이 있습니다.
介(개) : 성격이 과격하여 부부이별, 질병, 사고 등으로 고통을 받으며 고생이 막심한 경우가 많습니다.
決(결) : 재화(災禍)가 따르고 곤고(困苦)하며 단명한다고 봅니다.
庚(경) : 부모 형제 덕도, 인덕도 없고 실패수가 많으며 질병, 사고, 고독, 폐질(廢疾) 등의 흉한 기운이 있습니다.
慶(경) : 객지에서 조난을 당하는 등 단명한다고 봅니다.
卿(경) : 부부이별하고 고독하며 인생에 풍파가 많은데 건강도 좋지 않아 단명할 수 있습니다.
京(경) : 호화로운 허영을 좋아한다고 봅니다.
桂(계) : 부부운이 대단히 불길하여 생리사별(生離死別)하고 고독하며 인덕도 없다고 봅니다.
系(계) : 부부 이별하고 말년이 고독하다고 봅니다.
坤(곤) : 실패와 불운의 기운이며 질병과 사고 등의 고통이 따릅니다.
光(광) : 성격이 포악하며 주색으로 몸을 다치기 쉽고 상처(喪妻)할 수 있다고 봅니다. 어둠의 징조로 시력이 약하며 형액이 따르는 기운으로 두뇌는 명석하나 재물운에 풍파가 많은 편입니다.
鑛(광) : 되는 일이 없고 고독하며 단명한다고 봅니다.

九(구): 수(數)의 종말을 의미합니다. 고독, 질병, 횡액, 조난, 이별, 관재 구설, 부상 등이 따르고 재주가 있어도 소용없습니다.

久(구): 가혹하고 비참한 운명에 처하는 경우가 많습니다.

龜(구, 귀): 불행하게 살다가 단명한다고 봅니다. 성공하는 경우도 있으나 산재(散財)도 많다고 보는데 특히 戌, 亥년생은 절대로 사용하지 말라고 합니다.

國(국): 관재구설이 많고 횡액이 빈번하며 심신도 박약하여 단명수가 있는데 형권직(刑權職)에 종사하면 무난할 수 있다고 봅니다.

菊(국): 부부운이 박하고 질병, 사고 등의 고통이 많습니다. 가을 작물이 떨어지는 형상으로 특히 여명(女名)에는 대흉하다고 봅니다.

君(군): 침체, 곤액(困厄)의 불운을 만나는 경우가 많습니다.

弓(궁): 인생 행로에 괴로움과 고통이 많다고 봅니다.

貴(귀): 만사불통에 가정불화가 끊이지 않고 중도좌절, 조난, 단명의 수가 있고 과부나 홀아비가 되기 쉬운 기운입니다.

極(극): 부모 형제의 덕이 없고 빈천, 정신질환의 기운이 있으며 허약, 병약하여 고통을 받는 경우가 많습니다.

根(근): 건강을 해치며 부모형제의 덕이 없고 자녀의 덕도 없습니다.

金(금): 지조와 충실의 의미가 있으나 남명은 혹독, 박정하여 물질적인 성공은 어렵다고 보며 여명은 남편과 자식을 훼한다고 봅니다.

今(금): 매사 실패가 많으며 이사 또는 직장의 변동이 심하고 부부운과 자녀운이 좋지 않은 암시를 가지고 있습니다.

琴(금): 부부운이 박하고 질병, 사고 등으로 고통이 많습니다.

錦(금): 고난으로 고생하며 부부운이 박하고 고독하다고 보는데 질병, 사고 등의 고통도 따릅니다.

貢(공): 여명은 남편이 일찍 사망할 수 있다고 봅니다.

吉(길): 천한 인품으로 주거불안, 이성문제, 사고 등의 풍파가 많고 인덕이 없으며 주색으로 망신당할 수입니다.

南(남): 질병으로 고통이 심하며 특히 여명은 부모 형제 덕도 없고 인덕도 없는 불행한 과부 운으로 봅니다.

男(남): 바쁘기만 하고 소득이 없으며 인덕도 없는 비천한 운으로 여명은 부부이별 등의 가정사에 근심 걱정이 많습니다.

畓(답): 재앙이 종종 올 수 있다고 봅니다.

代(대): 한평생 불행을 부른다고 봅니다.

德(덕): 초년과 중년은 평탄하나 말년이 고독한 기운입니다.

挑(도): 인내력이 부족하고 질병의 흉한 암시가 있다고 봅니다.

乭(돌): 천한 기운입니다. 의리는 있으나 분별력이 부족하며 산재(散財) 등의 고난과 고통이 따릅니다.

童(동): 인품이나 기국(器局)이 불량하여 비천하고 실패수가 많으며 어리석다고 봅니다.

冬(동): 침체를 의미합니다. 노력은 하나 댓가도 없고 도모하는 매사가 이루어지기 어려운 기운을 가지고 있습니다.

東(동): 주변 파악을 못하고 날뛰어 파란을 겪다가 절망과 패망에 이른다고 보기도 하는데 장남에게는 무난하다고도 봅니다.

蘭(란): 부부 생리사별(生離死別) 수가 있다고 봅니다. 자녀운도 불길하며 단명수도 있는데 질병 등의 고통이 많고 쇠퇴하는 기운이며 화류계에 인연이 많습니다.

良(량): 되는 일이 없고 고독하며 승려가 될 운으로 봅니다.

蓮(련): 고독한 과부운으로 봅니다. 쇠퇴와 몰락의 기운으로 가정운이 불길하며 무당이나 화류계에 많은 이름 글자입니다.

連(련): 고독한 과부운으로 봅니다. 가정운이 불길하며 무당이나 화류계에 인연이 많은 편입니다.

禮(례) : 사고를 잘 당하며 자만심이 강해 실패가 많습니다. 경제적으로 험로를 걷게 되고 여명은 과부, 무당, 화류계에 인연이 많습니다.

露(로) : 쇠(衰)함을 의미하고 일신일가(一身一家)의 멸망을 뜻합니다.

魯(로) : 우둔하고 질병 등의 재난이 많으며 주색에 빠질 수 있습니다.

了(료) : 모든 것이 끝나는 형상으로 피하는 것이 좋습니다.

龍(룡) : 관재구설, 불구, 이별, 조난의 의미를 가지고 있습니다. 허영으로 허망한 꿈을 꾸거나 주색에 빠지기도 하며 고독하다고 봅니다.

馬(마) : 짐승처럼 비천, 빈천, 경솔, 실패가 많고 고통이 따르는 기운이며 丑년생은 특히 이름에 사용하지 말아야 한다고 합니다.

滿(만) : 선빈후부격(先貧後富格)으로 부부인연이 박하고 인덕도 없으며 길흉의 반복이 많은 기운입니다.

萬(만) : 인덕이 없고 고난과 고통이 많으며 자녀운도 박하다고 봅니다.

末(말) : 만사의 끝판입니다. 산재(散財)하고 부부 인연도 박하며 인덕이 없고 빈천하게 산다는 의미를 가지고 있습니다.

梅(매) : 사고 등 재난이 따르고 이산(離散), 부부이별수가 있으며 고독한 기운을 내포합니다. 무당, 과부, 화류계 여자에 많습니다.

命(명) : 재액(災厄)이 따르며 일생 의지할 곳 없는 고독한 운으로 신체가 허약하고 단명수가 있으며 자녀운도 나쁘다고 봅니다.

明(명) : 순한 성품에 두뇌가 명석하나 굴곡과 파란곡절의 변수가 많고 재물운이 약하며 불구, 단명수에 고독한 기운입니다.

武(무) : 부부운이 박하며 가정운이 좋지 않습니다.

文(문) : 동서남북으로 분주하게 산다고 봅니다.

黙(묵) : 삶의 기복이 심하고 고통이 따르며 허약 체질이 많습니다.

美(미) : 성품이 좋으나 고독하며 건강이 약하고 수술, 단명의 기운이 있는데 연예계 쪽이면 좋은 작용을 할수도 있다고 봅니다.

敏(민): 성격이 날카로워 불화를 초래하며 인덕이 없고 매사 불성입니다.

方(방): 평생 하는 일에 장애가 따른다고 봅니다.

法(법): 파란과 재난이 잦다고 봅니다.

炳(병): 고난과 고통이 많으며 교통사고 등 불의의 재난을 부릅니다.

丙(병): 고통과 고난이 많으며 노상사고 등 불의의 재난을 부릅니다.

柄(병): 고난과 고통이 많으며 교통사고 등 불의의 재난을 부릅니다.

秉(병): 고통과 고난이 많으며 노상사고 등 불의의 재난을 부릅니다.

寶(보): 부부 이별수가 있으며 애정의 번뇌가 많은 화류계 인연입니다.

福(복): 욕심이 많으며 오히려 복을 해치는 불운입니다.
재액, 곤궁의 기운이 있고 과부가 되기도 합니다.

富(부): 고집이 강하고 욕심이 많으며 천박한 기운입니다.

分(분): 부부 생사별 하기 쉽고 고독하며 과부운으로 질병도 따릅니다.

粉(분): 생활이 불안정한 파란의 기운으로 부부 생사별 하는 고독한 과부운입니다. 또한 질병으로 고통을 당합니다.

紛(분): 부모형제 덕이 없고 부부덕도 없으며 친구덕도 없어 좌절과 실패를 겪으며 사이비 종교 교주나 박수무당, 과부, 화류계 등에 인연이 있다고 봅니다.

芬(분): 이별수로 부부운이 불길합니다.

奉(봉): 고독, 고난, 고통이 따르며 과부운입니다. 승려 기운도 있습니다.

鳳(봉): 고집이 강하고 고독하며 과부나 화류계에 인연이 많습니다.

峯(봉): 인덕 없고 낭비가 심해 가난하고 좌절과 파란을 겪는다고 봅니다.

四(사): 조난과 단명을 의미하며 고독한 기운입니다.

巳(사): 남을 생각하는 온화한 성품이나 불우한 경우가 많습니다.

絲(사): 실이 꼬이듯이 만사 일이 꼬여 이루어지기 어렵다고 봅니다.

山(산): 고독과 질병으로 고통이 따르며 과부나 승려가 많습니다.
三(삼): 분열이 심하고 구설수가 따릅니다.
上(상): 여명은 과부가 되어 고독하거나 자식이 없을 수 있다고 봅니다.
霜(상): 시들고 허무한 기운으로 비참한 불운입니다.
常(상): 거칠고 강하며 불운을 의미합니다.
生(생): 고독, 질병, 고통이 따르며 부부운도 좋지 않습니다.
石(석): 좌절, 신체 부상이 따르며 고집 강하고 실패수가 많은 천격이며 특히 여명은 부부운이 대단히 좋지 않습니다.
錫(석): 부부 불화 심하고 재물의 낭비가 많으며 질병과 사고도 많습니다.
仙(선): 산(山) 속의 의미로 일생이 고독하며 이별수를 가지고 있습니다.
雪(설): 속성속패(速成速敗)로 성공도 빠르나 망하고 실패하는 것도 눈 녹듯 빨라 고생이 많은 운입니다.
星(성): 천박하고 실패와 고통이 많으며 홀아비 과부가 되기 쉬운데 또한 중년 이후에 큰 액난을 겪을 수 있고 단명수도 있다고 봅니다.
笑(소): 정(靜)적인 암시가 있습니다. 허영심, 파멸, 병재(病災), 불의의 재난이 따르고 매사 이루어지기 어려운 기운입니다.
昭(소): 온화하나 장애가 있어 성공하기 어려운 운입니다.
素(소): 단명을 의미한다고 봅니다.
松(송): 산재(散財), 박약(薄弱), 고독을 면하기 어려운 만사 불길입니다.
洙(수): 질병이 많고 좌절과 고통이 많이 따르는 운입니다.
壽(수): 고통과 질병이 많은 천박한 운이며 조난, 객사, 단명을 부릅니다.
淑(숙): 조숙하여 이성관계가 복잡할 수 있고 부부이별, 고독의 기운이며 신체가 허약하고 부모덕도 없는 운으로 고집이 강합니다.
順(순): 남편과 불화, 이별수를 겪는 과부, 화류계 인연이며 잔병과 실패 수가 많은 눈물의 인생입니다.

純(순) : 결혼 문제로 관액이 따르는 등 파란이 많다고 봅니다.

勝(승) : 극성(極盛)의 기운으로 작은 어려움에도 좌절하며 남명은 병재(病災)가 많고 여명은 부부운이 흉한 기운입니다.

昇(승) : 항상 정상이라 내려온다는 의미로 소극적인 면을 암시합니다.

時(시) : 성공과 실패, 질병, 고독의 운이며 기복이 심한편입니다.

植(식) : 허약하고 질병으로 고통을 받으며 부모덕도 인덕도 없고 자녀운도 박하여 횡액(橫厄)을 잘 당하기 쉽다고 봅니다.

新(신) : 고독하고 고단한 인생을 의미한다고 봅니다.

實(실) : 내리막의 의미로 실패가 많고 고독, 질병, 사고 등의 기운이며 여명은 과부가 되기 쉽다고 봅니다.

心(심) : 신체가 허약하여 질병이 잦고 고독한 과부나 화류계 인연입니다.

岩(암) : 평생 실패와 고난의 연속이며 부부 불화가 심한 운인데 아호(雅號)에 사용하면 좋습니다.

安(안) : 번민과 근심의 연속을 부릅니다.

愛(애) : 음란한 기운이며 슬픔의 표본입니다. 이향(離鄕), 부부이별의 운으로 과부나 화류계에 많은 이름 글자입니다.

羊(양) : 이성문제 위험하고 남편운이 없습니다. 미(未)와 같습니다.

女(여) : 하천(下賤)하고 부모 형제덕도 인덕도 없으며 고독의 기운으로 무당, 과부, 화류계에 많은 이름 글자입니다.

烈(열) : 부모덕이 없고 고독하며 허약하고 고통이 많습니다.

榮(영) : 근심 걱정의 연속으로 수심(愁心)이 많으며 매사 이루어지기 어려운 기운을 내포하고 있습니다.

泳(영) : 실패와 좌절이 많고 인덕이 없다고 봅니다.

英(영) : 고집세고 부부불화가 심하며 자녀운이 불길하여 고통 받고 특히 여명은 자만심이 강합니다.

五(오): 주위에 적이 많고 고독하며 고통이 따릅니다.

午(오): 극기심(克己心)이 부족하며 복을 깨고 재산을 지키지 못하는 불운을 암시합니다.

玉(옥): 두뇌회전 빠르나 부부갈등 심하고 암(癌) 등의 질병과 파재(破財), 단명의 기운이 있다고 봅니다. 부(富), 문(文)과 같습니다.

沃(옥): 재운(財運)이 없으며 질병으로 고통 받거나 고독한 운입니다.

外(외): 인덕이 없고 실패가 많으며 재물의 낭비가 심한 기운입니다.

雨(우): 구설수가 많으며 평생 고난과 고통이 따릅니다.

隅(우): 조난수가 있으며 교통사고나 수술수가 있다고 봅니다.

雲(운): 형제간에 우애 없고 실패와 산재(散財)가 많아 매사 어려움이 따르며 승려나 무당에 많은 이름 글자입니다.

雄(웅): 고독과 천대(賤待)의 암시가 있습니다.

猿(원): 기지(奇智)가 만첩하나 재물운이 박하고 불우한 생애를 산다고 봅니다. 신(申)과 같습니다.

遠(원): 평생 고난과 고통이 따르며 고독하다고 봅니다.

月(월): 낭만적인 성품이나 정조관념이 약하고 부부운이 특히 나쁜 작용을 하는데 과부, 무당, 화류계에 인연이 있다고 봅니다.

酉(유): 여명이면 직업을 가지고 노력하나 남편운을 극하여 노고가 많으며 조(鳥)와 같은 의미입니다.

留(유): 곤액쇠퇴(困厄衰退)의 대흉한 글자이며 길운(吉運)을 멈추게 하는 정지의 의미를 가지고 있습니다.

銀(은): 심성은 착하나 인덕이 없고 생활의 변동이 심하며 질병과 교통사고 등 고통과 고난이 많은 운입니다.

殷(은): 평생 질병이 따르고 고독하다고 봅니다.

義(의): 신체가 허약하며 만사 불길하다고 봅니다.

二(이) : 부모와 형제 덕이 없고 신체가 허약하며 질병이 많습니다.
伊(이) : 부모와 형제 덕이 없고 신체가 허약하여 질병이 많으며 여명은 남편과 별거하거나 천대받는 운입니다.
李(이) : 자손이 없기 쉽다고 봅니다.
寅(인) : 꼭 필요하지 않는 한 불길하며 특히 신(申), 유(酉)년생은 사용하지 말아야 한다고 하는 흉한 글자입니다.
仁(인) : 고집이 강하고 평생 불행하며 난치병으로 고생할 수 있다고 봅니다. 가정운도 건강운도 불길하며 여난(女難)을 겪을 수 있습니다.
任(임) : 두뇌회전이 빠르나 부부갈등이 심하고 신체가 허약하며 재난이 많은 의미를 내포하고 있습니다.
一(일) : 고독한 외톨이입니다. 글자가 너무 간단하여 그만큼 인장(印章) 등의 위조도 쉽습니다.
日(일) : 극성(極盛)을 의미합니다. 매사 장애가 따르고 신체의 고장이 잦으며 만년이 특히 흉하다고 봅니다. 인덕도 없고 가정불화 등 고통이 많은 흉수(凶數)입니다.
子(자) : 용의주도하고 검약(儉約)하여 중년 이후에 개운(開運)하나 처자운이 흉하고 병약하며 부부운이 불길합니다. 특히 오(午), 미(未)년생은 사용 불가합니다.
猪(저) : 영리하나 중년 이후에 재앙이 따르며 만년이 불행합니다.
宰(재) : 신체 허약하여 고통이 심하고 관재구설이 따릅니다.
在(재) : 신체가 허약하고 부부운과 자녀운이 불길하며 관재수가 많고 실패수도 많습니다.
載(재) : 신체 허약하고 고난과 고통이 많으며 직장 등의 변동이 심합니다.
栽(재) : 신체 허약하고 고통과 고난이 많으며 직장 등의 변동이 심합니다.
裁(재) : 허약해 질병으로 단명하고 부부인연도 박하며 재난의 연속이라 되는 일이 없다고 봅니다.

哉(재) : 신체 허약하고 고통과 고난이 많으며 직장 등의 변동이 심합니다.

占(점) : 부부 갈등 심하고 자녀운이 나쁘며 건강을 해치는 운입니다.
무당이나 박수에 인연이 많습니다.

點(점) : 부모 덕도, 자녀 덕도 없으며 고통이 많고 고독한 기운입니다.

点(점) : 고독하며 불구의 위험이 따릅니다.

貞(정) : 부모 형제덕도 없고 부부운도 불길하여 고독한 기운이며 손발에 장애가 있기 쉽습니다.

晶(정) : 고독하며 파란이 중첩(重疊)입니다.

亭(정) : 고집이 강하고 호화로운 허영에 빠지기 쉽다고 봅니다.

靜(정) : 움직이지 않으니 발전에 장애가 있고 역경(逆境)에 빠집니다.

照(조) : 두뇌가 명민(明敏)하나 재앙이 따르는 암시가 있습니다.

宗(종) : 중풍을 만나거나 불구가 되기 쉽다고 봅니다.

珠(주) : 부부이별, 고독, 질병 등의 고통이 많고 애정의 번뇌가 많습니다.

柱(주) : 부부 생사별하고 육친 무덕하다고 봅니다.

竹(죽) : 물질적인 운은 있으나 가정적으로 불안하고 쓸쓸한 운입니다.

仲(중) : 중도 좌절이나 실패가 많고 애정의 번뇌도 많습니다.

中(중) : 중도 좌절이나 실패가 많고 부부운이 불길하며 수술, 불구, 재난 등의 흉한 기운이 있습니다.

重(중) : 불의의 재난을 부르는 암시가 있습니다.

地(지) : 기초가 약해 매사에 재앙이 따르며 부부운이 불길하고 고독을 암시하는 실패의 기운입니다.

枝(지) : 슬픔만 부르는 기운이 있다고 봅니다.

鎭(진) : 부모덕도 인덕도 없어 타향을 떠돌며 실패가 많습니다.

眞(진) : 매사 공을 들여도 허사로 물거품이 된다는 암시가 있습니다.

珍(진) : 貴(귀)자와 같이 중도 좌절의 기운이며 여명은 부부운이 불길하여 과부가 되기 쉽다고 봅니다.

辰(진) : 부부운이 잘 바뀌고 자신의 의도가 이루어지기 어려우며 남에게 이용당하여 희생되는 기운입니다.

進(진) : 발전이 어렵고 재앙이 따른다는 암시가 있습니다.

昌(창) : 부부운이 불길하여 고독하며 구설수, 색정의 번뇌가 많습니다.

昶(창) : 어린 시절부터 병재(病災)와 액난(厄難)을 만나는 운입니다.

天(천) : 부모덕이 없고 부부 인연도 박하며 천박, 재난, 단명의 운입니다.

千(천) : 육친의 덕과 인덕이 없고 고단한 기운입니다.

川(천) : 매사 분산되고 실패로 재산을 탕진하여 곤궁한 암시가 있습니다.

鐵(철) : 열성은 있으나 완고하고 사고력이 부족하여 주위의 무시를 받으며 빈한하고 고독한 기운인데 특히 여명은 남편을 극하고 이별한다고 봅니다.

淸(청) : 재앙이 많이 따르는 암시가 있습니다.

初(초) : 태만하고 인내력이 부족하며 불행의 연속입니다.

秋(추) : 조락쇠퇴(凋落衰退)의 기운입니다. 곤명은 남성적인 활동을 하나 부부운이 불길하여 주색으로 망하거나 과부, 화류계 인연이며 단명수도 있다고 봅니다.

丑(축) : 중년 후에 재운은 있으나 안팎으로 불화하고 가정이 쓸쓸합니다.

忠(충) : 인덕 없고 남의 비난속에 살다가 단명한다고 봅니다.

春(춘) : 한때 성공도 하나 허영으로 실패하기 쉽고 곤명은 남성적 기질이 강하여 남편을 극하고 주색으로 망하기 쉬우며 화류계에 인연을 맺을 수 있습니다.

治(치) : 편안히 자리잡은 상태라 이미 향상은 필요 없다는 기운입니다.

七(칠) : 성품이 거칠고 고독합니다. 이지력(理智力)이 약하며 시비나 구설수가 많이 따른다는 암시를 가지고 있습니다.

兌(태) : 고독과 고난이 많으며 부부 이별 등의 고통이 따릅니다. 망신수와 구설수도 있으며 하루 아침에 파산하는 암시도 있습니다.

態(태) : 남명은 곤궁하고 여명은 방자하여 남편을 극하고 파산한다는 의미를 암시합니다.

八(팔) : 실패가 많고 부부 갈등으로 별거나 이혼할 수 있다고 봅니다.

平(평) : 평균화로 쇠퇴의 의미이나 의의(意義)가 통하면 실업가는 만년에 재운이 따른다고 봅니다.

廢(폐) : 가정사 등 만사에 불길하다고 봅니다.

風(풍) : 있는 재산도 다 날리며 자손운도 불길합니다.

豊(풍) : 있는 재산도 다 날리고 병약하며 여명은 신고(辛苦)가 많고 유혹에 약하다는 암시가 있습니다.

夏(하) : 변화가 심하고 내심 경솔하며 인내심이 부족한 기운입니다.
노력이 허사가 되고 주색을 좋아하며 여명은 무당, 과부 화류계에 인연이 있다고 봅니다.

鶴(학) : 성품은 고결하나 고독한 기운이며 축재(蓄財)는 어렵습니다.

海(해) : 실패가 많고 파란곡절의 고통스러운 인생이라는 암시입니다.

亥(해) : 의지와 독립심이 강하나 불화가 많고 급변(急變), 패망의 불운을 부르는 기운입니다.

幸(행) : 고통과 실패가 많고 주색으로 건강을 해치며 시비와 관재구설이 따른다는 암시가 있습니다.

行(행) : 매사 뜻은 있으나 이루어지기 어렵다고 봅니다.

香(향) : 인덕이 없고 부부운이 불길하여 고독하며 이사가 잦고 화류계에 인연이 있다는 암시가 있습니다.

好(호) : 부모덕도 형제덕도 없고 고독하며 고통이 많다고 봅니다.

虎(호) : 성격이 급하고 실패가 많으며 부부운이 불길합니다.

鎬(호) : 인덕이 없고 주색 등으로 부부 갈등이 많다는 암시입니다.
紅(홍) : 인덕도 없고 부부운이 불길하며 고통의 인생입니다.
花(화) : 허영심이 강하고 음란끼가 많으며 자녀운도 없는데 과부가 되거나 화류계에 인연이 있는 고독한 운입니다.
華(화) : 고독과 고통의 운이며 부부 갈등이 심하고 과부가 되거나 화류계에 인연이 있다는 암시가 있습니다.
孝(효) : 조실부모(早失父母)하기 쉽고 고독하며 배우자 덕도 약하고 가정적으로 평화를 이루기 어렵다고 봅니다.
勳(훈) : 실패와 고통이 많으며 부부운이 불길하다고도 봅니다. (?)
輝(휘) : 지략은 뛰어나나 뜻밖의 재난이 따른다는 운입니다.
嬉(희) : 부부운이 나쁘고 고독하며 인덕도 없어 고통이 따릅니다.
喜(희) : 비애(悲哀)와 고독을 의미하고 산재(散財)를 뜻합니다.
憙(희) : 부부운이 불길하고 인덕이 없으며 고독과 고통의 인생입니다.
僖(희) : 부부운이 불길하고 인덕이 없으며 고독과 고통의 인생입니다.
熙(희) : 인덕이 없고 부부이별, 관재 등의 고통이 많습니다.
姬(희) : 인덕이 없고 남자 뒷바라지 하느라 고생만 하게되며 평생 고독한 화류계 인연입니다.

★ 많기도 하지요?

파자법(破字法)을 적용한 부분도 있는데 확실한 근거는 필자도 알 수가 없고 전통적으로 이름에 쓰면 흉한 기운이 있다고 전해 내려오는 글자들이라 소개는 하지만 꼭 글자 때문에 흉하다고 보기도 좀 어렵습니다.

글자 내용 그대로 맞는 경우도 있지만 그렇지 않은 경우도 많습니다.

위에 열거한 글자들이 가지고 있다는 좋지 않은 암시에 굳이 얽매일 필요는 없다고 볼 수 있겠지만 그래도 기분상 찜찜한 구석이 있어 대부분의 성명학자들은 이름을 지을 때 웬만하면 이런 글자들은 피하고 있습니다. 이름을 짓는다는 것은 한 인간 생명에게 주는 기도문이라고 볼 수 있기 때문입니다.

★성명학자에 따라 글자의 의미에 대한 해석에 서로 차이가 있기도 하고 불용(不用) 글자의 범위가 다르기도 합니다.

★위에 열거한 글자 중에서도 고딕체로 굵게 표시된 글자는 특히 이름에 사용하지 않는 것이 좋다고 보기도 합니다.

★기타 이름에 쓰지 않는 것이 좋다고 하는 글자가 있습니다.
併(병), 上(상), 干(간), 各(각), 章(장)…

★오행, 천간, 지지, 계절, 천체, 동물 등의 이름은 피합니다.
天(천), 日(일), 月(월), 星(성), 雲(운) 등도 피합니다.

★이름에 쓰면 특별히 좋다고 하는 글자가 있습니다.
斗(두), 相(상), 秀(수), 承(승), 正(정), 哲(철), 煥(환), 勳(훈)…

★특히 장남, 장녀의 이름에는 쓰지 말라고 하는 글자가 있습니다.
小(소), 少(소), 亭(정), 終(종), 次(차), 後(후), 中(중), 夏(하), 完(완), 地(지), 二(이) …

★장남이 아닌 경우에는 이름에 쓰지 말라고 하는 글자가 있습니다.
大(대), 東(동), 斗(두), 乾(건), 甲(갑), 巨(거), 先(선), 伯(백), 碩(석), 始(시), 宗(종), 長(장), 太(태), 泰(태), 元(원), 完(완), 元(원), 亨, 二 …
위 글자를 장남이 아닌 경우에 쓰면 장남을 剋하여 장남의 운에 흉한 작용을 한다고 봅니다.

★바야흐로 국제화 시대입니다.

누구나 기본적으로 여권을 소지하게 되고 해외여행이 잦은 세상이라 이름을 영문으로 표기하고 영문으로 부르게 되는 일이 흔해졌습니다.

외국으로 유학을 가거나 연수를 가는 경우도 흔합니다.

그런데 이름에서 영문 표기를 잘못하면 영어권 사람들에게는 이상한 뜻으로 오해되어 웃음거리가 될 수도 있으므로 이도 또한 주의해야 할 듯합니다.

몇 가지 예를 들어 보면

덕: duck. 오리입니다.
식: sick. 아프다는 말입니다.
강: gang. 조폭입니다.
길: kill. 죽이다 입니다.
국: gook. 동양인에 대한 경멸적인 표현입니다.
락: lock. 잠그다, 자물쇠를 채우다입니다.
함: ham. 돼지고기입니다.
범: bum. 부랑자, 방탕, 엉덩이입니다.
석: suck. 빨다입니다.
동: dong. 남성의 생식기를 표현하는 속어입니다.
곽: quack. 돌팔이 의사입니다.
혁: hyuck. 이름의 뒷 자에 붙으면 역(yuck, 껄걸 웃음)으로 들립니다.

따라서 영문 표시를 할 때는 글자의 영문 의미를 미리 알아보고 문제가 있으면 이름 두자를 붙여 표기 하거나 영문 표기 글자(모음)를 바꾸는 등의 지혜를 발휘하는 것이 좋을 것 같습니다.

★이름을 잘못 지으면 놀림감이 될 수도 있는데 실제 존재하는 이상한 이름들을 몇 가지만 예를 들어 보겠습니다.

조 진아. 조 지나. 나 죽자. 나 병균. 임 신중. 노 숙자. 고 생문. 김 치국.
한 창녀. 한 심한. 하 쌍년. 유 별나. 김 새라. 장 공순. 오 말세. 도 동연.
경 운기. 조 두순. 이 방구. 김 계녀. 유 거미. 황 철판. 심 만원. 고 대물.
이 교태. 최 경련. 장 건달. 김 돌이. 남 주자. 주 길례. 주 길수. 나 차갑.
정 기권. 지 원수. 지 기미. 채 권자. 김 광대. 유 기절. 변 태성. 이 결석.
오 국수. 마 하자. 이 추태. 배 유두. 위 계란. 모 지란. 나 성교. 강 복수.
남 무식. 김 한갑. 김 두갑. 이 백원. 장 매춘. 강 도범. 김 병균. 김 세균.
이 노마. 이 창년. 김 하녀. 양 팔연. 홍 당무. 구 두창. 어 동태. 고 만두.
주 태백. 남 창. 임 신. 등등 …

이 외에도 어이없는 이름들이 많습니다.

심지어 완전한 일본식 이름을 지금까지도 쓰면서 호적에까지 당당하게 등재되어 있는 경우도 있습니다.

그리고 여자 이름에 유난히 많이 들어간 글자도 있지요?

○자. ○숙. ○순. ○옥. ○희 등등 …

갈수록 작명(作名)을 하기도 까다롭습니다.
신세대 부모들은 아무리 역학적으로 좋은 이름이라고 해도 예쁘고 세련되지 않으면 받아 들이지 않는 경향도 있습니다.
심지어 이름이 어른 이름 같다고 토를 다는 젊은이까지 있습니다.

♨일본의 MRA연구소라는 곳에서 특별한 실험을 했었다고 합니다. 물을 담은 A컵에는 <u>바보 멍청</u>이라고 쓴 종이를 넣고, 똑같은 물을 담은 B컵에는 <u>감사합니다</u>라고 쓴 종이를 넣은 후 영하 20℃까지 급속 냉각을 시킨 후 24시간 후에 물의 결정체를 검사해 보니 A컵의 물은 혼란스러운 소용돌이 체였고 B컵의 물은 아름다운 육각형 히란야 모양이 나타났다고 합니다.(에모토 마사루의 '물은 답을 알고 있다' 참조.)

하물며

사람의 이름은 더더욱 함부로 짓는 것이 아닙니다.

음령오행(音靈五行)의 배치 길흉(吉凶)

음령오행(音靈五行)의 배치에 따른 길흉(吉凶)을 봅니다.
원칙적으로 오행이 고루 배치되고 상생되는 것이 가장 좋습니다.
그 다음으로 오행이 겹치더라도 비화(比和) 상생만 되면 좋은데 차선(次善)입니다. 주음(主音) 기준 배치입니다.
다만 같은 오행으로만 구성되어 오행이 편중되는 것은 꺼립니다.

木木木: 순조성공 부귀영화 장수행복격(順調成功 富貴榮華 長壽幸福格).
　　　　일시적으로는 순조로운 운기를 받아 성공 발전할 수 있습니다.
　　　　재운(財運)도 있고 안정된 가정을 이룰 수 있습니다.
木木火: 발전출세 행복번창 부귀안녕격(發展出世 幸福繁昌 富貴安寧格).
　　　　성공하고 발전 향상하며 행복을 누립니다. 감정이 풍부하고 침착하며 착실한 성품이라 부부운도 좋습니다.
木木土: 노력발전 부귀영달 만인존경격(努力發展 富貴榮達 萬人尊敬格).
　　　　근면성실하고 신용을 토대로 성공이 순조롭고 안태(安泰)하며 영화를 누릴 수 있지만 건강이 약할 수 있습니다.
木木金: 풍파변고 단명횡사 불구환난격(風波變故 短命橫死 不具患難格).
　　　　성공은 있으나 박해가 심하고 유동이 심하여 주거가 불안정하고 가정적으로 부부 불화합니다. 또한 수하인(手下人)으로 인하여 손해를 보고 뇌와 흉부의 병으로 고생하기 쉽습니다.
木木水: 가업융창 장수부귀 만사순조격(家業隆昌 長壽富貴 萬事順調格).
　　　　일시적인 어려움은 있으나 칠전팔기(七顚八起)의 노력으로 극복하고 성공하는 대기만성(大器晚成) 형입니다. 심신이 건전하여 장수할 운입니다.

木火木 : 대성부귀 발전순조 번영권재격(大成富貴 發展順調 繁榮權財格).
　　　　인덕이 있고 수상인(手上人)의 조력을 받으며 발전적이고 무사태평합니다. 자손도 창성하며 부귀영화를 누립니다.

木火火 : 사업번창 권재풍부 부귀안강격(事業繁昌 權財豊富 富貴安康格).
　　　　순조로운 기운은 있으나 인내력이 부족하고 조급하여 부주의로 인한 실수로 실패와 곤경을 부르기 쉬우며 심장과 신장 계열의 질환이 따르고 병약하기도 합니다.

木火土 : 부귀영달 순조발전 복록풍성격(富貴榮達 順調發展 福祿豊盛格).
　　　　부모나 윗사람의 후덕으로 순조롭게 성공 발전하고 수복강녕(壽福康寧)하는 운입니다. 감수성이 예민하지만 원만한 성품이며 대인관계의 융통성과 처세술이 뛰어난 편입니다.

木火金 : 가정풍파 만사불성 병고단명격(家庭風波 萬事不成 病苦短命格).
　　　　일시적으로는 순조로우나 불행을 초래하여 가정이 불화하고 폐, 뇌, 신경계통 등의 질병과 돌발 사고로 신고(辛苦)가 많습니다.
　　　　표면적으로는 화려한 듯하나 속은 비어있는 외화내빈(外華內貧)격입니다. 허세가 심하고 의지력이 약하여 노력을 해도 결실을 기대하기 어렵습니다.

木火水 : 불행파멸 병고단명 만사장해격(不幸破滅 病苦短命 萬事障害格).
　　　　일시적으로는 성공하나 의외의 재액(災厄)으로 변화가 많으며 병난(病難)과 급병(急病)으로 급사(急死)할 수도 있습니다. 고집이 강하고 지기 싫어하는 성품으로 대인관계가 좋지 않아 구설과 분쟁이 많습니다. 심장병, 동맥경화 등에 걸릴 위험이 있으며 말년이 고독하고 불안합니다.

木土木 : 만사풍파 부진장해 병고환난격(萬事風波 不進障害 病苦患難格).

불안이 많고 이동이 많으며 고독한 기운입니다. 호흡기, 위장병, 간 질환 등의 질병이 두렵습니다. 적극성과 끈기가 약하여 기회를 살리지 못하며 시작은 많으나 결과가 없습니다. 또한 부부인연도 약하고 이별이 많습니다.

木土火: 곤란타파 부귀영화 대업성취격(困難打破 富貴榮華 大業成就格).
성격이 온유하고 지혜롭지만 성공은 기대하기 어렵습니다. 그러나 곤궁하지는 않고 초년 고난을 지나 중년 이후에는 자수성가할 수 있습니다. 불안이 많고 타락을 암시하기도 하는 불행한 운인데 수리상 선천운이 좋으면 득의(得意)할 수도 있습니다.

木土土: 파괴분산 고독빈곤 병고단명격(破壞分散 孤獨貧困 病苦短命格).
성공하기 어렵고 위장병, 폐병 등의 질환이 우려됩니다. 신중하고 뚝심이 있으나 신중함이 과하여 추진력을 잃을 수 있습니다. 부부 사이는 원만하나 경제적 어려움이 따릅니다.

木土金: 불행빈궁 만사부진 불구단명격(不幸貧窮 萬事不進 不具短命格).
크게 이루어지기 어려워 작은 성공과 일상에 만족할 수 있으며 뇌 질환이나 위장, 신경 질환이 따르기 쉽습니다. 부모 형제와 이별하고 부부 사이도 불화합니다.

木土水: 풍파재난 사사불성 병고단명격(風波災難 事事不成 病苦短命格).
의지와 인내력이 약하고 소심하며 대인관계의 폭이 좁습니다.
불평 불만이 많으며 불신과 불화와 급변전락(急變轉落) 또는 조난으로 변사(變死)하기 쉽고 그렇지 않으면 복부에 질병이 있기 쉽습니다. 특히 여명은 애정운이 좋지 않고 부부운이 불리하므로 결혼 후에도 사회활동을 하거나 만혼(晚婚) 하는 것이 좋습니다.

木金木: 파멸분산 환난장해 만사허망격(破滅分散 患難障害 萬事虛妄格).

반항적이고 아집이 강하며 자립심도 약합니다. 번민과 불안으로 뇌를 상하게 할 수 있고 신경계통의 질환이 따르며 돌발적인 조난, 불구 등을 부르는 흉운입니다. 부부 사이가 불화하고 고부(姑婦) 문제도 발생 합니다.

木金火: 실패빈곤 변고좌절 병고단명격(失敗貧困 變故挫折 病苦短命格).
기초운이 부족하여 용두사미(龍頭蛇尾) 격이며 경제적 고충도 많습니다. 배우자 덕도 없고 직업이나 주거 변동이 심한 공허한 운인데 말년으로 갈수록 더욱 좋지 않습니다. 성공운이 부족하고 불안 속에서 가정불화하며 신경이 쇠약해지고 호흡기 질환이 있습니다. 발광(發狂), 자살, 조난, 변사(變死)의 암시가 있습니다.

木金土: 중도좌절 풍파환난 불구단명격(中途挫折 風波患難 不具短命格).
침착하고 인내심도 있어 가정적으로는 화목하고 평범한 일상을 누리나 성공운도 부족하고 노력도 모자랍니다. 과로로 인한 질병을 얻을 수 있는데 특히 간 질환 또는 시력이 약해지거나 안질에 걸릴 위험이 있습니다. 그러나 중년 이후에는 어느 정도의 성취를 이루고 발전하여 화락(和樂)을 누릴 수 있습니다.

木金金: 환난변고 파괴빈곤 병고단명격(患難變故 破壞貧困 病苦短命格).
재지다모(才智多謀)하나 인덕이 없고 완강한 성격으로 불화 쟁론의 시비가 많고 고독에 빠지며 신경과민, 혈압성 질환, 간 기능의 장애 등 질환이 따르고 뇌를 상하기 쉽습니다. 성공운이 미약하여 경제적인 고통이 심하여 가정 파탄이 날수 있습니다.

木金水: 파괴분산 고독풍파 불구단명격(破壞分散 孤獨風波 不具短命格).
끈기있고 노력은 하나 성과도 없고 근심 걱정으로 항상 심신이 불안한 운입니다. 자식 문제로 고통을 당할 수 있으며 급변급락(急變急落)의 비애를 당하기 쉽고 뇌일혈 등의 질병이 있을 수 있으며 성공운이 약합니다.

木水木 : 향상발전 순조성공 부귀영화격(向上發展 順調成功 富貴榮華格).
　　　온순하며 정직하고 수상인(手上人)을 존경하는 성품으로 주위의 신망을 얻습니다. 뛰어난 리더쉽으로 정치, 법조, 사업에서 두각을 나타낼 수 있고 성공운이 순조로워 만사가 순성(順成)합니다. 다만 순환기 계통이나 폐, 신장 질환이 따를 수 있습니다

木水火 : 부모무덕 분산파괴 고독변고격(父母無德 分散破壞 孤獨變故格).
　　　성공운과 행복운은 있으나 부모 형제덕이 없고 기초가 불안하여 실패수가 따르는 등 기복이 심합니다. 아무리 노력해도 재물이 모이지 않아 생활이 불안정하고 급변 급화(急禍)에 변사(變死) 등의 위험이 따르며 처궁도 불행합니다. 특히 여명은 중년 이전에 남편과 생사별 하는 흉한 기운입니다.

木水土 : 불행파멸 실패분산 생사이별격(不幸破滅 失敗分散 生死離別格).
　　　조급하고 인내심이 약하며 성품이 원만치 못해 하는 일 마다 장애와 재난이 따르므로 일시적 성공과 안전은 있으나 점차 불리하여 실패하게 되고 돌발적인 사태나 조난 재액(災厄)이 따릅니다.
　　　부모나 처자식과의 인연도 박하며 심장과 신장 계통의 기능이 허약한데 잔병치레로 고생하기 쉽습니다.

木水金 : 풍부복록 발전영화 번창가업격(豊富福祿 發展榮華 繁昌家業格).
　　　온순하고 친절한 성품으로 칭찬을 들으며 기초운이 안정되고 부모덕이 있습니다. 성공과 발전이 순조롭고 재운(財運)도 있으나 수리가 불리하면 신경 계통이나 뇌를 상하고 이에 따른 신고(辛苦)가 따릅니다.

木水水 : 부귀영화 행운발전 권재풍성격(富貴榮華 幸運發展 權財豊盛格).
　　　인색하고 이기적이며 재물 욕심이 많아 타인의 비난과 시비 분쟁이 많습니다. 향상 발전하는 운이지만 일시적인 성공이기 쉬워 곧 좌절과 실패로 허망하기 쉽고 특히 수리가 불리하면 가정불화, 병란(病

難) 등이 따르고 성공이 어려우며 수리가 좋으면 대부귀를 이룰 수도 있습니다. 신경성 노이로제와 위장 계열의 질환이 따를 수 있습니다.

火木木: 다복장수 부귀영달 성공순조격(多福長壽 富貴榮達 成功順調格).
기초가 튼튼하여 활동력이 왕성하고 환경 조건이 좋아 향상 발전하며 승승장구 목적을 달성하고 태평 장수하며 행복을 누립니다.
부모 친척 간에도 화목하고 대인관계가 좋아 귀인의 도움을 받으므로 난관이 와도 무난히 해결되며 학업운도 좋습니다.

火木火: 가업융성 복록흥왕 입신출세격(家業隆盛 福祿興旺 立身出世格).
두뇌가 명석하고 자존심을 잘 관리하여 열심히 노력하며 또한 노력의 결실을 얻습니다. 배우자 덕도 있어 부부화락하고 순조로운 성공운으로 발전하며 안태(安泰) 부귀를 향유합니다.

火木土: 부귀영화 번창재물 중인존경격(富貴榮華 繁昌財物 衆人尊敬格).
활동적인 성품에 인내력과 끈기도 있어 순조롭게 성공 발전하고 부귀를 득달(得達)하며 기초가 반석같이 튼튼하여 안태 평화를 누리고 장수합니다. 다만 이성(異性)운이 다양하여 남녀관계로 인한 재난이 있을 수 있습니다.

火木金: 패가망신 불행환난 병고단명격(敗家亡身 不幸患難 病苦短命格).
신경이 지나치게 예민하고 지구력이 약해 큰 일을 감당할 능력이 없습니다. 일시적으로 성공운은 있으나 환경이 불안정하여 전전유랑(轉轉流浪)에 박해가 많고 심신이 과로하여 뇌와 흉부의 질병으로 신고(辛苦)도 많습니다.

火木水: 부귀영달 부부화목 순조발전격(富貴榮達 夫婦和睦 順調發展格).
천지인(天地人)의 기운을 겸비하여 초반에 고난과 풍파가 있다고 해도 극복하는 순조로운 성공운으로 안태, 부귀, 장수를 향유합니다.

특히 관운이 좋고 부부 사이와 가정도 화목합니다. 그러나 수리가 흉하면 재난과 병난(病難)을 초래하여 비정상으로 흘러 가정 파탄나고 산재(散財)하며 실각(失脚)하기도 합니다. 신경 질환이나 신장 계통의 질환이 두렵습니다.

火火木: 풍부재물 권위구비 성공달성격(豊富財物 權威具備 成功達成格).
합리적인 사고와 추진력이 있고 인덕이 있어 주위 조력자의 도움으로 성공합니다. 심신이 건전하여 안전하고 장수하며 영예를 얻습니다. 덕 있는 배우자를 만나 백년해로하고 효성있는 자손을 두는데 다만 간 질환을 만날 수 있습니다.

火火火: 반흉반길 희비교차 실패장해격(半凶半吉 喜悲交叉 失敗障害格).
급하고 정열적인 성품이라 급진적으로 일시 성공할 수 있으나 기초운이 약하여 인내력과 지구력의 부족으로 실패하기 쉽고 자칫하면 큰 화를 당할 수 있습니다. 가정운은 박하여 부부간에 구설과 불화가 많습니다. 심장, 혈압성 질환이 따르기 쉽습니다.

火火土: 가업번창 대업성취 부귀영화격(家業繁昌 大業成就 富貴榮華格).
군자의 덕이 있어 온화하고 중후한 성품으로 신임을 얻는 운인데 이렇게 외견상으로는 좋은 것 같으나 급진적이고 과격하여 실패하고 단명할 수도 있습니다. 인내력도 부족한데 급한 성품만 자제하면 순탄할 수 있습니다. 위장 장애가 있습니다.

火火金: 가정불행 사회파멸 병고단명격(家庭不幸 社會破滅 病苦短命格).
인덕이 없어 혼자 고군분투하지만 노력의 결실을 얻기 어렵습니다. 일시적으로 성공 발전할 수 있으나 내면적으로는 불안하고 심신이 과로하여 신경 계통이나 뇌와 호흡기 등의 질환으로 고생합니다. 아내를 극하고 부부이별 등 가정 파탄이 일어날 수도 있습니다. 직장 등의 이동이 잦기도 합니다.

火火水: 생사이별 패가망신 환란단명격(生死離別 敗家亡身 患亂短命格).
불완전한 운으로 두뇌는 출중하나 큰 일을 도모하기 어렵습니다. 소심하고 신경질적이며 신경이 예민합니다. 일시적으로 성공하기도 하지만 불의의 재난과 파란이 항상 따라다녀 심신이 고달프고 우환이 끊이지 않습니다. 손재가 많고 뇌일혈, 심장마비, 동맥경화 등 급병(急病)을 만날 수 있습니다.

火土木: 패망좌절 빈곤단명 환란이별격(敗亡挫折 貧困短命 患亂離別格).
온후하고 아량이 넓어 대인관계가 원만하고 선조의 유덕으로 성공하여 발전할 수 있으나 기초가 불안하고 운세의 흐름이 불안정하여 변동수가 많고 후반으로 갈수록 실패와 재난이 많습니다.
부부간의 충돌이 잦아 별거수도 있고 장부(臟腑), 위장병 등이 악화될 수 있습니다.

火土火: 부귀복록 번창가업 발전영달격(富貴福祿 繁昌家業 發展榮達格).
부모덕이 있고 상하간의 협조가 있으며 선조나 윗사람의 보호를 받아 성공할 수 있고 안태운(安泰運)을 극하여 재액이 있기도 하나 무난히 모면하여 장수할 수 있습니다. 온화하고 모나지 않는 성품에 지혜가 있고 원만한 처세로 주위의 신망과 존경을 받습니다.
부부 금슬도 좋아 해로할 수 있으며 자손도 부귀합니다.

火土土: 풍성재물 권위겸전 부귀출세격(豊盛財物 權威兼全 富貴出世格).
윗사람의 인도와 선조의 덕으로 순조롭게 발전하고 심신이 건전하여 화평하고 안태(安泰)하며 장수할 수 있습니다. 두뇌가 출중하고 성실하며 노력하여 주위의 인정을 받습니다. 큰 재물을 가지기는 어려우나 경제적인 어려움은 없습니다. 심장이 약한 경우가 많으므로 이에

만 주의하면 장수를 누릴 수 있습니다.

火土金: 번영발전 대업달성 입신양명격(繁榮發展 大業達成 立身揚名格).

선조의 덕으로 순조롭게 성공 발전하나 수리가 흉하면 심신이 과로하여 병난(病難)이 있고 처자(妻子)를 극할 수 있습니다.

예의와 신용을 중시하는 명민한 성품이나 중년 이후에 부부생활에 파탄이 올 수 있으므로 주의할 필요가 있습니다.

火土水: 변고환난 파산곤궁 병고단명격(變故患難 破産困窮 病苦短命格).

선조의 유덕(遺德)으로 순조롭게 발전할 수 있으나 의외로 급변적인 재해와 변고(變故), 급사(急死), 단명수가 있으며 전락(轉落)의 운입니다. 수완가여서 한때의 성공은 이룰 수 있으나 급변하여 흉하게 되고 금전운이 특히 박약하며 부부 불화할 수 있습니다.

건강이 허약하여 소화기계통이나 신장 질환을 부를 수 있으며 심장마비를 일으킬 수도 있습니다.

火金木: 파멸환난 생사이별 병고단명격(破滅患難 生死離別 病苦短命格).

부달(不達), 불성(不成), 실의(失意) 등의 흉운으로 처자를 극하고 호흡기 질환을 부르거나 발광(發狂)할 수 있으며 변사(變死), 조난, 불구의 암시가 있습니다. 직장, 직업의 변화로 인한 고통을 겪고 부부 사이의 반목이 있기 쉽습니다. 감성은 풍부하나 신경이 예민하고 의심이 많으며 도량이 좁은 편입니다. 뇌졸중이나 폐질환을 앓을 수 있고 뜻밖의 재난으로 불구가 될 수도 있습니다.

火金火: 실패좌절 분산파괴 단명빈궁격(失敗挫折 分散破壞 短命貧窮格).

활짝 펴보지 못하는 불안한 운이며 실패가 많고 뇌와 폐에 질환이 있을 수 있습니다. 심하면 발광(發狂)하기도 합니다.

자기 고집이 강하며 경거망동하기 쉽고 대인관계에서 처세가 좋지 않아 기회를 놓치기도 합니다. 가정적인 운도 불리하여 고독과 파란을 겪을 수 있습니다.

火金土: 가정불행 풍파좌절 이별병고격(家庭不幸 風波挫折 離別病苦格).
심신이 괴롭고 과로하여 폐 질환으로 고생합니다. 근신(謹愼)하고 인내하면 평온을 찾을 수 있습니다. 고집 세고 자만심이 강하며 진취력과 신중성이 있어 생활의 기반은 닦을 수 있으나 큰 성공은 기대하기 어렵습니다. 뇌출혈과 기관지 및 순환기 계통의 질환도 우려 됩니다.

火金金: 좌절파괴 이별실패 병고단명격(挫折破壞 離別失敗 病苦短命格).
불운이 쌓이고 불신과 불화를 낳으며 뇌와 폐를 상합니다.
처자식을 극하고 조난과 고독을 부르는 암시가 있습니다.
재능은 출중하고 결단력은 있으나 매사 뜻대로 이루어지기 어렵고 뜻밖의 불상사가 따릅니다. 배우자와 자녀를 일찍 잃을 수 있고 시력쇠약, 심장쇠약, 신경질환 등을 앓을 수도 있습니다.

火金水: 패가망신 환난좌절 빈곤병고격(敗家亡身 患難挫折 貧困病苦格).
성공운이 부진하여 불우한 운이며 뇌일혈, 심장마비 등으로 급사(急死)를 초래하는 참화를 입기도 합니다.
재치가 있고 용모도 빼어나며 자부심도 강합니다. 간혹 성공하는 경우도 있으나 중도에 시련을 맞아 파란과 재앙이 많습니다.
건강은 대체로 좋은 편입니다.

火水木: 만사실패 중도파괴 단명빈궁격(萬事失敗 中途破壞 短命貧窮格).
재난과 곤고(困苦)가 따르는 불행을 암시합니다.
선천적인 인덕이 부족하고 초년부터 고생이 심하며 급변, 급난의 불상사와 신병이 따르기도 합니다. 우연히 뜻밖의 성공으로 입신하는 경우도 있으나 대체로 평생 고생을 면하기는 어렵습니다.

火水火 : 파괴분산 장해패망 병고단명격(破壞分散 障害敗亡 病苦短命格).
　　　　만사가 불성(不成)이요 불안정하며 급병(急病), 재난, 조난을 초래
　　　　하고 가정이 파탄 나며 발광(發狂)하거나 자살하기도 합니다.
　　　　신경질적이고 예민한 성품으로 뜻을 이루기 어렵고 불안에 쫓기며 살
　　　　아갑니다. 초혼에 실패하는 경우가 많고 불구가 되거나 단명할 수 있
　　　　는 암시가 있습니다.

火水土 : 파산환난 패가망신 단명병고격(破産患難 敗家亡身 短命病苦格).
　　　　매사 이루어지기 어렵고 불신을 초래하며 질병으로 인한 파란이 많습
　　　　니다. 변사(變死)하기도 하고 단명을 암시합니다.
　　　　성쇠(盛衰)가 심한 운세로 만사에 파란과 근심 걱정이 따릅니다.
　　　　자녀운도 없어 무자일 수 있고 생활의 불안정과 가족과의 생리사별
　　　　(生離死別)이 따르는 독좌탄식(獨坐歎息)의 운입니다.

火水金 : 풍파좌절 이별실패 병고빈곤격(風波挫折 離別失敗 病苦貧困格).
　　　　박덕(薄德)하여 매사 불성(不成)이요 병약, 가정불화, 변사(變死)가
　　　　따르며 파란이 중첩(重疊)합니다. 평생 타향 객지를 떠돌고 대인관계
　　　　가 원만하지 못하며 불안한 인생입니다.

火水水 : 사다실패 환난이별 단명병고격(事多失敗 患難離別 短命病苦格).
　　　　발전 향상하는 성공 운을 가지기도 하지만 수리가 흉하면 불안전격이
　　　　되어 매사 불리하고 심장마비 등으로 병약, 단명의 위험이 따릅니다.
　　　　두뇌가 명석하고 자부심이 강합니다. 그러나 뜻밖의 재난으로 모든
　　　　것이 물거품이 되기 쉽습니다.

土木木 : 풍파분주 실패이별 병고단명격(風波奔走 失敗離別 病苦短命格).
　　　　외관(外觀)은 강하나 내면상 실속을 갖추지 못하여 목적을 달성하기
　　　　어렵습니다. 큰 재물을 모으기 어렵고 심리적인 고통을 많이 겪으며

가정적으로도 부모 자녀와 인연이 적고 근심이 따릅니다.
다만 수리가 좋으면 다소 안전하기도 한데 여명은 가정의 살림을 책임져야 하는 고충이 있습니다.

土木火: 파산환난 이별좌절 단명빈곤격(破産患難 離別挫折 短命貧困格).
외견상으로는 운기가 강하나 고난에 휩쓸려 성공이 어렵습니다.
특히 초년 고생이 많은데 두뇌가 명석하고 성실한 노력형으로 발전 속도가 느리지만 수리가 좋으면 성공할 수도 있습니다. 가정적으로는 화목한 편이고 위장 계통에 질병을 부를 수 있습니다.

土木土: 패가망신 변고환난 병고단명격(敗家亡身 變故患難 病苦短命格).
성공운이 약하여 성취가 늦어지고 신경쇠약에 걸릴 수 있습니다.
주관이 확실하고 세심한 성격이나 운세의 장애가 많습니다.
경제적 고통과 체질적으로 허약하여 간기능의 질환을 앓을 수도 있습니다. 부부사이는 무난하고 화합하며 특히 여명은 중매결혼을 하고 결혼 후에도 사회활동을 하는 편이 좋을 수 있습니다.

土木金: 불행파멸 환난분산 단명빈궁격(不幸破滅 患難分散 短命貧窮格).
파란이 많고 병약을 초래하는 운이며 재액(災厄)이 많아 가산(家産)을 탕진할 수 있습니다. 부운지격(浮雲之格)이라 뜬구름처럼 불안정한 일생을 보내고 패가망신할 수 있으며 직장과 주거의 변동이 심하고 경제적인 곤궁을 겪습니다. 부모나 배우자와의 대립으로 고통을 받기도 합니다.

土木水: 실패풍파 장해빈곤 병고단명격(失敗風波 障害貧困 病苦短命格).
해(害)가 많이 따르는 불안정한 운이며 신경쇠약, 호흡기관의 질병을 초래하기도 합니다. 노력형이고 강직하며 의협심이 강한 성품으로 열정적으로 일을 도모하지만 매사 장애로 좌절하는 운입니다. 중년 이후로 부부 불화가 일어나며 잔병치레가 많을 수 있습니다.

土火木: 부귀번창 발전융성 다복평안격(富貴繁昌 發展隆盛 多福平安格).
　　　　심신이 안정되고 발전 성공하는 운이며 행복을 누리고 장수하는 운입니다. 다만 작은 질병을 피하기는 좀 어렵습니다.
　　　　주위 상하관계의 협력을 얻어 부귀를 얻는 운이며 건강 장수하고 가정적으로도 행복합니다.

土火火: 발전성공 풍부복록 입신양명격(發展成功 豊富福祿 立身揚名格).
　　　　성공은 용의하나 인내력이 부족하여 중단되기 쉽습니다. 기초가 허약하여 실의에 빠지거나 실패할 수도 있는 반흉반길(半凶半吉)의 위험성이 있는 운이기도 합니다. 활발하고 처세술이 뛰어나 주위의 도움을 받으며 특히 여명은 좋은 배합으로 행복한 부부생활과 행복한 가정을 이룹니다. 다만 남명은 과음을 피해야 하고 여명은 자궁암 등 부인병이 우려됩니다.

土火土: 대업성취 부귀영화 통솔중인격(大業成就 富貴榮華 統率衆人格).
　　　　성실한 노력형으로 대인관계도 좋아 대업을 성취할 수 있습니다.
　　　　성실한 배우자를 만나 행복한 가정을 이루며 교육계, 정치계, 건설업 등에 진출하면 부귀를 얻을 수 있습니다.

土火金: 가정불행 불안실패 병고단명격(家庭不幸 不安失敗 病苦短命格).
　　　　성공운은 강하나 심신허약, 병약하고 가정은 불행하기 쉽습니다.
　　　　성격이 급하고 신경질적인 면이 있습니다. 운세가 불안정하여 실패수가 겹치고 인덕이 없어 주위에서 배신 당할 수도 있습니다.

土火水: 파탄환난 패망분산 병고단명격(破綻患難 敗亡分散 病苦短命格).
　　　　일시적인 발전은 있으나 기초가 불안하여 돌발사건이 발생하고 질병, 조난, 급사(急死) 등의 위험도 따릅니다. 고집이 강하고 신경이 예민한 편이며 의지가 박약합니다. 일시적인 성공이 온다고 해도 변동수가 많아 파란의 역경을 피하기는 어렵습니다. 완고한 배우자를 만나

피곤하며 부부 이별수도 있습니다.

土土木: 만사불성 파괴분산 병고단명격(萬事不成 破壞分散 病苦短命格).
발전이 있어도 임시에 불과하고 장부(臟腑)에 질병을 부릅니다.
정직하고 선량한 성품으로 성공운은 있으나 기초가 불안정하여 주거와 직장의 이동이 잦고 정착하기 어렵습니다. 인덕도 없고 부부 사이도 불화하여 가정적으로도 불행하며 과도한 음주로 간질환을 부를 수 있습니다.

土土火: 부귀번성 다복평안 입신출세격(富貴繁盛 多福平安 立身出世格).
의외로 성공하여 발전하고 이름을 떨치며 부귀 장수합니다.
정직하고 온유한 성품에 끈기와 집념으로 성취하는 노력형입니다. 부부관계도 원만하며 부귀영달하는 운인데 다만 신경성 질환을 부를 수 있습니다.

土土土: 발전성공 가업융성 부귀양명격(發展成功 家業隆盛 富貴揚名格).
성공 발전하는 운이나 수리가 흉하면 흉변(凶變)이 따르고 병약(病弱)을 초래하기도 합니다. 비상한 재능과 수완으로 운을 개척하며 가정적으로도 화목하고 건강도 양호합니다. 수리가 좋으면 대부를 이루는 재벌 격이 될 수도 있습니다.

土土金: 풍성부귀 대업달성 권재겸전격(豊盛富貴 大業達成 權財兼全格).
순조로운 반면에 재액(災厄)이 따르기도 하나 심신이 건전하여 안태(安泰)할 수 있습니다. 느긋한 성품으로 심신이 건강하고 부부화목합니다. 다만 이성문제로 구설이 일어날 수 있습니다.

土土水: 파멸실패 허망분산 병고단명격(破滅失敗 虛妄分散 病苦短命格).
일시적으로 성공해도 불안전한 운이라 실패를 초래하며 심하면 생명까지도 잃을 수 있습니다. 고집이 강하고 완고한 성품인데 언변이 유창하고 남의 주장을 수용하지 않는 독단적인 면이 있습니다. 운세가 약하고 인덕이 없으며 중도 좌절하기 쉬운데 건강도 허약하여 급사(急死)의 위험이 따르기도 합니다.

土金木: 파괴분산 환난장해 병고단명격(破壞分散 患難障害 病苦短命格).
윗사람의 인도로 성공이 쉬우나 기초가 불안전하여 아내를 극하고 뇌를 상하거나 조난을 당하기도 합니다. 출세지향적이며 상사의 신임 등으로 일시적인 성취는 하나 불의의 재난으로 성공을 잃을 수 있습니다. 경제적인 고난을 겪으며 부부이별수도 있고 자녀로 인한 근심걱정이 많습니다. 고독하고 불우한 말년을 보내기 쉽습니다.

土金火: 불행풍파 천신만고 빈궁단명격(不幸風波 千辛萬苦 貧窮短命格).
일시적인 성공은 있으나 점차 쇠락하여 재해(災害)가 따르며 가정도 불화하고 뇌와 폐에 질병을 부르기도 합니다. 자기 본위에 무모한 면이 있어 대인관계가 원만치 못하고 재난이 속출하여 성공은 어렵습니다. 상사의 도움 등으로 일시적인 성공을 거두어도 곧 소멸되기 쉽고 직업이나 주거에 변동수도 많습니다. 배우자의 방종으로 갈등을 겪으며 자손도 불효하기 쉽습니다.

土金土: 자연부귀 입신출세 풍부복록격(自然富貴 立身出世 豊富福祿格).
발전이 용이하며 건전하므로 수복안태(壽福安泰)의 기운입니다.
온화하고 정이 많으며 대인관계에서 예의를 지켜 신망을 받고 성공하는 운입니다. 소극적인 면이 있으나 성실하여 큰 위험은 없고 특히 명예운이 있습니다.

土金金: 순조성공 부귀영화 대업달성격(順調成功 富貴榮華 大業達成格).
성공은 순조로우나 너무 완고하고 강한 성품이라 이것이 심하게 작용하면 불화와 쟁론을 부를 수 있습니다. 운세는 양호한 편으로 목적사를 이루어 명망을 얻습니다. 부부해로하며 장수하겠으나 노년기에 신경통을 부를 수 있습니다.

土金水: 발전출세 풍성복록 가업번창격(發展出世 豊盛福祿 家業繁昌格).
순조로운 성공운이지만 수리가 흉하면 급변(急變) 몰락하고 급사(急死)하기도 합니다. 자신감과 추진력있는 활동으로 명예를 얻으며 특히 무일푼으로 자립하여 대성하는 운인데 정치계, 법조계 등에서 지위를 얻을 수 있습니다.

土水木: 풍파실패 불행탄식 병고단명격(風波失敗 不幸歎息 病苦短命格).
노력해도 공(功)이 없고 과로하여 병약(病弱)을 초래하며 가정 또한 불안하고 불화합니다. 지혜가 있고 재능은 출중하지만 소극적인 성품이라 현실적인 실천력이 약해 성공을 거두기 어렵습니다.
인덕도 없어 사기를 당하는 등의 고통이 따르며 배우자운은 좋으나 자식운이 불리합니다.

土水火: 파멸환난 생사이별 단명빈곤격(破滅患難 生死離別 短命貧困格).
불의의 재난과 돌발적인 흉액(凶厄)의 파란이 많아 가산을 탕진하고 남명은 아내를 극합니다. 두뇌가 명석하고 자부심이 강하며 성쇠(盛衰)의 기복이 심합니다. 부모덕도 없고 부부운도 불리하여 가정이 불안정하고 파란이 많습니다.

土水土: 만사불성 실패파괴 병고단명격(萬事不成 失敗破壞 病苦短命格).
성공은 멀고 불의의 돌발 재난이 따르며 심장마비, 신경쇠약 등의 위험이 있습니다. 지모와 재능이 있으나 결단력과 활동력이 약해 나태하며 기회를 놓치는 운입니다. 주거와 직업의 변동이 심하고 생활이 불안정하며 부모 덕도 없고 배우자 덕도 없으며 자녀운도 불리합니다. 익사(溺死) 등의 사고수도 우려됩니다.

土水金: 풍파분산 환난장해 빈궁단명격(風波分散 患難障害 貧窮短命格).
가족간에 생사별의 재액(災厄)이 많고 위험수가 항상 따릅니다. 매사에 불평 불만이 많고 번민이 많으며 인덕이 없어 주위의 도움도 기대하기 어렵습니다. 부부이별운도 있는데 특히 여명은 결혼을 늦게 하는 것이 좋습니다.

土水水: 가정불행 풍파실패 병고단명격(家庭不幸 風波失敗 病苦短命格).
파란 변란(變亂)의 재액이 많고 간혹 발전하는 경우도 있습니다. 착하고 성실한 성품으로 꾸준히 노력하지만 운세의 불안정으로 성공과 실패가 교차하다가 결국은 허사가 되기 쉽습니다. 부부관계도 불리하여 이별수가 있습니다.

金木木: 불행환난 파괴분산 단명빈궁격(不幸患難 破壞分散 短命貧窮格).
성공하기 어렵고 가정이 불화하며 신경쇠약 증세가 따르고 심하면 불구자가 되는 경우도 있습니다. 의심과 불평 불만도 많으며 매사 불안정으로 큰 성공은 어렵고 특히 부부간에 의견 대립이 심합니다. 여명은 남편이 있어도 가계를 책임져야 하고 부부이별하기 쉽습니다.

金木火: 파괴분산 실패장해 병고단명격(破壞分散 失敗障害 病苦短命格).
성공하기 어렵고 폐나 뇌에 질병을 초래하며 심하면 발광(發狂)하거나 단명을 부르기도 합니다. 감수성이 예민하고 고집이 센 편입니다. 외형적으로는 평탄하게 사는 것 같아도 내면은 실속이 없고 만족하지 못합니다. 배우자와의 의견 충돌이 심하고 뇌졸중을 부를 수도 있습니다.

金木土: 풍파분산 환난파멸 불행단명격(風波分散 患難破滅 不幸短命格).
심신 과로하고 신경통으로 고생하는 불행한 운이나 수리가 좋으면 의외로 발전하는 수도 있습니다. 자존심 강하고 신경이 예민하지만 노력형입니다. 대체로 평탄하지만 노력의 대가가 미흡하여 불평 불만이 많습니다. 여명은 독선적인 남편을 만나 고통을 겪기도 합니다.

金木金: 파멸환난 실패분산 병고단명격(破滅患難 失敗分散 病苦短命格).
매사 불성(不成)이요 불신을 부르며 실패 유전(流轉)하는 운입니다. 병약하여 난치병에 걸리기도 합니다. 다정다감한 편이나 신경이 예민하고 의심도 많습니다. 불안정한 환경으로 인덕도 없고 경제적으로 고통을 받습니다. 배우자와 불화하여 이별수가 있고 자손 덕을 기대하기도 어렵습니다.

金木水: 만사불성 패가망신 빈곤단명격(萬事不成 敗家亡身 貧困短命格).
만사 이루어지기 어렵고 실패하며 병약하여 고생합니다.
강한 의지와 집념과 끈기가 있으나 운세가 불안정하여 매사 수포로 돌아갑니다. 부모와 불화하고 부부 이별수도 있으며 말년이 고독한 운입니다.

金火木: 만사불성 환난장해 병고단명격(萬事不成 患難障害 病苦短命格).
불평불만이 많고 뇌와 폐를 상하게 하며 심하면 변사(變死)하거나 자살하기도 합니다. 대인관계가 원만하고 활동적이며 여명은 성품이 따뜻하고 풍류의 기질이 있어 이성(異性)에 인기가 있습니다. 그러나 성공운은 불리하여 실패가 많고 생활이 불안정하며 부모덕도 없습니다. 사고나 자살수도 있습니다.

金火火: 풍파실패 허망분산 빈궁단명격(風波失敗 虛妄分散 貧窮短命格).
매사에 실패가 따르며 뇌와 폐의 질환을 앓고 심하면 변사(變死)하거나 발광(發狂)하기도 합니다. 고집이 강하고 성격이 조급하며 허세가 심합니다. 극단적인 면이 있으며 요행수를 바라는 투기심으로 손실을 보기도 합니다. 가정적으로는 원만한 편이지만 화재(火災) 등으로 상해를 입을 수 있습니다.

金火土: 파멸환난 패가망신 불구단명격(破滅患難 敗家亡身 不具短命格).
부주의로 인한 재해(災害)가 많고 질병으로 단명하기 쉽습니다.
초반 운세는 강하나 후반으로 갈수록 실패와 좌절이 많은 불행한 운입니다. 큰 성공만 바라다가 기회를 놓치는 등 실속이 없고 부부 이별수가 있는 등 가정에 파란이 많습니다.

金火金: 실패분산 이별허망 병고단명격(失敗分散 離別虛妄 病苦短命格).
심신이 과로하여 병난(病難)과 변사(變死)가 따를 수 있고 처자식을 극하는 불행한 운입니다. 자신감 넘치고 두뇌가 명철하나 오만불손하고 남을 깔보는 경향이 있어 주위와 불화하기 쉽습니다.
외형적으로는 그럴 듯해 보이지만 실속이 없고 번민과 경제적 고통이 크며 돌발 사고를 당할 수도 있습니다.

金火水: 패가망신 풍파환난 빈곤단명격(敗家亡身 風波患難 貧困短命格).
성공은 멀고 뇌일혈을 유발할 수 있으며 발광(發狂)하거나 조난 변사(變死)등의 불상사가 따르기도 합니다. 조난과 질병을 부르는 등 극도로 불행한 운입니다. 외유내강한 성품으로 대인관계는 원만하고 의지도 있지만 인덕이 없고 불의의 재난이 많습니다.
배우자가 병약하기도 합니다.

金土木: 허망실패 만사불성 병고단명격(虛妄失敗 萬事不成 病苦短命格).
위장이나 외부에 질환이 오고 가정 불화를 초래합니다.
타고난 좋은 환경 조건으로 순조로운 듯하지만 후반이 대단히 불리하여 하향 곡선을 그리게 됩니다.

金土火: 풍부복록 부귀영화 입신양명격(豊富福祿 富貴榮華 立身揚名格).
성공하여 이름을 떨칠 수 있으나 수리가 흉하면 병난(病難)을 초래하기도 합니다. 성실하고 외교적 수완도 능해 윗사람의 인정을 받아 출세하게 되며 건실한 배우자의 덕으로 가정적으로도 재물을 축적하고 평안합니다. 자손 또한 효성이 지극한 편으로 대를 잇습니다.

金土土: 부귀영화 권재겸전 대업성취격(富貴榮華 權財兼全 大業成就格).
명리(名利)가 있고 부귀가 따르는 운입니다. 다정다감하고 온화한 성품이면서도 강직한 면이 있고 처세가 원만한 노력가입니다.
매사 순조롭고 부귀를 얻으며 가정적으로도 화목하고 건강장수하는 운입니다.

金土金: 가업번창 부귀영화 중인통솔격(家業繁昌 富貴榮華 衆人統率格).
의외의 재물이 생기기도 하고 장수와 안태(安泰)를 누립니다.
다소 소극적이고 우유부단하지만 신용과 명예를 중시합니다.
기초운이 안정되어 순탄하게 성공 발전하며 건강도 좋습니다.
가정 또한 화목합니다.

金土水: 풍파분산 패가망신 병고단명격(風波分散 敗家亡身 病苦短命格).
향상 발전도 있으나 재난과 병난(病難)으로 조난, 급사(急死)를 초래할 수 있습니다. 조급하고 초조하며 의지도 약해 일시적인 상승운을 만나 성공해도 오래가지 못합니다. 직업과 주거 변동이 심하고 주위의 조력을 얻지 못하며 풍파가 심합니다.

金金木: 파멸분산 환난허망 병고단명격(破滅分散 患難虛妄 病苦短命格).
성공할 수 있으나 불화 쟁론이 생기고 조난의 화를 당하거나 처자식의 운이 없습니다. 주관이 확고하고 강직하며 고집이 강하고 고지식하여 어느 정도 성공한다고 해도 가정적으로 불화가 심하여 처자식을 잃게 되기 쉬운 운입니다. 불의의 재난으로 불구가 될 수도 있습니다.

金金火: 실패좌절 파괴분산 빈궁단명격(失敗挫折 破壞分散 貧窮短命格).

불안하여 뇌 질환이나 난리(亂離) 재화(災禍)로 패가망신할 수 있습니다. 소심하고 완고한 편으로 타인과 융화가 쉽지 않습니다.
용두사미(龍頭蛇尾) 성격이라 마무리가 안되며 난관을 만나 허사로 돌아가기 쉽습니다. 부부이별수도 있고 자손운도 불리하며 곤궁을 면하기 어렵습니다.

金金土 : 부귀영화 대업성취 출세양명격(富貴榮華 大業成就 出世楊名格).
순조로운 성공운을 가지며 매사 무난하나 무리하면 실패합니다.
강한 의지력에 두뇌회전이 빠르며 자기 주장이 강합니다.
심신이 건전하고 안정되어 무병장수하고 태평한 생애를 보내며 가정도 화목합니다.

金金金 : 만사불성 풍파좌절 병고단명격(萬事不成 風波挫折 病苦短命格).
불화와 쟁론으로 고독과 재난을 초래하며 생사별의 화를 면하기 어렵습니다. 두뇌가 영특하고 유능한 재질을 갖추었으나 자존심이 강하고 융통성이 모자라 대인관계가 좋지 못합니다.
성공의 운기가 있어 재물과 지위를 얻어도 항상 불안정하고 고독하며 가정도 불화합니다.

金金水 : 순조달성 입신출세 발전융성격(順調達成 立身出世 發展隆盛格).
향상 발전하고 성공하는 운이기는 하나 수리가 흉하면 매사 여의치 못하고 고독하며 불의의 급변(急變)과 몰락을 초래할 수 있습니다.
의지력이 강하고 친절하며 후덕한 외유내강형 성품으로 상하의 도움을 얻어 입신출세하는 운입니다.

金水木 : 부귀영화 다복평안 입신출세격(富貴榮華 多福平安 立身出世格).
어질고 온화한 성품에 재능도 있어 유덕(有德)하며 주위의 칭송을 얻습니다. 자력으로 입신하는 노력형이며 재물운이 크고 건강 장수하고

가정도 안락합니다. 다만 수리가 불리하면 병약하고 단명한다고도 봅
니다.

金水火 : 환난파괴 패가망신 병고단명격(患難破壞 敗家亡身 病苦短命格).
불안전하여 처자식을 극하고 재액(災厄), 급변(急變), 재화(災禍)를
면하기 어렵습니다. 재능과 수완이 있고 부모와 수상인(手上人)의 도
움으로 일시적으로는 성공을 이루기도 하지만 기초운이 불안하여 중
년 이후에는 실패의 나락으로 떨어지기 쉽고 심리적으로도 불만과 불
안이 큽니다. 건강운과 가정운도 불리합니다.

金水土 : 실패환난 풍파좌절 빈궁단명격(失敗患難 風波挫折 貧窮短命格).
성공 발전해도 일시적이라 실패하기 쉬우며 재화(災禍)를 당하거나
병약, 단명할 수 있습니다. 의지와 고집이 세며 시기심도 강합니다.
일시적으로 성공운도 있으나 곧 실패와 좌절을 겪으며 실속 없는 명
맥만 유지합니다. 부모덕은 있으나 자식 덕이 없습니다.

金水金 : 순조성공 풍성복록 대업성취격(順調成功 豊盛福祿 大業成就格).
성공이 순조롭고 일생 부귀와 장수를 누리는 운입니다.
부모덕이 있고 기초운이 안정되어 있으며 만인의 존경과 협조로 성공
을 이룹니다. 용모가 빼어나고 덕 있는 배우자를 만나 가정도 행복하
며 심신이 건강하여 무병장수합니다.

金水水 : 부귀영화 입신양명 권재융성격(富貴榮華 立身揚名 權財隆盛格).
조부의 유덕(遺德)으로 향상 발전하며 약간의 실수도 있으나 평안한
운입니다. 부모와 윗사람의 도움으로 성공이 순조롭고 성격 또한 명
랑하고 활발하며 재치가 있어 주위에서 인기가 있습니다.
부부화합하고 자손 덕도 있으나 말년에 의외의 재난으로 파란을 만나
는 수도 있습니다.

水木木: 발전번영 부귀영화 입신양명격(發展繁榮 富貴榮華 立身揚名格).
 온화하고 온후하여 성공 발전하고 행복을 누리는 운이나 수리가 흉하면 노동이나 농사를 지을 수 있고 자식이 없기 쉽습니다.
 기초운이 튼튼하여 매사 순조롭고 주위의 신임도 있습니다.
 자립심이 강한 노력형이나 의지가 다소 약한 면이 있지만 대체로 무병장수하고 부귀영달을 누릴 수 있다고 봅니다.

水木火: 융성부귀 다복평안 가업번창격(隆盛富貴 多福平安 家業繁昌格).
 성공 발전하는 운이나 수리가 흉하면 파란이 중중(重重)합니다.
 감수성이 예민하고 이해력과 판단력도 뛰어나 사물과 환경을 응용하고 조직하는데 탁월한 능력이 있습니다. 건강과 가정운도 화평합니다.

水木土: 풍파복록 대업성취 출세부귀격(風波福祿 大業成就 出世富貴格).
 기초운이 튼튼하여 순탄하게 성공하는 발전이 있어도 일시적이요 불안과 이동이 심하여 불행할 수도 있습니다. 이해력과 감성이 풍부하여 창조적인 일에 적격입니다.

水木金: 풍파환난 실패좌절 병고단명격(風波患難 失敗挫折 病苦短命格).
 순조롭게 발전 성공하는 듯하나 일시적이며 불안과 이동이 심하고 하수인의 피해가 있습니다. 병난(病難), 조난 등의 흉사가 따르기도 합니다. 지모가 출중하고 희생 봉사정신도 있습니다.
 부모덕은 있으나 배우자와 자녀운이 불리한데 도와준 사람으로부터 배신을 당하기도 합니다.

水木水: 부귀영화 입신출세 다복평안격(富貴榮華 立身出世 多福平安格).
 초지일관하는 노력형으로 순조롭게 자립성공 발전하는 운입니다.
 초년에는 고난과 재난을 겪을 수 있으나 중년 이후에는 부(富)를 이루고 가정적으로도 원만합니다. 다만 수리가 흉하면 이동이 심하여 해를 입을 수 있고 심신이 과로하여 특히 건강상 허약함이 보이므로 불행을 부를 수 있습니다.

水火木 : 파괴분산 환난좌절 빈궁단명격(破壞分散 患難挫折 貧窮短命格).
불의의 변동이나 이동 또는 유실(流失), 병난(病難)이 있습니다.
성격이 급하고 예민하여 깐깐한 편이지만 대인관계는 친절한 면이 있습니다. 부모의 덕으로 안정된 환경에서 순조롭게 발전하는 듯하나 의외의 역경으로 무너지고 맙니다. 배우자 덕도 없어 분쟁이 끊이지 않으며 급변을 만나 사망할 수도 있다고 봅니다.

水火火 : 패가망신 풍파분산 병고단명격(敗家亡身 風波分散 病苦短命格).
성공하기 어렵고 재악(災惡)이 따르며 가난이 심하고 가정 풍화(風禍)를 면하기 어렵습니다. 뇌일혈, 심장마비 등이 위험합니다.
정직하고 조급한 성격과 무모한 행동으로 곤경을 자초하는 운이며 가족 간에도 갈등이 심하고 건강운도 불리하여 단명할 수 있다고 봅니다.

水火土 : 파멸환난 생사이별 병고단명격(破滅患難 生死離別 病苦短命格).
매사 이루기 어렵고 불신과 재액(災厄)이 따르며 신상에 돌발적인 재해(災害)가 발생합니다. 뇌일혈 등의 질병이 있기도 합니다.
성격이 급하고 신경질적이며 인내력이 부족합니다. 출생 환경이 유복하고 가정은 화목하지만 인덕이 없어 매사 중도좌절 하여 실패하게 되고 직업운도 불안정합니다. 화재를 당할 수도 있습니다.

水火金 : 만사불성 실패좌절 단명빈곤격(萬事不成 失敗挫折 短命貧困格).
심신의 과로로 불안하고 병난(病難), 신고(辛苦)하며 가정 파탄이 일어나는 등 급변(急變), 재액(災厄) 등을 면하기 어렵습니다.
예민하고 조급하며 신경이 날카롭지만 선량한 성품입니다. 인덕이 없어 주변의 구설과 모함이 많으며 번민 또한 많습니다.
발전도 더디고 가정운도 불길하여 고독한 운이며 과로로 인한 질병을 부를 수 있습니다.

水火水 : 풍파분산 허망실패 병고단명격(風波分散 虛妄失敗 病苦短命格).
가장 흉한 운이며 성공은 기대할 수 없고 뇌일혈, 심장마비, 발광(發

狂), 살상(殺傷), 변사(變死) 등의 온갖 흉이 따를 수 있습니다. 수심으로 한평생을 살게 되고 가정운도 불리하여 불화가 심하며 부부 이별운이 있습니다. 재난이나 사고로 사망하거나 단명할 수도 있다고 봅니다.

水土木: 파괴분산 실패좌절 병고단명격(破壞分散 失敗挫折 病苦短命格).
기초가 약하여 불안한 구조로 곤고(困苦)와 장애(障碍)가 심하고 위장병, 폐병 등의 질환 등으로 단명할 수 있으며 파란을 면하기 어렵습니다. 감수성이 예민하고 이해력은 풍부하나 성품이 편협하고 허세와 허영에 빠지기 쉽습니다. 인덕도 없고 경제적인 어려움과 불의의 재난이 겹치며 일생 불안하고 파란이 따릅니다.

水土火: 실패좌절 허망분산 빈곤단명격(失敗挫折 虛妄分散 貧困短命格).
성공 발전하려고 고심하나 어렵고 가정불화가 심하며 재해(災害)와 병약한 기운이 있습니다. 재기(才氣)가 뛰어나고 승부근성이 강하나 허영심리 또한 강합니다. 기초운이 좋아 처음은 어느 정도 성공을 거두는 것 같으나 돌연한 횡액을 당할 수 있습니다.
허약한 체질에 가정적으로도 불운합니다.

水土土: 파멸환난 패가망신 병고단명격(破滅患難 敗家亡身 病苦短命格).
장애가 많아 발전이 어렵고 병난(病難)과 곤고(困苦)가 거듭되는 불행한 운입니다. 두뇌도 명석하고 승부근성이 강하지만 매사 장애가 따라 중도에 좌절하는 운입니다. 소득에 비하여 지출이 많고 타향에서 고생하며 부부간에 불화가 잦고 자녀와도 이별하여 고독하게 됩니다.

水土金: 불행재액 성공난망 병난단명격(不幸災厄 成功難望 病難短命格).
성공운이 약하며 병난(病難)과 예측하기 어려운 재액(災厄)이 많이 따릅니다. 자존심 강하고 다재다능하나 소극적이고 내성적입니다. 불굴의 의지와 추진력은 있으나 인덕이 없어 주변의 방해를 받고 과로로 인한 질병을 부르기도 합니다.

水土水: 파괴허망 실패분산 병고단명격(破壞虛妄 失敗分散 病苦短命格).
매사 불안하고 여의치 못하며 급변(急變), 재액(災厄)이 속출하는 등 흉한 운입니다. 허영심과 허세가 심하고 자존심이 강하며 매사 장애가 따릅니다. 부모형제와 불화하고 배우자와 이별수도 있으며 교통사고 등 재난과 사고를 부르기도 합니다.

水金木: 환난파멸 생사이별 빈궁단명격(患難破滅 生死離別 貧窮短命格).
기초가 불안하며 처자식을 극하고 불구의 위험도 있는데 수리가 좋으면 자손이 창달(暢達)합니다. 초반 운세가 좋아 순탄하게 발전하는 듯하나 일시적이며 재난을 맞고 성쇠(盛衰)의 기복이 심합니다. 신경이 지나치게 예민하고 의심이 많으며 결단력이 약하여 실속이 없습니다. 부모와도 일찍 사별하기 쉽습니다.

水金火: 파괴분산 실패허망 병고단명격(破壞分散 失敗虛妄 病苦短命格).
불신, 불성(不成), 병난(病難), 신고(辛苦) 등의 위험이 있으며 처자식을 극하고 가정이 파탄나는 등 재액(災厄)이 따릅니다.
명랑하고 활발한 성품이나 언행이 신중하지 못하여 신임을 얻기 어렵습니다. 부모덕이 없고 성공운이 약하여 이루어지는 것이 없고 가정도 불화하여 자포자기하는 운입니다.

水金土: 부귀번창 권재풍성 입신양명격(富貴繁昌 權財豊盛 立身揚名格).
발전 성공하고 만사가 순조로우나 수리가 흉하면 조난을 당하는 등 흉한 기운을 부릅니다. 두뇌가 총명하고 활동적인 성품에 성실한 노력가로 주위의 신망을 얻습니다. 매사 순조롭게 이루고 부귀영달하며 가정도 화목하고 자녀의 효도를 받으며 많은 사람을 거느리는 운입니다.

水金金: 발전융성 부귀영화 대업성취격(發展隆盛 富貴榮華 大業成就格).
순조롭게 성공하고 장수를 누리는 안전하고 행복한 운입니다.

성실하고 단정한 품행에 효성도 지극합니다. 부부 사이에 애정도 깊고 자식 덕도 있으며 사회에서도 발전을 이루는 대기만성(大器晩成)형입니다. 다만 비현실적인 기질이 있어 심리적인 불안정을 부를 수도 있습니다.

水金水: 풍부복록 출세부귀 가업번창격(豊富福祿 出世富貴 家業繁昌格).
성공 발전하는 운이나 수리가 흉하면 재화(災禍)로 급변(急變) 몰락하고 불의의 비애(悲哀)를 격기도 합니다. 온화하고 예의 바르며 두뇌도 명석합니다. 상하의 신망이 두터워 협조를 받으며 매사 순조롭게 이루어집니다. 가정적으로도 화목하며 특히 뛰어난 자손을 얻을 수 있습니다. 다만 체질이 허약하고 수액(水厄)을 당할 수도 있습니다.

水水木: 순조발전 가업번영 권재풍부격(順調發展 家業繁榮 權財豊富格).
성공 발전하고 행복을 누리는 운이나 수리가 흉하면 돌발적인 재액(災厄)을 만나는 등의 흉이 따릅니다. 지모가 출중하고 활발한 성품이며 자기 과신과 과다한 욕심이 문제지만 대체로 안정된 생활을 누릴 수 있습니다. 가정적으로도 배우자의 협조로 평안하고 자녀도 효성스럽습니다.

水水火: 만사불성 풍파좌절 병고단명격(萬事不成 風波挫折 病苦短命格).
실패, 곤고(困苦), 병난(病難), 단명 등의 기운을 암시하며 불상사가 속출하는 불행한 운입니다. 재능은 있으나 방종하고 행실이 단정하지 못합니다. 심신이 허약하며 주거가 불안정하고 매사 실패가 따르며 부부불화도 심하여 말년이 고독합니다.

水水土: 파멸분산 환난장해 빈궁단명격(破滅分散 患難障害 貧窮短命格).
일시적인 발전은 있으나 가정불화에 병난(病難)의 재액(災厄)이 따릅니다. 재치와 총명함을 갖추었으나 자만심과 자기주장이 너무 강합니다. 인덕이 없고 항상 분주하기만 하여 노력에 비하여 결과가 빈약합니다. 가정에 우환이 많고 배우자와 자녀와의 이별수도 있습니다. 특히 여명은 가계(家計)를 책임지는 경우가 많습니다.

水水金: 부귀영화 평안발전 대업성취격(富貴榮華 平安發展 大業成就格).
대 성공을 하는 특이한 경우도 있으나 수리가 흉하면 병약, 단명 또는 유전(流轉)하기도 하는데 대개는 평온한 운입니다.
재능이 있고 유덕(有德)하여 모든 사람의 신망을 받으며 재물운과 명예운이 모두 왕성하여 큰 성공을 거두고 가정도 화목합니다.
다만 중년 이후 위장 장애나 당뇨를 부를 수 있습니다.

水水水: 가정불화 실패분산 병약단명격(家庭不安 失敗分散 病弱短命格).
성공하기 어렵고 병약하고 단명하는 비운이 따릅니다. 다만 수리가 좋으면 평안하기도 합니다. 활동적이나 자만심과 고집이 강하여 경거망동하기 쉽습니다. 기초운이 튼튼하여 부모덕이 있고 초년에는 순조롭게 발전할 수 있으나 의외의 재난이 겹치게 되고 심신이 병약하여 단명할 수 있습니다. 가정적으로도 불화가 심하고 중년 이후 곤궁하게 말년을 보낼 수 있습니다.

★성명의 주음 오행을 기준으로 한 해설입니다.
★특히 水土水, 土水土, 水水土, 火水火, 土火水, 水火水로 구성되면 급변사(急變事)의 암시가 있다고 봅니다.
★특히 金火金, 火金火, 金木金, 木土木 으로 구성되면 정신박약이나 발광의 기운이 있으며 폐병 등 난치병을 부를 수 있다고 봅니다.
★특히 金土水, 金金水, 水水火, 土水水, 火金水, 金火水로 구성되면 조난을 당하거나 타동적(他動的)인 사태에 의한 위험을 당한다고 봅니다.

성(姓)자와 이름 첫 자의 음령오행(音靈五行) 배치 길흉(吉凶)

성(姓)자의 주음(主音) 음령오행 + 이름 첫 자의 주음(主音) 음령오행.

木木: 신경이 예민하고 날카로우며 변화가 많은 성품입니다. 감정과 애정의 성향이라 사교성이 뛰어나기도 합니다. 반면에 여명은 신경질적이고 남에게 지기 싫어하며 작은 일에도 예민합니다. 고혈압, 뇌일혈, 심장병 또는 신경쇠약에 의한 정신질환도 올 수 있습니다.

木火: 다정하고 애정이 깊습니다. 성격도 명랑하고 활발한데 욕심과 시기심도 강하며 조급한 면도 있습니다. 폐렴이나 위장 질환이 올 수 있고 안질이나 신경 계통에 이상이 올 수도 있는데 특히 과음으로 인한 질환을 조심해야 합니다.

木土: 남에게 따뜻하고 친절한 편이지만 소극적인 면도 있으며 활동성도 부족합니다. 위장병이나 치질이 우려되나 대체로 건강한 편입니다.

木金: 침착하고 이지적이며 사리판단이 분명한 편이나 때로는 감정의 지배를 이기지 못하는 경우도 있습니다. 폐질환, 늑막염, 신경쇠약, 편도선염, 자궁암 등의 질환에 주의해야 하며 성병도 우려 됩니다

木水: 정신력에 의한 의지가 강하면서 사려 깊고 지혜와 재능을 갖추고 있으며 의협심도 강합니다. 도덕성과 예의를 지키며 동정심도 많지만 건강이 허약한 편입니다. 두뇌가 명석합니다.
신경 계통이나 위장 계통의 질환이 우려되고 냉증도 있습니다.
늑막염이나 중풍의 기운도 있으나 증세는 심하지 않습니다.

火木: 매사에 열의를 다하며 고집도 강합니다. 다만 성급하고 경솔한 면이 있

어 실수와 실패를 부르기도 합니다. 뇌질환, 심장병, 위장병, 성병을 부를 수 있으며 특히 뇌질환에 걸리면 정신착란이나 정신이상을 부를 수 있습니다.

火火: 인정도 많고 눈물도 많은 외유내강형입니다. 심리적인 변화가 심하고 질투심과 시기심도 강합니다. 심장병이나 고혈압, 신경 계통의 질환에 걸리기 쉽고 성병에 걸릴 수도 있습니다.

火土: 인정 많고 따뜻한 성품으로 좀처럼 화를 잘 내지 않으며 침착한 편입니다. 독실합니다. 맹장염, 만성위장병, 이비인후과 계통의 질환이 오기 쉬우며 뇌질환은 완치될 수 있습니다.

火金: 과감한 성품으로 용기도 있고 노력하는 성품이지만 처신이 성급하여 영속적으로 유지되기 어렵습니다. 심리적인 변화가 많고 그 폭이 커서 안정감이 떨어집니다. 다혈질이며 반항심도 있습니다.
이비인후과(耳鼻咽喉科)에 관련된 질병이 많은 편입니다.

火水: 매사 적극적이고 처세술도 뛰어나며 또한 욕심이 많고 의지와 인내력도 강합니다. 대체로 아량이 넓고 성품이 온후한 편입니다.
호흡기 질환이나 뇌와 신경계통 질환이 올수 있으며 안질이나 위장에 이상이 올 수 있습니다.

土木: 온화하고 유순하면서 유약합니다. 인정도 많고 사람 좋다는 소리는 듣지만 진취력과 추진력이 부족합니다. 위장 계열 질환이나 치질을 부를 수 있고 신경 계통 질환도 우려되나 대체로 건강한 편입니다.

土火: 온순하고 다정하면서 활발하고 진취적인 성품이지만 한번 화가 나면 앞뒤를 가리지 않는 면도 있습니다. 류머티스, 신경 계통이나 이비인후과 계통의 질환이 올 수 있고 특히 여명은 자궁암 등의 부인병 계통에 질환이 올 수 있습니다.

土土: 침착하고 착실하게 보이나 의심이 많고 소극적이라 신중함이 지나쳐 기회를 놓치기도 합니다. 여명은 욕심이 많은 편입니다.
각기병, 신장병, 심장병, 뇌질환, 폐질환을 앓을 수 있습니다.

土金: 정직하고 근면, 성실합니다. 성격 또한 온순한데 다만 용기와 추진력이 약한 편입니다. 위장 계열, 이비인후과 계열의 질환이 올 수 있고 뇌질환이나 자궁의 질병을 부를 수 있으나 완치될 수 있습니다.

土水: 두뇌 판단력이 대단히 빠르며 재치가 있습니다. 매사 침착한 편이며 고집이 강하고 심리적으로 불안한 면도 있습니다. 건강이 약합니다.
폐결핵, 치질, 늑막염, 신장염, 성병 등이 우려됩니다.

金木: 의협심 강하고 정도 많아 남의 어려움을 보고 그냥 넘어가지 못합니다. 의지도 강합니다. 신경 계통이나 늑막염 등이 올 수 있고 자궁암 등의 부인병도 우려됩니다.

金火: 충실하고 꾸준한 노력가입니다. 그러나 조급한 경향이 있어 경솔하고 너그럽지 못한 점도 있습니다. 신경계통 질환이 올 수 있고 신경쇠약이 우려되지만 대체로 건강한 체질을 가지고 있습니다.

金土: 온화한 성품으로 가정적입니다. 특히 근면, 성실, 정직한 편이며 저축성 또한 강합니다. 신경 계통, 이비인후과, 위장 등의 질환이 올 수 있고 특히 치질을 부르기 쉽습니다.

金金: 겉으로는 온화해 보이나 굳은 투쟁심과 반항심도 강합니다.
의지력이 강하고 독립심도 강합니다. 신경쇠약이나 신경 계통의 질환이나 안질이 우려되고 폐 질환이나 성병에 걸릴 수도 있습니다.

金水: 인내심과 책임감이 특히 강한 반면에 자아의식도 강하여 남의 말을 잘 듣지 않는 경향이 있습니다. 특히 신경통이나 류마치스 등의 질환을 부를 수 있으며 중풍의 위험도 있습니다.

水木: 내성적인 편이나 강한 정신력에 의한 인내심이 강합니다. 온화하고 인정도 많으나 근심이 많은 편이며 고독한 기운도 있습니다.
허약한 체질이며 폐결핵 등이 우려됩니다.

水火: 적극적이고 활동적이지만 다혈질이라 화를 잘 내며 자신을 과신하는 경향이 있어 독선적이고 난폭한 면도 있습니다. 불안정한 심리상태를 보이기도 합니다. 특히 심장계열의 질병과 안질이 우려되고 신경 계통 및 급성 위장병도 올 수 있습니다.

水土: 겉으로는 온화한 듯 보이나 고집과 자존심과 반항심이 강하고 탐욕스럽습니다. 재능은 있으나 주위에서 고립될 수 있습니다.
치질, 자궁암, 늑막염, 폐질환 등을 부를 수 있습니다.

水金: 대인관계가 좋고 자신이 손해를 보더라도 남을 돕고 베푸는 성향입니다. 그러나 화를 잘 내기도 합니다. 신경질적인 면이 있어 신경쇠약을 부를 수 있고 편도선에 이상이 오기도 합니다.

水水: 재능있고 침착하여 믿음직스러우며 명랑하고 활발한 성품인데 남의 일에 신경쓰지 않는 개인주의 성향입니다. 가정적입니다.
반면에 여명은 고집과 질투심 강하고 잘난 체하는 경향이 있습니다.
신경쇠약, 히스테리 등의 신경성 질환이 올 수 있고 자궁암 등의 부인병이나 성병, 만성위장병을 앓을 수 있습니다.

삼원오행(三元五行)의 배치 길흉(吉凶)

1. 이원(二元. 인격人格)과 일원(一元. 천격天格)과의 상관관계.
   이원(인격) + 일원(천격)
   단, 이원(인격)과 삼원(지격)과의 관계를 참고하고 수리도 참고하여 종합적인 판단을 해야 합니다.

木木 : 순조로운 성공운으로 희망과 목적을 순탄하게 이룰 수 있습니다.
木火 : 성공을 이루는데 장애가 없고 발전하고 성취하는 운이 큽니다.
木土 : 표면상 좋아 보이나 성공이 어렵고 위장병 위험이 있습니다.
木金 : 운(運)이 눌려 불평불만 많고 뇌, 신경 계통 건강이 위험 합니다.
木水 : 매사에 장애가 없고 향상 발전하는 운입니다.

火木 : 윗사람의 후원을 입고 발전 성공이 순조롭습니다.
火火 : 동료의 후원으로 장애없이 성공하나 삼원이 土면 일시 성공입니다.
火土 : 희망대로 이루어져 순조롭게 성공하며 명성을 떨칠 수 있습니다.
火金 : 성공이 어렵고 신경, 폐 계통 질환이 따르며 발광할 수도 있습니다.
火水 : 운(運)이 눌려 재난을 부르며 심장, 뇌 계통의 질환이 두렵습니다.

土木 : 성공이 어려우나 덕망 있어 큰 화는 면합니다. 위(胃)가 부실합니다.
土火 : 상사나 선배 등 연장자와 부모 조상의 음덕으로 순탄합니다.
土土 : 게으르며 성공이 좀 늦으나 행복합니다. 잘 친하고 잘 헤어집니다.
土金 : 성공운이 순조로워 스스로 목적을 달성합니다.
土水 : 중도에 장애가 있으나 결국은 목적한 바를 이루어 낼 수 있습니다.

金木: 어려움이 있어 열심히 노력해야 이룰 수 있으며 과로가 따릅니다.
金火: 대개 성공이 어렵습니다. 한탄, 정신질환, 자살을 부르기도 합니다.
金土: 윗사람의 도움을 받고 노력 발전하여 화복을 이룰 수 있습니다.
金金: 편협하고 고집, 불화 쟁론으로 재난을 부릅니다. 부부 불화합니다.
金水: 매사 순탄하게 풀려 나가며 부부운 또한 좋습니다.

水木: 성공이 순조로운 듯하나 가정적으로 실패하고 불행이 드나듭니다.
水火: 대부분 곤궁(困窮)하고 흉화(凶禍)가 많은 편입니다.
水土: 노력이 허사되고 주위의 비웃음을 사며 역경을 만나 쓰러집니다.
水金: 수상인(手上人)의 후원으로 순조롭게 성공하는 운입니다.
水水: 행실이 좋지 않으며 대부분 불행하고 부부, 자녀운도 좋지 않습니다.

2. 이원(二元. 인격人格)과 삼원(三元. 지격地格)과의 상관관계.

이원(인격) + 삼원(지격)

단, 이원(인격)과 일원(천격)과의 관계를 참고하고 수리도 참고하여 종합적인 판단을 해야 합니다.

木木: 기초운이 편안하고 조력자의 후원이 있어 든든합니다.
木火: 사고없이 평안을 누리는 운입니다.
木土: 기초가 튼튼한 반석 위라 변동이 없습니다.
木金: 수하인(手下人)의 공격으로 바늘방석이고 변동 많고 불안정합니다.
木水: 순조롭게 성공하나 갑자기 무너지고 떠돌거나 병약해지기 쉽습니다.

火木: 기초가 튼튼하고 수하인(手下人)의 협조로 안정과 발전을 이룹니다.
火火: 일시적인 성공을 이루나 뿌리가 약해 오래가기 어렵습니다.

火土 : 기초운이 튼튼하여 생활과 심신이 안정됩니다.
火金 : 평안한 듯 보이나 가정이 불행하고 아랫 사람과 다툼이 많습니다.
火水 : 기초운이 불안정하고 재난이 많아 손재가 많고 생명도 위험합니다.

土木 : 환경이 불안정하여 변화와 이동이 많습니다. 위장 질환도 있습니다.
土火 : 기초가 안정되어 재액(災厄)을 면하고 성공합니다.
土土 : 대체로 평탄하고 행복을 누리는 운입니다.
土金 : 소극적인 면이 있습니다.
土水 : 기초운이 불안하여 재난(災難)과 흉화(凶禍)가 따릅니다.

金木 : 외견상 안정되어 보이나 실상은 전락(轉落)의 위험이 있습니다.
金火 : 기초가 불안하고 성격이 비뚤어지기 쉬우며 질병이 따릅니다.
金土 : 안정된 환경에 점차 견실한 발전을 이룹니다.
金金 : 성격이 너무 강하여 비난과 불화에 시달리는 고통을 겪습니다.
金水 : 예기치 못한 재화(災禍)에 급변전락(急變轉落)하는 운입니다.

水木 : 안정된 환경이나 수리가 흉하면 폐나 심장 질환이 따릅니다.
水火 : 급변(急變), 급화(急禍) 등 큰 재앙을 부릅니다.
水土 : 안정된 듯 보이기도 하나 언젠가는 불안에 휩싸이게 됩니다.
水金 : 튼튼한 기초에 명리(名利)가 따르나 수리가 나쁘면 질병이 옵니다.
水水 : 일시적으로 위세를 떨치더라도 병재(病災)와 고독을 맞이합니다.

※삼원오행을 아예 무시하는 성명학자도 많습니다.
　필자는 삼원오행을 참고하지만 그렇게 중요한 작용을 한다고는 보지 않습니다. 무시해도 문제가 없습니다. 중요한 것은 음령오행입니다.

수리영동운(數理靈動運)

원격(元格), 형격(亨格), 이격(利格), 정격(貞格)의 수리에 대한 길흉(吉凶) 해설입니다.

1획 태초격(太初格). 기본격(基本格). 삼양회태지상(三陽回泰之像)으로 태초신생두령운(太初新生頭領運). 시두운(始頭運).
출발권위(出發權威). 온건착실(穩健着實). 부귀장수(富貴長壽).
우주 본연의 수로 태극의 수입니다. 모든 수의 으뜸이며 시작과 출발이기도 합니다. 대 자연의 생기를 받아 초목이 싹이 트는 것과 같이 희망이 이루어지는 좋은 수리입니다. 강건하고 온건 착실하지만 부덕(不德)하면 흉수(凶數)로 변할 수도 있습니다.

2획 분리격(分離格). 제천분할지상(諸川分割之像)으로 재액운(災厄運).
고독운(孤獨運). 고독파산운(孤獨破産運).
분리파괴(分離破壞). 독립불능(獨立不能). 육친무덕(六親無德).
일생 고달프고 매사 공허하며 병난과 액난을 겪을 수 있습니다.
독립하기 어렵고 지혜와 재주가 있어도 결단력과 실천력이 약해 용두사미 꼴입니다. 배우자나 자녀와 이별하고 고독과 수심으로 세월을 보내며 비록 지위나 명예나 재산을 쌓아 영화를 누리는 것 같아도 고통과 고난이 심합니다. 음극수(陰極數)라 탐욕과 독선이 강하여 몰인정하다는 평을 듣기도 합니다.

3획 명예격(名譽格). 성형격(成形格). 시생만물지상(始生萬物之像)으로 복덕운(福德運). 수복평화운(壽福平和運).
명부양전(名富兩全). 지모출중(智謀出衆). 지도인물(指導人物).

지혜와 용기와 결단력이 출중하여 처세도 탁월합니다. 30세 이전에 입신양명할 수이며 군, 정계, 재계, 학계 등에서 정상(頂上)의 대업을 성취할 수 있는 수리입니다.

4획 부정격(不定格). 사멸격(死滅格). 동서각비지상(東西各飛之像)으로 파괴운(破壞運). 빈궁분주운(貧窮奔走運).
박약좌절(薄弱挫折). 제사불성(諸事不成). 미모색정(美貌色情).
의지가 박약하고 우유부단하며 처세가 원만치 못합니다. 적응에 애로가 있고 배우자나 자녀와 생사별수가 있으며 병난(病難), 변사(變死), 형액, 단명수가 있는데 여명은 미모는 있으나 색정이 너무 강하여 문제가 될 수 있습니다.

5획 통어격(統御格). 완성격(完成格). 능성만물지상(能成萬物之像)으로 성공운(成功運). 명재운(名財運).
복록장수(福祿長壽). 지모겸비(智謀兼備). 부귀영달(富貴英達).
온후하고 독실(篤實)하며 지혜와 덕이 있어 상하의 존경과 사랑을 받는 수로 일찍이 국록을 얻어 천하에 명성을 얻는 수리입니다.

6획 계승격(繼承格). 음덕시태지상(陰德始胎之像)으로 덕후운(德厚運).
수복번창운(壽福繁昌運). 영화발전운(榮華發展運).
안온여경(安穩餘慶). 대업계승(大業繼承). 부귀영달(富貴英達).
감정이 풍부하고 인정있고 친절한 성품이며 온후하면서도 신념이 확고합니다. 불굴의 노력으로 조업(祖業)이나 대업을 계승 성취하는 부귀영달의 수리입니다.

7획 독립격(獨立格). 강성격(剛成格). 강건전진지상(剛健前進之像)으로 발달발전운(發達發展運). 권재풍성운(權財豊盛運).
외강내유(外剛內柔). 심신강건(心身剛健). 초지관철(初志貫徹).
초지일관하는 확고한 고집으로 독립성이 강합니다. 자수성가할 수 있는 운으로 자만심과 고집이 너무 강하여 주위의 구설수와 누명(陋名)이 따르므로 주위와 화합할 수 있는 지혜가 필요합니다.

8획 발달격(發達格). 자발자활지상(自發自活之像)으로 전진운(前進運).
성대영화운(盛大榮華運). 복록증진운(福祿增進運).
근면발전(勤勉發展). 수복겸전(壽福兼全). 자수성공(自手成功).
근면하고 강한 의지와 정신력으로 자수성가하여 대업을 성취할 수 있으나 온화한 심덕(心德)을 길러야 합니다.

9획 궁박격(窮迫格). 종국격(終局格). 대재무용지상(大材無用之像)으로 불행운(不幸運). 시휴운(時虧運).
흥진전패(興盡轉敗). 중도좌절(中途挫折). 고독단명(孤獨短命).
시작은 성대하나 결국은 용두사미격이 되고 가정 불화와 부부 충돌이 심하며 부모 형제와도 인연이 없습니다. 중도에 좌절하거나 단명수도 있지만 운에 따라서는 열사(烈士), 풍운아, 외항선원 등의 방면에서 성공할 수도 있습니다. 여명은 화류계에 종사하는 경우가 많습니다. 교통사고, 익사(溺死), 실종 등의 흉사를 당할 수 있으나 비행사나 기사(技士) 등의 경우에는 예외로 보기도 합니다.

10획 공허격(空虛格). 귀공격(歸空格). 만반허무지상(萬盤虛無之像)으로 단명운(短命運). 장해풍상운(障害風霜運).
다재다능(多才多能). 절처봉생(絕處逢生). 중년요절(中年夭折).
재주가 뛰어나 한때 명성을 얻을 수도 있으나 중도에 어려움을 겪게 되고 가족과 떨어져 객지 생활을 하는데 종교 수도자(修道者)는 예외로 봅니다. 최상위까지 오를 수도 있으나 많은 고통과 노력이 있어야 하고 중년에 요절할 수도 있습니다.

11획 신성격(新成格). 갱신격(更新格). 자력갱생지상(自力更生之像)으로 흥가재흥운(興家財興運). 입신다복운(立身多福運).

온건착실(穩健着實). 두뇌명석(頭腦明晳). 부귀안락(富貴安樂).
순조로운 발전을 이루어 부귀와 안락을 누릴 수 있으나 자식이 귀하여 양자를 둘 수도 있습니다.

12획 박약격(薄弱格). 유약격(柔弱格). 연약실조지상(軟弱失調之像)으로 고수운(孤愁運). 이별분산운(離別分散運).
의지박약(意志薄弱). 일시성공(一時成功). 대사난망(大事難望).
재능이 있으나 의지가 부족하여 대성은 어렵고 매사 우물쭈물 하다가 차 떠난 뒤에 손드는 격으로 기회를 놓치는 등 허송세월을 보내기 쉽습니다.

13획 지모격(智謀格). 총명격(聰明格). 구이자명지상(久而自明之像)으로 지달운(智達運). 부귀번성운(富貴繁盛運).
이지발달(理智發達). 임기응변(臨機應變). 문학성취(文學成就).
명철한 두뇌로 성공을 이루며 여러 사람을 이끄는 능력도 있습니다.
입신양명(立身揚名)의 운인데 문학가나 예술가에 많습니다.

14획 이산격(離散格). 운둔사산지상(運遁四散之像)으로 파괴운(破壞運). 고독환난운(孤獨患難運). 패가망신운(敗家亡身運).
박약좌절(薄弱挫折). 번뇌실패(煩惱失敗). 가정불행(家庭不幸).
번뇌가 많고 좌절과 실패의 기운입니다. 심성은 착하나 가정이 불행하고 남의 일은 잘 보지만 자신의 앞가림을 못합니다. 유산을 받아도 자신의 것이 되기 어렵고 수고만 크고 공이 없으며 매사 뜻대로 이루어지기 어렵습니다. 그러나 예외로 성실하게 노력하여 성공을 하는 경우도 있습니다.

15획 통솔격(統率格). 천지안전지상(天地安全之像)으로 복수운(福壽運). 대망달성운(大望達成運). 풍부운(豊富運).
부귀영화(富貴榮華). 자립성공(自立成功). 중인앙시(衆人仰視).

온순한 덕망과 원만한 성품으로 자립하고 입신 출세하는 기운이며 여명은 현모양처로 훌륭한 남편 만나 안정된 가정을 이룹니다.

16획 덕망격(德望格). 온후유덕지상(溫厚有德之像)으로 재부운(財富運).
대업성취운(大業成就運). 행운수복운(幸運壽福運).
재운왕성(財運旺盛). 덕망유복(德望裕福). 원만화합(圓滿和合).
총명한 두뇌로 대업을 성취하여 신망과 존경을 받고 부귀를 누리는 운으로 오복을 갖춘 격입니다. 주위와 원만하고 화합하는 성품이며 특히 재운이 왕성합니다.

17획 용진격(勇進格). 건전창달지상(健全暢達之像)으로 건창운(健暢運).
부귀영화운(富貴榮華運). 지용겸전운(智勇兼全運).
박력수행(迫力遂行). 강직완고(剛直頑固). 대업성취(大業成就).
강한 성품으로 고난을 극복하고 초지일관하여 대업을 성취합니다.
고집이 너무 강하여 구설수를 초래하므로 일 처리를 평화롭게 하는 지혜를 발휘하여야 합니다.

18획 발전격(發展格). 진취발전지상(進取發展之像)으로 융창운(隆昌運).
입신양명운(立身揚名運). 행복평안운(幸福平安運).
의지견고(意志堅固). 예술성공(藝術成功). 부귀영달(富貴榮達).
초반은 어려움을 겪으나 자부심과 강한 의지와 노력으로 장애를 딛고 목적을 달성하는 운입니다. 특히 예술계에 많습니다.

19획 고난격(苦難格). 성패격(成敗格). 봉학상익지상(鳳鶴傷翼之像)으로 병액병악운(病厄病惡運). 흉험풍파운(凶險風波運).
두뇌명석(頭腦明晳). 일시성공(一時成功). 폐질단명(廢疾短命).
초반에 일시 성공하고 번창하다가 시련을 겪을 수 있는데 강한 의지와 노력으로 극복하면 목적을 달성할 수도 있습니다.
부부 사이는 본의 아니게 떨어져 살게 되고 부모덕은 없습니다.

폐질(廢疾)이나 단명수가 있고 교통사고 등의 위험도 따릅니다.

20획 허망격(虛妄格). 만사공허지상(萬事空虛之像)으로 단명운(短命運).
파괴분산운(破壞分散運). 빈궁운(貧窮運).
백사부전(百事不全). 중도실패(中途失敗). 변사단명(變死短命).
일시적으로 성공을 이루기도 하나 결과는 용두사미가 됩니다.
남명은 불량배가 될 수 있고 여명은 화류계로 가거나 결혼을 해도 첩이 되거나 과부가 될 수 있습니다. 만사 이루기 어렵고 변사(變死), 단명의 암시도 있습니다.

21획 수령격(首領格). 자립격(自立格). 만인두령지상(萬人頭領之像)으로
견실운(堅實運). 출세영화운(出世榮華運).
지모탁월(智謀卓越). 대업완수(大業完遂). 부귀공명(富貴功名).
독립심이 강하며 통솔력과 대중적인 인기도 있습니다. 초반의 난관을 극복하고 대업을 이루는 운이며 여명은 여장부 기질이 있고 남편운이 박하여 과부가 되거나 자식이 없기 쉽습니다. 권세있는 남편을 만나거나 독신으로 사회활동을 하여 명망을 얻기도 합니다.

22획 중절격(中折格). 추풍낙엽지상(秋風落葉之像)으로 박약운(薄弱運).
단명운(短命運). 천신만고운(千辛萬苦運).
재지우수(才智優秀). 중도좌절(中途挫折). 부부상별(夫婦相別).
활동력이 왕성하여 노력은 하나 의지가 부족하고 주위의 도움을 얻지 못하여 난관을 격고 좌절합니다. 여명은 정상적인 부부생활이 어렵고 직업을 가져도 성공하기 어렵습니다.

23획 공명격(功名格). 혁신격(革新格). 개화만발지상(開花滿發之像)으로
융창운(隆昌運). 왕성운(旺盛運).
이지발달(理智發達). 일약출세(一躍出世). 영도인물(領導人物).
지,인,용(智,仁,勇)의 삼덕(三德)을 갖춘 대 길수입니다. 가난한 집안

출신이라도 성품이 좋고 활달하여 출세하고 영도적인 인물이 될 수 있으며 큰 사업을 이룰 수 있습니다. 다만 여명은 너무 강하여 남편을 극할 수 있으며 원만한 가정을 이루기 어려우므로 사회활동에 관심을 가지면 오히려 성공할 수 있습니다.

24획 입신격(立身格). 출세격(出世格). 우후개화지상(雨後開花之像)으로 축재운(蓄財運). 복록융성운(福祿隆盛運).
자손여경(子孫餘慶). 점진성공(漸進成功). 부귀영화(富貴榮華).
지모(智謀)가 출중하여 난관을 능히 극복하고 대업을 성취할 수 있으며 특히 재운(財運)이 대길하고 정격이 이와 같고 다른 격도 조화로우면 대권(大權)도 이룰 수 있는 부귀겸전의 운입니다. 자손도 번창합니다.

25획 건창격(健暢格). 안전격(安全格). 안강격(安康格). 순풍항해지상(順風航海之像)으로 복수운(福壽運). 재록운(財祿運).
자수성가(自手成家). 대업달성(大業達成). 안강다복(安康多福).
능숙한 수완과 안정성을 바탕으로 크게 이룰 수 있는 상입니다.
명예와 재물을 이룰 수 있으나 여명은 애교 많고 사교적이면서도 너무 강한 의미를 암시하므로 인격적인 수양이 필요합니다.

26획 영웅격(英雄格). 평지풍파지상(平地風波之像)으로 만달운(晩達運).
구사일생운(九死一生運). 좌절파괴운(挫折破壞運).
예재우수(藝才優秀). 영웅괴걸(英雄怪傑). 형액피화(刑厄被禍).
예리하고 의협심이 강한 보스 기질로 앞장서는 형입니다. 형액이 따르기 쉬우며 운을 잘 만나면 파죽지세로 영웅적인 지위를 얻기도 합니다. 선천운이 강하면 대업을 이루나 일반적으로는 처자식과 생사별하기 쉽습니다. 파란을 면하기는 어렵습니다. 여명은 남편을 해치고 요절시키며 아들이 있어도 요절시킨다는 흉수로 재혼을 해도 마찬가지입니다.

27획 대인격(大人格). 중단격(中斷格). 낙마절골지상(落馬折骨之像)으로 중절운(中折運). 험난풍파운(險難風波運).

자아심강(自我心强). 욕망무한(慾望無限). 파란중첩(波瀾重疊).

욕망이 한이 없어 파란이 끊이지 않으며 불의를 참지 못하고 한때 권위를 떨치기도 하지만 중도에 좌절하기 쉽습니다. 비방도 따르고 형액도 있으며 배우자와 생사별수도 있습니다. 단명수가 있고 극단의 경우 자살하기도 합니다. 여명은 후처인 경우가 많고 사회 활동을 많이 합니다.

28획 조난격(遭難格). 풍파격(風波格). 대해편주지상(大海片舟之像)으로 파란운(波瀾運). 환난이별운(患難離別運).

호걸기개(豪傑氣槪). 육친무덕(肉親無德). 파란곡절(波瀾曲折).

실패의 연속입니다. 일시적인 영달을 누릴 수도 있으나 곧 물거품이 되기 쉽고 내외간이나 자식간이나 육친의 덕이 없습니다.

관재 구설이 따르며 단명의 기운도 있습니다.

29획 성공격(成功格). 신록유실지상(新綠有實之像)으로 풍재운(豊財運). 향복운(享福運). 다복출세운(多福出世運).

원대희망(遠大希望). 대업성취(大業成就). 자기과신(自己過身).

두뇌가 명석하고 지모(智謀)가 출중하여 부귀공명의 대업을 이룰 수 있고 장수를 누립니다. 여명은 너무 강한 암시가 있어 남성적인 기질을 가지며 술수를 잘 부리기도 합니다.

30획 부몽격(浮夢格). 불측격(不測格). 무정세월지상(無情歲月之像)으로 부침운(浮沈運). 불안운(不安運).

권모술수(權謀術數). 부침극심(浮沈極甚). 길흉상반(吉凶相半).

길흉이 반반입니다. 자기 과신이 심하고 원대한 희망을 가지나 세월이 무정합니다. 욕심이 크면 좌절하기 쉬우므로 과욕과 요행을 바라지 말고 안전 위주로 사업을 하면 성공할 수 있습니다. 권모술수도 능합니다. 여명은 허영심으로 일생을 망칠 수 있습니다.

31획 융창격(隆昌格). 세찰격(世察格). 만화방창지상(萬花方暢之像)으로 흥가운(興家運). 권위향유운(權威享有運).
지용득지(智勇得志). 학예겸비(學藝兼備). 자립대성(自立大成).
지혜와 용기가 구비되어 온갖 고난을 극복하고 자립 성공할 운입니다. 배우자 인연도 좋습니다. 여명은 재덕(才德)을 겸비한 현모양처 운입니다.

32획 순풍격(順風格). 요행격(僥倖格). 녹수주유지상(綠水周遊之像)으로 왕성운(旺盛運). 지성증진운(至誠增進運).
순풍거범(順風巨帆). 만사형통(萬事亨通). 수복겸전(壽福兼全).
어려운 환경 출신이라도 뜻밖의 행운을 얻어 명예와 지위를 얻고 만사형통하는 운입니다. 여명은 매력적이지만 색정이 너무 강하고 결혼운이 불길합니다.

33획 승천격(昇天格). 등룡격(登龍格). 노룡득운지상(老龍得雲之像)으로 왕성운(旺盛運). 융성운(隆盛運).
재덕겸비(才德兼備). 초년발달(初年發達). 만인추앙(萬人推仰).
지모가 출중하고 적극적인 사고와 실행으로 난관을 극복합니다.
초년 발달운이며 만인의 추앙을 받을 수 있으나 자존심이 강하고 권위적이라 구설수가 따릅니다. 일반적으로 좋은 수리로 보지만 극단의 길흉을 오갈 수 있어 위험하기도 하므로 특히 사주와의 조화가 필요합니다. 남명이나 여명 모두 색정이 강한 편이며 특히 여명에는 불리합니다.

34획 변란격(變亂格). 평지풍파지상(平地風波之像)으로 파멸운(破滅運). 흉험장해운(凶險障害運). 불행운(不幸運).
파해조산(破害祖産). 재화연속(災禍連續). 불측화난(不測禍難).
운이 좋아도 불의의 재난이 속출합니다. 식복은 있으나 편안한 중에 위험이 따르며 결혼운이 불길하므로 만혼하는 것이 좋습니다.

특히 여명은 대흉하며 배우자와 사별한다는 암시가 있습니다.

35획 태평격(太平格). 평범격(平凡格). 안과태평지상(安過太平之像)으로 안강운(安康運). 출세부귀운(出世富貴運).
온량화순(溫良和順). 문예학술(文藝學術). 부귀장수(富貴長壽).
온화한 성품이며 적성에 맞는 문학이나 예술 방면에 종사하면 부귀를 누리고 장수할 수 있습니다. 여명은 매력적인 현모양처입니다.

36획 의협격(義俠格). 영웅격(英雄格). 골육상쟁지상(骨肉相爭之像)으로 파란운(波瀾運). 영걸시비운(英傑是非運).
일생부침(一生浮沈). 파란중첩(波瀾重疊). 조난역경(遭難逆境).
형액, 피살 등의 역경을 암시합니다. 일생 험난한 부침이 심하고 평탄하지 못하며 자신을 돌보지 않고 희생하는 협객(俠客)의 운이기도 합니다. 여명은 좋은 남편을 만나기 어렵고 설사 좋은 남편을 만난다고 해도 그 남편을 극한다고 봅니다.

37획 인덕격(人德格). 정치격(政治格). 고목생화지상(枯木生花之像)으로 출세운(出世運). 중인통솔운(衆人統率運).
충실열성(忠實熱誠). 대사경륜(大事經綸). 독립단행(獨立斷行).
큰 뜻을 품고 대업을 성취하여 부귀영화를 누리는 운을 암시합니다. 그러나 성격이 너무 강하여 외골수로 흐를 수 있어 위험하기도 한데 수양을 하여 덕행을 쌓으면 금상첨화로 대단히 좋은 운입니다. 여명에게도 좋은 운이 따릅니다.

38획 문예격(文藝格). 복록격(福祿格). 입신양명지상(立身揚名之像)으로 평범운(平凡運). 학사운(學士運).
문학예술(文學藝術). 입신양명(立身揚名). 위력결핍(威力缺乏).
두뇌가 특히 명철합니다. 창작이나 문학 방면에서 두각을 나타낼 수 있으며 복록과 안락을 누리는 운입니다.

39획 장성격(將星格). 안락격(安樂格). 개화영춘지상(開花迎春之像)으로
부영운(富榮運). 지휘운(指揮運).
위세관중(威勢冠衆). 부귀번영(富貴繁榮). 수복장수(壽福長壽).
현철(賢哲)한 재능과 인격으로 부귀를 이루고 장수하며 자손운도 좋은데 여명에는 좀 강한 기운이므로 남편을 극할 수 있어 꺼리기도 합니다.

40획 무상격(無常格). 변화격(變化格). 노고무공지상(勞苦無功之像)으로
파란운(波瀾運). 공허운(空虛運).
노고무공(勞苦無功). 허욕손재(虛慾損財). 덕망결핍(德望缺乏).
일시적으로 성공할 수도 있으나 성품이 오만불손하여 비난을 자초하며 노력한다고 해도 공이 없습니다. 허욕으로 인한 손재도 많고 이로 인하여 패가(敗家)할 수도 있습니다. 고독, 범죄, 병약, 단명을 암시하기도 합니다.

41획 대공격(大功格). 고명격(高名格). 명진사해지상(名振四海之像)으로
제중운(濟衆運). 전도번창운(前途繁昌運).
선견지명(先見之明). 대귀현출(大貴顯出). 대지대업(大志大業).
준수하고 영리합니다. 큰 뜻을 품고 대업을 이루어 부귀와 명예와 장수를 누리며 여명은 현모양처가 되지만 값을 올리려다가 혼기를 놓치기도 합니다.

42획 고행격(苦行格). 신고격(辛苦格). 조절죽장지상(早節竹杖之像)으로
수난운(受難運). 실패허다운(失敗許多運).
의지박약(意志薄弱). 파란자초(波瀾自初). 가족상별(家族相別).
재능은 있으나 의지가 약해 남의 말에 잘 현혹되므로 스스로 고행과 파란을 자초하며 또한 인덕이 부족합니다. 육친 이별 등 가정이 적막하고 병란(病難)이 겹치며 여명은 남편을 극합니다.

43획 성쇠격(盛衰格). 미혹격(迷惑格). 대해광풍지상(大海狂風之像)으로

산재운(散財運). 파탄허망운(破嘆虛妄運).

외화내허(外華內虛). 의지박약(意志薄弱). 파란신고(波瀾辛苦).

성격이 지나치게 강인하고 직선적입니다. 세상 만사를 쉽게 해결할 것 같으나 손재와 가정의 풍파가 따라 다닙니다.

여명은 남편을 극하고 생활이 방탕할 수 있습니다.

44획 마장격(魔障格). 침마격(侵魔格). 평지풍파지상(平地風波之像)으로 파멸운(破滅運). 만사불성운(萬事不成運).

백전백패(百戰百敗). 미로방황(迷路彷徨). 병난불구(病難不具).

일시적으로 성공을 하는 듯하나 실패로 돌아가고 한번의 실수로 평생을 망쳐 어둠속을 방황하는 운입니다.

45획 대지격(大智格). 대각격(大覺格). 명월광채지상(明月光彩之像)으로 현달운(顯達運). 권위흥왕운(權威興旺運).

지모원대(智謀遠大). 제사통달(諸事通達). 명성사해(名聲四海).

타고난 지혜와 견고한 의지로 만사 통달하여 대업을 성취하는 운입니다. 만인이 우러러 보는 지도자의 상입니다.

46획 미운격(未運格). 부지격(不知格). 암행심야지상(暗行深夜之像)으로 비애운(悲哀運). 비수운(悲愁運).

박약무력(薄弱無力). 병약단명(病弱短命). 곤궁신고(困窮辛苦).

뜻은 원대하나 때를 얻지 못하여 만사가 여의치 못하니 자신을 몰라주는 세상만 한탄합니다. 여명은 병약하고 단명하는 운입니다.

다만 기예(技藝) 방면으로 나가면 성공하기도 합니다.

47획 출세격(出世格). 일악천금지상(一握千金之像)으로 전개운(展開運). 득시운(得時運). 평안무고운(平安無故運).

자손번영(子孫繁榮). 지략출중(智略出衆). 대업성취(大業成就).

지략(智略)으로 대업을 성취합니다. 영웅이 때를 만났으니 권세와 부를 누리고 자손 대대로 물리며 부부화합 합니다.

48획 유덕격(有德格). 제중격(濟衆格). 우순풍조지상(雨順風調之像)으로 영달운(榮達運). 권위유족격(權威裕足格).
이지발달(理智發達). 중인사표(重人師表). 공명영달(功名榮達).
사통팔달(四通八達)의 지각자(知覺者) 운입니다. 천하를 손바닥 위에 놓고 보며 만인을 선도하는 입장에서 부귀영달하는 운입니다.

49획 은퇴격(隱退格). 변화격(變化格). 일진일퇴상(一進一退像)으로 성패운(成敗運). 험난장해운(險難障害運). 빈곤운(貧困運).
길흉상반(吉凶相半). 변화불측(變化不測). 자수성가(自手成家).
길흉이 겹쳐 흉할 때는 자수성가를 한다고 해도 실패를 거듭하는 운이므로 평소 심신 수양과 수련을 쌓아 진실한 심성을 갖추도록 노력해야 합니다.

50획 부몽격(浮夢格). 상반격(相反格). 용변어성지상(龍變魚成之像)으로 불행운(不幸運). 길흉운(吉凶運).
공허실의(空虛失意). 만년처량(晚年凄凉). 파가망신(破家亡身).
한번쯤은 크게 성공할 수도 있으나 뒤에는 실패가 많고 패가망신할 수도 있는 공허(空虛)한 운입니다. 실의와 좌절로 만년이 처량할 수 있습니다.

51획 춘추격(春秋格). 길흉격(吉凶格). 일소일로지상(一笑一怒之像)으로 성패상반운(成敗相半運). 근성부귀운(勤誠富貴運).
극성극쇠(極盛極衰). 곤고실패(困苦失敗). 파란변동(波瀾變動).
초년에는 고난 속에서도 성취할 수 있으나 중도에는 자연히 흩어지는 수리이므로 근면하고 정직하게 살면 대업도 이룰 수 있습니다.
그러나 파란과 변동을 면하기는 좀 어렵습니다.

52획 약진격(躍進格). 승룡격(昇龍格). 능직격(能直格). 성림백호지상(盛林

白虎之像)으로 시승운(時乘運).

의지견고(意志堅固). 자수성가(自手成家). 비룡승천(飛龍昇天).
심성 좋고 인덕이 있어 자수성가하여 대업을 이루는 기운이며 남녀불문하고 색(色)을 탐하는 성향이 강한데 여명이 더 심합니다.

53획 내허격(內虛格). 불화격(不和格). 태산난월지상(泰山難月之像)으로 장해운(障害運). 반길운(半吉運).

가재탕진(家財蕩盡). 진퇴부정(進退不定). 화근중첩(禍根重疊).
표면적으로는 길상(吉祥)으로 보이기도 하나 내면적으로는 재화(災禍)가 항상 따를 수 있습니다. 인생의 전반이 좋으면 후반이 흉하고 전반이 흉하면 후반에 잘 풀리는 상인데 가족들에게 재앙이 연발하는 등의 화근이 중첩되는 것을 면하기는 좀 어렵습니다.

특히 여명에는 떠돌이 인생이 많기도 합니다.

54획 무공격(無功格). 신고격(辛苦格). 낙마골절지상(落馬骨折之像)으로 절망운(絶望運). 패가운(敗家運).

고독이별(孤獨離別). 패가망신(敗家亡身). 폐질불구(廢疾不具).
의지가 약해 유산을 물려 받아도 지키기는 어려운 상입니다. 신체에 이상이 생기거나 건강상 질병으로 단명하기 쉬운 기운입니다.

55획 미달격(未達格). 불인격(不忍格). 백사불성지상(百事不成之像)으로 불안운(不安運). 허송세월운(虛送歲月運).

외미내고(外美內苦). 표리부동(表裏不同). 길흉상반(吉凶相半).
표면적으로는 화려해 보이기도 하나 사상누각(砂上樓閣)이라 항상 불안합니다. 재난, 병액(病厄)이 따르고 가정이 불안정합니다.

56획 한탄격(恨歎格). 부족격(不足格). 소심담대지상(小心膽大之像)으로 패망운(敗亡運). 허무험난운(虛無險難運).

변전무상(變轉無常). 사업난성(事業難成). 만년흉악(晚年凶惡).

덕망과 재능은 있으나 귀인을 만나기 어렵고 용기도 인내도 부족하여 매사에 좌절하기 쉬우며 사업도 번성하지 못합니다. 특히 만년이 흉악하여 손실, 병액(病厄), 망신 등의 연속으로 패가망신하고 의지처도 없이 처량한 신세가 되기 쉽습니다.

57획 봉시격(逢時格). 노력격(努力格). 일심불공지상(一心佛供之像)으로 시래운(時來運). 강성운(剛盛運).
흉전길화(凶轉吉化). 발달형통(發達亨通). 대난극복(大難克服).
강건한 의지와 용기로 언젠가는 크게 성공할 수 있는 기운이며 원래 강한 운이라 흉을 만나도 전화위복으로 극복할 수 있는 상입니다.
행복한 생활을 누릴 수 있습니다.

58획 후영격(後榮格). 자력격(自力格). 선곤격(先困格). 우후향화지상(雨後香花之像)으로 후복운(後福運).
초년곤고(初年困苦). 선흉후길(先凶後吉). 만년행복(晩年幸福).
초년의 실패를 거울로 삼아 후반에 성공하여 유종의 미를 거두는 상으로 만년의 운이 좋습니다.

59획 재화격(災禍格). 불우격(不遇格). 의외실안지상(意外失眼之像)으로 실의운(失意運). 불성운(不成運).
인내부족(忍耐不足). 액난부절(厄難不節). 실의비애(失意悲哀).
의지와 용기가 부족하여 만사 이루기 어렵고 재화(災禍)가 속출이라 역경에 빠져 가산을 탕진할 수 있습니다.

60획 암흑격(暗黑格). 동요격(動搖格). 심야행인지상(深夜行人之像)으로 재난운(災難運). 환난반복운(患難反復運).
복록자실(福祿自失). 진퇴양난(進退兩難). 실패곤고(失敗困苦).
중심도 없고 계획도 없이 되는대로 방황하다가 일생을 마감하는 허무한 인생입니다. 실패와 곤궁을 면하기 어렵고 형벌, 살상, 변사, 질병, 단명수도 있습니다.

61획 영화격(榮華格). 이지격(理智格). 개화만발지상(開花滿發之像)으로 재리운(財利運). 입신출세운(立身出世運).
부귀번영(富貴繁榮). 자존자만(自尊自慢). 재물풍부(財物豊富).
묘한 지혜와 재능이 출중합니다. 명예와 재산을 두루 가지고 부귀영화를 누리는데 다만 자존심과 불손한 성품이 결점이 됩니다.

62획 고독격(孤獨格). 화락격(花落格). 창파편주지상(蒼波片舟之像)으로 쇠퇴운(衰退運). 패망고독운(敗亡孤獨運).
신용결핍(信用缺乏). 웅지중좌(雄志中挫). 내외불화(內外不和).
앞길이 아무것도 보이지 않는 망망대해(茫茫大海)라 안팎이 불안하며 신망도 없고 어쩌다가 겨우 목적을 달성해도 곧 불의의 재액(災厄)으로 무너지고 패가하기 쉬운 기운입니다.

63획 순성격(順成格). 길상격(吉祥格). 회춘동산지상(回春東山之像)으로 성공운(成功運). 발전운(發展運).
만사여의(萬事如意). 자손여경(子孫餘慶). 부귀영화(富貴榮華).
왕성한 운세로 순풍에 돛단 듯 만사가 순조롭고 뜻대로 이루어지는 길상(吉祥)입니다.

64획 침체격(沈滯格). 봉상격(逢霜格). 입산수도지상(入山修道之像)으로 쇠멸운(衰滅運). 파탄첩첩운(破嘆疊疊運).
무모계획(無謀計劃). 부침멸리(浮沈滅離). 병난단명(病難短命).
욕심이 앞서 무모한 계획을 무리하게 추진하다가 결국은 실패하고 침체에 빠져 파괴되는 운입니다.

65획 휘양격(揮陽格). 완미격(完美格). 만화방창지상(萬花方暢之像)으로 흥가운(興家運). 순조번창운(順調繁昌運).
만사여의(萬事如意). 부귀명예(富貴名譽). 장수번영(長壽繁榮).

사회의 중심에 서서 중인의 지도적인 인물이 되며 집안에는 금옥(金玉)이 가득하고 만사 순조로워 일생 부귀영화를 누리고 장수하는 운입니다.

66획 우매격(愚昧格). 암야격(暗夜格). 역난격(逆難格). 진퇴양란지상(進退兩難之像)으로 쇠망운(衰亡運).
손해재액(損害災厄). 진퇴유곡(進退維谷). 파가망신(破家亡身).
천성이 우둔하여 매사에 무계획적입니다. 산넘어 산이요, 진퇴양란의 답답한 운으로 파가(破家)하기 쉽습니다.

67획 천복격(天福格). 성장격(成長格). 초목무성지상(草木茂盛之像)으로 자래운(自來運). 영달운(榮達運).
순조발달(順調發達). 가세번창(家勢繁昌). 부귀영달(富貴榮達).
감수성이 예민하고 활동적이며 강한 인내심을 가지고 있어 고난을 넘고 행복을 누리는 기운입니다. 그러나 과욕을 부리면 실패합니다.

68획 명지격(名智格). 달성격(達成格). 점진성공지상(漸進成功之像)으로 흥가운(興家運). 발명운(發明運).
지혜총명(智慧聰明). 점진성공(漸進成功). 명리겸비(名利兼備).
지조가 견고하고 총명하여 지혜로우며 창의력과 발명성 재능이 우수합니다. 매사에 분별이 분명하고 치밀하여 용의주도한 계획과 실천으로 의도한 목적을 달성하고야 마는 성향입니다. 점진적으로 성공하는 운입니다.

69획 종말격(終末格). 고목풍설지상(枯木風雪之像)으로 불안운(不安運).
정지운(停止運). 불행장해운(不幸障害運).
심신불안(心身不安). 폐질병약(廢疾病弱). 빈궁고통(貧窮苦痛).
정신적인 발달이 모자랍니다. 바람앞의 등불이라 좋은 운이 와도 스쳐 가므로 잡지 못하고 심신이 불안정합니다. 질병과 빈궁(貧窮)으로 고통받는 운입니다.

70획 공허격(空虛格). 암난격(暗難格). 심야봉적지상(深夜逢賊之像)으로 멸망운(滅亡運). 암야운(暗夜運).

횡액단명(橫厄短命). 만사쇠퇴(萬事衰退). 우고부절(憂苦不絕).

근심과 고통의 연속입니다. 비참한 일로 평생을 지내고 공허한 헛수고로 지난 세월을 한탄하는 운입니다. 횡액과 단명의 상입니다.

71획 만달격(晚達格). 현룡격(顯龍格). 불안격(不安格). 호계난성지상(好計難成之像)으로 발전운(發展運).

내심곤고(內心困苦). 노다공소(勞多功少). 만년발달(晚年發達).

장차 좋은 운이 기다리고 있어 부귀영화를 볼 수 있으나 인내심과 실천력의 부족으로 넘어야 할 산이 너무 많습니다. 따라서 각별한 노력이 요구됩니다.

72획 상반격(相半格). 길다소흉지상(吉多小凶之像)으로 후곤운(後困運).

파멸비통운(破滅悲痛運). 매사장해운(每事障害運).

외관길상(外觀吉祥). 전반행복(前半幸福). 만년파산(晚年破産).

외관은 좋으나 성격이 유연하여 결단심이 없고 보름달이 먹구름에 가려진 운입니다. 행복을 누린다고 해도 만년의 반생은 흉운이라 파산하기 쉽습니다.

73획 평길격(平吉格). 형통격(亨通格). 고목회춘지상(枯木回春之像)으로 평복운(平福運). 안과운(安過運).

초년신고(初年辛苦). 대성불능(大成不能). 무난평복(無難平福).

뜻은 원대하나 지략과 실천력이 모자라 대성은 어렵고 작은 성공은 이룰 수 있습니다. 초반의 고생이 후반의 점진적인 복록과 안락을 가져다 줍니다.

74획 우매격(愚昧格). 불교격(不交格). 항해실로지상(航海失路之像)으로

미로운(迷路運). 불우운(不遇運).

무지무능(無智無能). 신고번다(辛苦繁多). 무위도식(無爲徒食).
지혜가 우둔하고 무능하여 신고(辛苦)가 많습니다. 평생 동안 하나도 이루기 어려운 험란한 인생입니다.

75획 정수격(靜守格). 적시격(適時格). 왕성격(旺盛格). 만화방창지상(萬花方暢之像)으로 평화운(平和運).

명리겸전(名利兼全). 재액실패(災厄失敗). 매불여의(每不如意).
큰 뜻을 품고 만사 능소능대(能小能大)하여 대기만성하는 상입니다. 부귀와 안정을 이루기는 하나 실패와 재액이 따르기도 하는 위험한 운이기도 합니다.

76획 선곤격(先困格). 이산격(離散格). 안지풍파지상(安地風波之像)으로 후성운(後盛運). 다복영광운(多福榮光運).

중도좌절(中途挫折). 선고후성(先苦後成). 점진평복(漸進平福).
가족들의 이산(離散)이 심하고 안팎으로 불안한 상입니다.

77획 전후격(前後格). 길흉상반지상(吉凶相反之像)으로 길흉운(吉凶運). 대기만성운(大器晩成運). 대업필성격(大業必成運).

길흉상반(吉凶相半). 전비후희(前非後喜). 길흉불측(吉凶不測).
계획성이 부족하고 시작은 있으나 뒤가 흐지부지하여 길흉 또한 예측이 어려울만큼 어지럽습니다.

78획 선길격(先吉格). 길흉상반지상(吉凶相反之像)으로 평복운(平福運). 흥망왕래운(興亡往來運). 유두무미운(有頭無尾運).

길흉상반(吉凶相半). 전운평복(前運平福). 점차쇠퇴(漸次衰退).
우수한 재능과 노력으로 중년 이전에 발달 성공하는데 중년 이후에는 점차 쇠퇴하여 어려움을 겪기 쉽습니다.

79획 종극격(終極格). 불신격(不信格). 무익비락지상(無翼飛落之像)으로 부정운(不定運). 종말운(終末運).

정신박약(精神薄弱). 노다공소(勞多功少). 폐물지배(廢物之輩).

신체는 건강하나 정신력이 박약하며 용감하나 지혜가 모자랍니다.

실행력도 부족하고 도덕심도 신용도 없어 사회적으로 소외되기 쉽습니다.

80획 종결격(終結格). 음영격(陰影格). 망동실패지상(妄動失敗之像)으로

은둔운(隱遁運). 종지운(終止運).

일생고난(一生苦難). 재액연속(災厄連續). 병약단명(病弱短命).

세상사에 불평불만 뿐이고 사회생활을 영위하는데 고통이 많습니다. 중년 초에 중병을 얻기 쉽고 단명수가 있습니다. 차라리 일찍감치 속세를 떠남이 현명할 수도 있습니다.

81획 환원격(還元格). 환희격(歡喜格). 초목회춘지상(草木回春之像)으로

성대운(盛大運). 갱희운(更喜運).

운기왕성(運氣旺盛). 부귀권위(富貴權威). 명진사해(名振四海).

9와 9를 곱한 수로 최극수(最極數)에 해당합니다. 1로 다시 환원되는 수입니다.

★55의 수리를 길수로 보는 경우도 있습니다.

★26, 42, 75의 수리는 나쁘기는 해도 보통 정도는 된다고도 봅니다.

★71, 77, 78의 수리를 흉수로 보면서 흉수 중에서도 좀 나은 편으로 보기도 합니다.

★부모의 사주에 생사별이나 극빈(極貧)의 기운이 있을 때는 자녀의 이름에 7, 17, 18, 21의 수리가 있으면 특히 좋다고 봅니다.

★사주에 병약, 질병 등의 기운이 있으면 17, 21, 23의 수리가 있으면 좋다고 봅니다.

★여명(女命)의 이름에 35의 수리가 있으면 특히 좋다고 봅니다.

★남명(男命)의 형격에 3, 11, 15의 수리가 되고 다른 격의 수리가 좋으면 군인이나 정치가로 대성할 수 있다고 봅니다.

★형격이 13, 16, 23, 25의 수리가 되고 정격이 좋으면 예술, 문학, 발명, 정치, 철학 방면에서 대성할 수 있다고 봅니다.

★형격이 29, 32, 35의 수리가 되면 재물운이 대단히 좋다고 봅니다.

★형격이 15, 17, 18, 21, 24의 수리가 되면 실업가(實業家)로 대성할 수 있다고 봅니다.

★형격이 31, 37, 38의 수리가 되면 문학가, 발명가, 관직자로 대성할 수 있다고 봅니다.

★형격이 17, 18, 20, 23, 27, 28의 수리가 되면 문학가로 일세의 명성을 얻을 수 있다고 봅니다. 그러나 정격이 흉하면 형액(刑厄), 급병(急病), 피살(被殺) 등의 흉을 당할 수 있다고 보는데 명성을 얻어도 마찬가지입니다. 정격을 비롯한 다른 격이 양호하면 대흉을 면할 수 있으나 항상 파란곡절의 기운이 따라 다니므로 피나는 노력이 필요하다고 봅니다.

★22의 수리는 용감하고 의리있는 미남 미녀가 많으나 인덕이 없어 배신을 잘 당하고 금전 거래의 위험이 따른다고 봅니다. 여명(女名)이면 이혼수가 있거나 남편이 무능력자 또는 불구가 되기 쉽다고 봅니다.

★여명(女命)의 이름에 형격이나 정격에 21, 23, 32, 33, 39의 수리가 되면 부부운이 특히 불길하고 생사별한 후 재혼하거나 일생을 혼자 살기 쉽다고 봅니다.

★21, 23, 29, 32, 39의 수리는 너무 강한 의미를 가지고 있어 전통적으로 여명에는 꺼리고 있습니다. 그러나 남녀 불문하고 약육강식(弱肉强食)의 법칙이 지배하는 현대 사회에서는 필요에 따라서 여명에도 쓸 수 있는 수리이기도 합니다.

★9, 10, 12, 14, 20, 22, 26, 28, 30, 33, 34, 36, 40, 42, 43, 44,

46, 49, 50, 54 의 수리가 2개 이상이면 단명수가 있다고 보는데 이 중에서도 특히 26, 28, 33, 34, 36, 42, 43, 44, 46, 49, 50, 54의 수리가 흉한 기운이 강하다고 봅니다.

★33의 수리는 대개 좋은 수리로 해석하고 있으나 극왕운(極旺運)으로 너무 강한 의미가 있고 또한 이면에는 극쇠(極衰)의 기운을 내포하고 있으며 스스로 상처를 입을 수 있어 위험하므로 부담스러워 장군(將軍)급의 사주 외에 일반인에게는 사용을 꺼리기도 합니다.

★22, 26, 27, 28, 33, 43, 36의 수리는 장군급의 특히 대길한 사주 외에는 대부분의 일반인에게는 부부 생사별하고 암 등의 중병이나 정신질환 등을 부르고 부부간이나 자식에도 재앙이 따른다는 대 흉수로 봅니다.

★성명학자에 따라 길흉을 보는 범위나 내용에 차이가 있습니다.

형격운(亨格運)

성명의 주운(主運)이라고 할 수 있는 형격의 획수에 의하여 주로 성격 등을 간단히 감정할 수 있습니다. 10획까지는 그대로 보고 획수가 그 이상이면 끝수로 보면 됩니다. 예를 들어 형격의 획수가 17획이 되거나 27획이 되면 7을 보면 됩니다.

1: 만사 일체의 기본이며 시초가 됩니다. 또한 영원 불변의 수이며 움직이지도 않는 수입니다. 온순하고 침착하며 지능과 사고력이 풍부하여 서서히 전진하는 노력가입니다. 세밀하고 치밀하여 큰 실수가 없으며 사리 판단력이 분명하고 아량도 있는 편이지만 의기(義氣)를 내세우면서 시기심을 가지기도 하는 단점이 있습니다.
　　종교가, 교육자, 군인, 실업가에 어울리는 성품이며 우두머리 역할을 할 수 있습니다. 가정생활 또한 원만합니다.

2: 1과 1의 합수(合數)이며 양과 양의 집합수입니다. 인내심도 있고 인정도 있으나 활동적이지는 못합니다. 집안에만 들어앉아 있는 성향은 아니나 노력형이면서도 소극적이고 조심성도 많습니다. 그러나 노기(怒氣)가 폭발하면 물불을 가리지 않고 질투심도 강합니다.
　　희생적이고 견실성(堅實性)이 있어 인간적인 신뢰는 있으나 소극적이라 사업성은 약한 편입니다. 따라서 재물을 모으는데 힘을 기울이지만 협력자를 만나기 어려우므로 기술직이나 사무직의 직장 생활에 어울립니다. 위, 간 등의 건강이 염려되며 이성(異性)을 너무 좋아하므로 경계가 필요하기도 합니다.

3: 양의 수인 1과 음의 수인 2가 합한 수로 활기 넘치고 활동력이 왕성하며

재주와 슬기가 뛰어나고 과단성이 있지만 감정이 날카롭기도 합니다. 풍부한 능력과 통솔력으로 지도력을 발휘하며 대인관계도 원만하여 신망과 인정을 받을 수 있습니다. 다만 저돌적인 성품으로 인내심도 약하고 실패를 부르기 쉽기도 합니다. 외향적으로 화려한 것을 좋아하고 정치가, 군인, 실업가 등의 지도자 성향입니다.

단 33은 실패수가 있으므로 조심할 필요가 있습니다.

4: 음의 수인 2와 2의 합수가 되기도 하고 양의 수인 1과 3의 합수가 되기도 하는 불화합(不和合) 수입니다. 분리, 분산, 파멸 등의 흉한 암시가 드러나 쇠퇴하고 멸망하는 기운입니다. 표면상 온화한 듯 보이나 내심은 급진적이고 폭발적인 성품입니다. 노력은 하나 그 결과가 좋지 않으며 거짓말을 잘 하고 가정생활도 불운합니다. 곤고(困苦), 병난(病難) 등의 역경적인 흉조(凶兆)를 의미하는 흉수(凶數)입니다. 그러나 24는 온순하고 재운도 따르며 명예도 얻을 수 있는 행운을 부릅니다.

5: 양의 수인 3과 음의 수인 2가 합한 수이며 중심에 앉아 좌우를 거느리는 수이기도 합니다. 따라서 성격이 원만하고 사교적이기는 하나 자신도 모르게 특정인을 기피하는 경향이 있어 그로 인하여 불리함을 초래하기도 합니다. 그러나 아량으로 일을 처리하고 남의 어려움도 친절하게 보살피는 성향으로 주위의 평판이 좋은 편입니다.

자기반성의 기운도 강하여 스스로 행운을 파괴하지는 않지만 가슴속에 품어 두지를 못하는 성품을 가지고 있습니다.

6: 기본적으로 1, 3, 5, 7, 9가 양수이고 2, 4, 6, 8, 10이 음수인데 1에서 10까지를 크게 다시 나누면 1에서 5까지는 양수에 해당하고 6에서 10까지는 음수에 해당하기도 합니다. 따라서 6은 음의 시작이 됩니다. 인정있고 친절하며 책임감도 강하여 신뢰와 존경을 받지만 과단성이 부족하여 사소한 일에도 망설임이 많고 질투심 또한 강한 편입니다. 사회에 나

가서는 돈을 과감히 쓰기도 하면서 가정에서는 매사 자잘하게 간섭하고 따지며 피곤하게 하는 성향이 있습니다.

특히 남명에 6, 16은 외유내강형으로 침착하고 온화하며 조상의 덕과 재산을 이어받는 운이 강하고 가정도 편합니다.

반면에 26, 36, 46은 의협심과 동정심이 많으나 변화와 변동이 크고 질병을 비롯하여 여러 어려움이 따르며 가정생활도 불운합니다.

7: 5의 성운(盛運)과 2의 파괴운이 합한 수이기도 하고 3의 성운과 4의 흉운이 합한 수이기도 합니다. 7은 행운의 상징으로 서구인들이 가장 좋아하는 수이기도 합니다. 실행력과 인내력이 강하고 명예와 권력을 좋아하여 항상 윗자리에 있어야 만족하는 기운이며 농담을 좋아하기도 합니다. 호운(好運)을 만나면 존경의 대상이 될 수 있으나 불운(不運)을 만나면 순간적인 감정의 폭발로 주위의 사람들을 흩어지게도 합니다. 그러나 감각이 예민하여 임기응변에 능하므로 사태를 원만하게 처리하는 실력과 지혜를 가지고 있습니다.

특히 7, 8, 17, 18은 민완가(敏腕家)로 금전만능주의자입니다.

완고하고 독립심이 강하며 견고한 의지력의 소유자인데 의지와 자아심이 너무 강하여 타인과의 불화 논쟁이 심하고 융통성이 부족한 외골수입니다. 27, 28은 불운을 암시하는데 특히 28이 흉합니다.

8: 파괴의 수인 4와 4가 합한 수이기도 하고 통솔력과 지덕(智德)의 수인 5와 3이 합한 수가 되기도 합니다.

불굴의 정신으로 활동성과 급진성을 가지고 있는 활동가로 용단력과 과감성이 있으며 사태를 파악하고 수습하는데도 실력을 발휘합니다. 인내심도 있고 투지만만한 성품이지만 남에게 굽히지 않아 논쟁을 초래하기도 하며 이것이 여러 사람의 중심에 서는데는 오히려 유리하게 작용하기도 합니다.

9: 양수의 마지막 수이면서 기본수의 끝수로 종말수(終末數)가 되기도 합니

다. 왕성한 활동력으로 쉬지 않는 노력가이며 집념과 신념이 일관되게 강하여 비교적 호운(好運)을 누리기도 하고 임기응변에도 능합니다. 특히 금전을 다루는 사업에서 성공할 수 있는 기운인데 다만 극(極)과 극(剋)의 성질을 지니고 있어 이점을 잘 다스리면 이상적인 영동력(靈動力)을 발휘할 수 있습니다.

특히 9, 10, 19, 20, 30, 40은 사회적으로는 성공을 거둘 수도 있으나 가정적으로는 문제가 있습니다. 돌발 재해를 당하기 쉽습니다.

9, 0인 남자와 결혼 한 여성은 일생 고통속을 헤매고 자식복이 없거나 후처가 되기도 합니다.

24, 29는 급변(急變)이 따르기도 합니다.

0: 종결수(終結數)입니다. 서구인들이 특히 꺼리는 수이기도 합니다.

매사를 심사숙고하고 조심하며 안전위주로 우유부단하고 생기(生氣)가 없어 보이기도 합니다. 그러나 일단 결심하면 맹렬해지는 성향이며 감정이 폭발하면 성난 파도가 되기도 하는데 다만 실천력이 부족한 것이 결점입니다. 외유내강형으로 주위의 신뢰가 두터워 사교적인 면에서 도움이 될 수 있습니다.

거주지(居住地) 및 상호(商號)의 인연 감정(鑑定)

자신이 살고 있는 동(洞)과의 인연을 간단히 감정할 수 있습니다.
또한 자신이 경영하거나 근무하는 업체의 상호와 자신의 운과의 인연이 어떤지도 간단히 볼 수 있습니다.
자신과 살고 있는 동네나 업체와의 궁합을 글자의 수리로 보는 것입니다.
어디까지나 간단하게 보는 단순 판단법입니다.
자신의 성명 중에서 성(姓)자 획수와 살고 있는 동명(洞名)의 획수 또는 업체의 이름 획수를 합한 수(數)를 봅니다.
각 글자의 획수는 필획수(筆劃數. 원 획수가 아닌 실제 획수)입니다.

예1 : 성(姓)이 金씨이며 중앙동에 살거나 중앙동에 사업장이나 사무실이 있는 경우입니다.
(성) + (동명)
김   중앙
金   中央
8 + 4 + 5 = <u>17</u>

예2 : 성(姓)이 李씨이며 자신의 사업체 이름이나 근무처 이름이 '大永'인 경우입니다.
(성) + (상호)
이   대영
李   大永
7 + 3 + 5 = <u>15</u>

06획 집안 형편이 좋아지고 재물운이 따릅니다. 복록과 부귀를 누리며 번영의 길을 개척하는 수입니다.

07획 재능이 특출하고 독립적이며 진취적인 기운으로 주위와 융화도 원만하여 복녹을 누리는 수입니다.

08획 전반기에는 고난이 따르나 슬기롭게 극복하고 발전 성공하여 부귀를 누리는 수입니다.

09획 노고는 많으나 장애가 따르고 풍파가 많아 쇠퇴하는 기운으로 결말이 허약한 수입니다. 주색(酒色)으로 낭비가 심할 수 있습니다.

10획 변고와 재앙이 많은 수이며 결과가 허무하여 만사가 허사입니다. 피를 볼 수도 있고 눈물 흘릴 일이 잦을 수 있습니다.

11획 순조로운 발전과 부귀를 누리는 수입니다. 처음은 어려움이 있어도 점차 흥왕하여 성공하며 귀인을 만날 수 있습니다.

12획 부귀를 이루고 가정도 번성하며 큰 해를 만나지 않고 재물운도 따르는 수이며 수복(壽福)과 영화를 부릅니다.

13획 처음은 애로가 많고 성취가 늦어져 불리하나 차차 일이 잘 풀리게 되고 늦게 성공하는 수이며 귀인을 만날 수 있습니다.

14획 만사 불리하여 되는 일이 없는데 처음은 잘 되가는 듯해도 결과가 허망합니다. 막힘이 많고 장애가 많이 따릅니다.

15획 수상인(手上人)의 도움으로 만사 순조롭고 처궁도 좋고 자손궁도 창성하여 이롭습니다. 부귀영화를 이루는 수입니다.

16획 통솔력과 덕망을 갖추어 작은 기반에서도 크게 성취하며 귀인을 만나고 부귀와 명예를 일구어 근심 걱정 없는 생활을 할 수 있습니다.

17획 분주다사(奔走多事)하고 장애가 많아 곤고(困苦)와 수심을 부르며 불행과 어두움을 주는 인연입니다.
18획 재능과 지혜를 겸비하여 성공이 따르기도 하나 성패의 반복이 잦고 분 망하여 장애와 파란을 겪기도 하는 탄식의 수입니다.
19획 처음에는 다소 난관을 겪으나 점차 기반을 확보하여 매사 순조롭게 이루어지고 마침내 큰 부귀를 이룰 수 있는 수입니다.
20획 기복이 심하여 고단하며 수심을 부르는 수로 크게 성공하기는 좀 어려운 수이지만 무병장수하는 기운은 있습니다.

21획 중도 좌절하여 만사가 수포로 돌아가기 쉬우며 변화와 굴곡이 심하고 수고와 노력은 하나 만사가 깨지는 수입니다.
22획 초반에는 장애가 따르지만 점차 자신의 영역을 확보하여 성공하며 화락(和樂)한 가정에 자손 운도 좋습니다.
23획 중년 이후에 특히 왕성하게 발전하여 번영을 거듭하며 부귀를 얻어 안정과 평안을 이루고 수복(壽福)을 부르는 수입니다.
24획 부귀를 이루며 명성을 얻고 풍요를 누리는 수이며 좋은 인연을 만날 수 있고 자손운이 좋습니다.
25획 고난과 궁핍(窮乏)을 겪기도 하나 인내로 극복할 수 있어 드디어 귀인의 자리에 오르고 안정과 평화를 누리는 수입니다.

26획 뜻은 크나 장애와 파란이 잦고 고단하며 분주합니다. 굴곡이 많아 성공을 이루어도 다시 나락으로 떨어지는 등 고난을 겪습니다.
27획 처음은 옴짝달싹할 수 없는 함정에 빠진 격으로 애로가 많으나 결국은 난관을 극복하고 부귀를 누리는 수입니다.
28획 흥망의 변천이 잦고 굴곡이 많아 번영이 지속되기 어려우나 자손운이 좋습니다. 특히 문학 방면에 좋습니다.

29획 조실부모하기 쉽습니다. 실속이 허약하여 성공을 이루어도 근검근면(勤儉勤勉)한 생활을 하지 않으면 보전하기 어렵습니다.
30획 재주와 능력이 있으나 중도에 난관이 많아 목적 달성에 어려움이 따르지만 슬기롭게 극복하면 출세와 안정을 이룰 수 있습니다.

31획 난관을 극복하고 개척하여 부귀를 이루어 향유합니다. 가정이 평안하고 유복하며 자손에 경사가 잇따르기도 합니다.
32획 성공운이 빠를 수도 있으나 파란과 굴곡이 많아 희비(喜悲) 교차가 잦습니다. 자손 때문에 수심이나 환란을 겪을 수도 있습니다.
33획 자신의 독자적인 영역을 일구어 부귀와 영화를 이루며 가정이 화평하고 융성합니다. 성공이 빠른 수입니다.
34획 용두사미(龍頭蛇尾)격이라 장애가 많은 실패의 운이며 희비(喜悲) 교차가 잦고 재물로 인한 파란을 겪거나 우환이 따르기도 합니다.
35획 근면성실한 자세를 유지하면 평안을 누릴 수 있으나 큰 성공은 어려우며 희비(喜悲)가 교차하고 단명(短命)을 부를 수도 있습니다.

36획 지혜와 재능이 있어도 이루기 어렵고 실속이 없으며 성패가 잦은 수입니다. 이사를 하는 등의 변동으로 극복할 수 있습니다.
37획 오래 살면 풍성한 부귀를 이루고 지도적 위치에 오르며 일이 순조롭게 결실을 보고 편안한 수이나 의외의 풍파가 따를 수 있습니다.
38획 필요 이상의 노고와 고단함이 있고 성패의 반복이 잦을 수 있으며 장애가 많습니다. 가족의 화평은 누릴 수도 있습니다.
39획 순조로운 발전과 성취로 입신양명(立身揚名)하는 수이며 권위와 명성을 겸비하고 특히 재복이 왕성합니다.
40획 순탄한 발전으로 부귀와 영예가 이루어지고 명성을 떨치며 특히 주위의 도움으로 만사 번창하는 수입니다.

41획 점차 발전하여 큰 성공을 거두며 부귀를 이루고 지도력도 발휘할 수 있는 수입니다. 만사 이로워 든든합니다.

42획 무해무덕(無害無德)이라 상업이나 공업에서 근면 성실로 노력하면 부귀를 이룰 수 있습니다.

43획 진취적인 발전으로 특히 재복이 있어 영화를 누릴 수 있으나 간간이 실패가 따르기도 하고 특히 인덕이 없는 경우가 많습니다.

44획 고단하고 난관이 잦아 실패가 따르고 자손에게도 불리하나 인덕이 있어 난관을 극복할 수 있는 운입니다.

45획 우환(憂患)과 곤궁(困窮)함을 벗어나기 어려운 수이며 되는 일이 없고 노력에 비하여 소득이 작으며 가정이 불안합니다.

46획 성공이 늦으나 무리하지 않고 천천히 기반을 닦으면 만난을 극복하고 뜻대로 이루어져 부귀와 복록을 누리는 수입니다.

47획 고난과 역경의 장애가 많으며 근면해도 결실이 따르지 않고 자손으로 근심을 부르나 귀인을 만나 소원을 이룰 수 있는 수입니다.

48획 점점 풍족해지며 명예와 권위도 두루 갖추어집니다. 재물이 풍요하여 복록을 누릴 수 있습니다.

49획 겉으로는 부귀를 누리고 발전하여 지도력을 펼칠 수 있어 번듯하나 실속이 없을 수 있습니다.

50획 역경이 많고 변화와 기복이 심하여 심신이 고달프고 파란이 많이 따르는 수입니다.

51획 손재가 큽니다. 성취한다고 해도 쉽게 허물어지고 도처에 장애와 굴곡이 심한데 이사가면 날아간 재산을 다시 만날 수도 있습니다.

52획 진취적이라 발전을 이루어 부귀와 명성을 이루고 자손에까지 영화가 뻗치는 수입니다.

53획 남보다 앞서는 영예와 권위를 가지고 지도력을 발휘하며 특히 동업(同業)을 하면 성공할 수 있는 좋은 운입니다.

54획 근심 걱정이 따르고 외롭습니다. 의지할 데도 없습니다.
주위의 사람을 믿거나 함께 하는 것은 특히 위험합니다.

55획 만인과 교류하며 부귀를 얻는 수이며 영예와 권위를 누립니다.
복록이 후한 수이나 간혹 고독과 근심 걱정을 부르기도 합니다.

56획 중도에 장애와 고난을 만나지만 무난히 극복하여 점차 발전하고 목적을 성취하며 풍성한 부귀를 이룰 수 있는 수입니다.

57획 분망하고 고단하며 힘든 노고와 성패가 반복되는 수입니다. 근면한 자세를 가져야 안정을 이루며 손재하고 부부 이별할 수 있습니다.

58획 험난한 난관을 극복하여 재물이 풍성해지는 수이며 간간이 장애를 피하기 어려운 운이기도 합니다. 때로는 막막하기도 합니다.

58획 역경을 자주 만나며 노력에 비하여 성과와 실속이 빈약합니다.
주위와 교제가 없어 외로우므로 유사시 애로가 있습니다.

60획 중도에 어려움이 있으나 극복하고 점차 발전하여 입신양명하는 수입니다. 그러나 빠른 출세와 부귀를 바라기는 어렵습니다.

61획 안팎으로 만사형통이라 향락을 누리는 좋은 수입니다.

'아메리카'라는 이름을 세종대왕께서 지으셨다면?

많은 학자들이 한글을 연구하느라 한창 바쁘게 돌아가고 있던 집현전에 신대륙을 발견한 코큰 서양인 몇 명이 소문을 듣고 찾아 왔더랍니다.
용건은 새 대륙의 이름을 하나 지어 주십사 하는 것이었지요.
그때 마침 집현전을 방문하여 한글 연구를 독려하시던 세종대왕께서 그렇지 않아도 바쁘고 정신없는 판국에 그 서양인들이 귀찮기도 하고 해서
"거, 아무렇게나 이름 하나 지어 주어서 보내버려라." 하시었답니다.
그런데 세종대왕의 말씀을 옆에서 가만히 듣고 있던 서양인들이 '아무렇게'라고 하신 대왕의 말씀을 자기네 나라 이름을 지어 주신걸로 알아듣고는 고맙다고 절을 올린 뒤 바로 본국으로 돌아가서 대륙의 이름을 '아메리카'라고 지어 버렸다고 합니다.

'카나다'도 마찬가지입니다.
역시 한글 연구에 여념이 없던 집현전에 소문을 듣고 서양인 몇 명이 찾아와서 자기네 나라 이름을 하나 지어달라고 간청을 했답니다.
그러나 학자들이 워낙 바빠서 그 서양인들을 쳐다보지도 않고 '가나다라' '가나다라'만 계속 읊고 있는지라 할 수 없이 이들은 자기네 나라로 돌아가
서 이름을 '카나다'로 지었다고 하네요.

말도 안되는 헛소리라구요?
어쨌든,
헛소리거나 말거나 간에 즐겁고 흐뭇한 상상(?) 아닌가요?

제 **4** 장

인명용 한자 사전(요약)

인명용(人名用) 한자(漢字)

이름을 지어 출생 신고를 할 때 아무 글자나 쓸 수 있는 것이 아니고 쓸 수 있는 한문 글자에 제한이 있습니다.

대법원에서 이름에 써도 좋다고 지정해 놓은 한문 글자 중에서 찾아 써야 출생 신고를 할 수 있습니다. 물론 한문 글자를 쓰지 않고 한글로만 이름을 지을 때는 상관이 없습니다.

한문 교육용 기초한자를 포함해서 2015년 현재 8142 글자를 선정하여 이 글자 안에서만 이름에 쓸 수 있도록 한 것입니다.

그런데 이 인명용으로 쓰라고 지정해 놓은 글자들을 보면 도저히 이름에 쓸 수 없는 글자들이 너무 많습니다.

예를 들면,

거짓 가(假), 목마를 갈(渴), 칼 검(劍), 빌어먹을 걸(乞), 막힐 격(隔), 개 견(犬), 기울어질 경(傾), 괴로울 고(苦), 마를 고(枯), 외로울 고(孤), 불알 고(睾), 울 곡(哭), 두려울 공(恐), 과부 과(寡), 개 구(狗), 귀신 귀(鬼), 무너질 괴(壞), 굶주릴 기(飢), 종 노(奴), 자빠질 도(倒), 칼 도(刀), 도둑 도(盜), 돌 돌(乭), 눈물 루(淚), 망할 망(亡), 소경 맹(盲), 멸할 멸(滅), 저승 명(冥), 없을 무(無), 벌줄 벌(罰), 질병 병(病), 아닐 부(否), 아닐 불(不), 빚질 부(負), 산무너질 붕(崩), 아닐 비(非), 슬플 비(悲), 낮을 비(卑), 여자종 비(婢), 가난할 빈(貧), 죽을 사(死), 뱀 사(蛇), 흩어질 산(散), 죽일 살(殺), 상할 상(傷), 죽을 상(喪), 쇠약할 쇠(衰), 가둘 수(囚), 짐승 수(獸), 송장 시(屍), 잃을 실(失), 굶주릴 아(餓), 악할 악(惡), 어두울 암(暗), 슬플 애(哀), 약할 약(弱), 전염병 역(疫), 더러울 오(汚), 슬플 오(嗚), 감옥 옥(獄), 요절할 요(夭), 음란할 음(淫), 그늘 음(陰), 울 읍

(泣), 찌를 자(刺), 장사지낼 장(葬), 재앙 재(災), 끊을 절(切, 絶), 조상할 조(弔), 허물 죄(罪), 여자음부 질(膣), 질병 질(疾), 빚질 채(債), 슬플 처(悽), 천할 천(賤), 첩 첩(妾), 더러울 추(醜), 벌레 충(蟲), 술취할 취(醉), 썩을 취(臭), 부끄러울 치(恥), 잠길 침(沈), 떨어질 타(墮), 탄식할 탄(歎), 게으를 태(怠), 아플 통(痛), 패할 패(敗), 폐할 폐(廢), 나쁠 폐(弊), 피곤할 피(疲), 재앙 화(禍), 근심 환(患), 빌 허(虛), 험할 험(險), 피 혈(血), 형벌 형(刑), 흉할 흉(凶), 등 등 등 …

과연 이런 뜻을 가진 글자들을 이름에 쓸 수 있을까요?
이 외에도 사람의 이름에 쓰기에 부적합한 글자가 엄청 많습니다.
이름에 써도 좋다고 허락해 놓은 8천여 글자 중에서 이런 저런 글자들을 빼고 나면 사실상 안심하고 쓸 수 있는 글자는 몇 자 되지 않습니다.
이런 글자들을 이름에 쓰라고 정해 놓은 무성의와 무책임의 극치를 보여주는 대법원의 정신 빠진 탁상 행정가에게 묻고 싶습니다.
당신이나 당신 가족의 이름이라면 이따위 글자들을 쓸 수 있겠는지.

성명에 사용토록 허용된 한자 중에서 전통적으로 꺼리는 불용(不用) 한자와 또한 한자 자체의 발음이나 의미가 이름에 쓰기에는 부적합하다고 생각되는 글자들을 제외하고 한자의 기본 뜻과 발음이 좋으면서 어감(語感)이 현대적이며 세련된 느낌을 주는 글자들을 간추려 가나다 순서로 정리하여 소개합니다. 획수가 많아 쓰기에 복잡한 한자는 성명에서 피하는 것이 좋으나 불가피한 경우에는 포함 했습니다.

※ (괄호)안의 숫자는 성명학에서 통용되는 한자 획수입니다.
※ 일부 한자만 간추려 놓은 것이므로 서점에서 파는 '인명용 한자사전'을 참고 하시기 바랍니다. 몇 해마다 한자가 추가되는 등 변동도 있습니다.

| 가 | 〈음령오행 : 木〉

佳 : (08). 아름다울 가. 좋을 가. 착할 가.
嘉 : (14). 아름다울 가. 좋을 가. 착할 가.
稼 : (15). 심을 가. 농사 가.
家 : (10). 집 가. 전문가 가. 집안 가.
加 : (05). 더할 가. 보탤 가.
迦 : (12). 부처이름 가.
哥 : (10). 옳을 가. 좋을 가. 아름다울 가.

| 각 | 〈음령오행 : 木. 木〉

刻 : (08). 새길 각. 모질 각.
珏 : (10). 쌍옥 각.
恪 : (10). 정성 각. 삼갈 각. 조심할 각.
閣 : (14). 누각 각. 집 각. 선반 각.
覺 : (20). 깨달을 각. 드러날 각.

| 간 | 〈음령오행 : 木. 火〉

刊 : (05). 책펴낼 간. 새길 간.
看 : (09). 볼 간. 지켜볼 간.
衎 : (09). 믿을 간. 바를 간. 즐길 간. 기뻐할 간.
栞 : (10). 표할 간. 표지 간. 도표 간.
迁 : (10). 구할 간. 요구할 간. 권할 간. 나아갈 간.
揀 : (13). 가릴 간. 분별할 간. 구별 간.

諫 : (16). 간할 간. 충고할 간.
侃 : (08). 굳셀 간. 강직할 간.
玕 : (08). 옥돌 간.
懇 : (17). 정성 간. 간절할 간.

갈 〈음령오행 : 木. 火〉

坴 : (06). 땅이름 갈.

감 〈음령오행 : 木. 水〉

甘 : (05). 달 감. 맛좋을 감. 느슨할 감.
柑 : (09). 감귤나무 감. 감자나무 감.
橄 : (16). 감람나무 감.
紺 : (11). 감색 감. 야청 감.
勘 : (11). 헤아릴 감. 생각할 감. 다스릴 감. 정할 감.
敢 : (12). 굳셀 감. 용감할 감.
邯 : (12). 땅이름 감.
感 : (13). 느낄 감. 감동할 감.
戡 : (13). 이길 감. 평정할 감. 죽일 감.
監 : (14). 볼 감. 거울삼을 감.
瞰 : (17). 멀리볼 감. 내려다볼 감.
鑑 : (22). 모범 감. 거울 감.

갑 〈음령오행 : 木. 水〉

鉀 : (13). 갑옷 갑.

┃강┃ 〈음령오행 : 木. 土〉

剛 : (10). 군셀 강. 강할 강.
堈 : (11). 언덕 강.
康 : (11). 편안할 강. 튼튼할 강.
絳 : (12). 진홍색 강.
講 : (17). 외울강. 익힐강. 강론할 강.
鋼 : (16). 강철 강.
顜 : (19). 밝을 강. 곧을 강.
悾 : (12). 믿을 강. 정성스러울 강.

┃개┃ 〈음령오행 : 木〉

价 : (06). 클 개. 착할 개.
凱 : (12). 개선할 개. 화할 개. 이길 개.
開 : (12). 열 개. 개척할 개. 깨우칠 개.
塏 : (13). 밝을 개. 높은땅 개.
愷 : (14). 즐거울 개. 편안할 개. 클 개.

┃갱┃ 〈음령오행 : 木. 土〉

賡 : (15). 이을 갱. 갚을 갱.
鏗 : (19). 금옥소리 갱. 거문고소리 갱.

┃거┃ 〈음령오행 : 木〉

旴 : (09). 밝을 거.

蕖 : (18). 연꽃 거.
巨 : (05). 클 거. 많을 거.
居 : (08). 살 거. 있을 거. 앉을 거.
炬 : (09). 횃불 거. 사를 거.
鉅 : (13). 강할 거. 클 거.
據 : (17). 의거할 거. 의지할 거. 웅거할 거.

건 〈음령오행 : 木. 火〉

健 : (11). 건장할 건. 굳셀 건. 튼튼할 건. 잘할 건.
建 : (09). 세울 건. 베풀 건. 일으킬 건.
揵 : (14). 셀 건. 셈할 건. 헤아릴 건.
虔 : (10). 베풀 건. 정성 건. 삼갈 건. 공경할 건.
漣 : (13). 물이름 건.

걸 〈음령오행 : 木. 火〉

傑 : (12). 준걸 걸. 뛰어날 걸. 호걸 걸.

검 〈음령오행 : 木. 水〉

儉 : (15). 검소할 검.
撿 : (17). 살펴볼 검. 검사할 검. 단속할 검.

격 〈음령오행 : 木. 木〉

格 : (10). 인격 격. 품위 격. 격식 격. 지위 격.

鶪 : (17). 고요할 격. 조용할 격.

▍견▍ 〈음령오행 : 木. 火〉

堅 : (11). 굳을 견. 굳셀 견.
牽 : (11). 이끌 견. 끌어당길 견. 이을 견.
絹 : (13). 비단 견. 명주 견.
縳 : (20). 곡진할 견. 정성스런 견. 정깊을 견.
䌤 : (23). 밝을 견. 맑을 견. 빠를 견. 깨끗할 견.

▍결▍ 〈음령오행 : 木. 火〉

焆 : (11). 밝을 결. 불빛 결.
潔 : (16). 맑을 결. 깨끗할 결.
契 : (09). 맑을 결.

▍겸▍ 〈음령오행 : 木. 水〉

兼 : (10). 겸할 겸. 아우를 겸. 모을 겸.
謙 : (17). 겸손할 겸. 족할 겸.
縑 : (16). 비단 겸. 명주 겸.

▍경▍ 〈음령오행 : 木. 土〉

經 : (13). 경영할 경. 글 경.
俓 : (09). 곧을 경. 지름길 경.
徑 : (10). 지름길 경. 곧을 경.

勁 : (09). 굳셀 경. 힘 경.
冏 : (07). 빛날 경. 창맑을 경.
坰 : (08). 들 경. 교외 경. 야외 경.
憬 : (16). 깨달을 경. 동경할 경.
敬 : (13). 공경할 경. 삼갈 경.
景 : (12). 볕 경. 밝을 경. 경치 경. 클 경.
炅 : (08). 빛날 경.
熲 : (15). 빛 경. 불빛 경. 빛날 경.
璟 : (17). 옥빛 경. 옥광채날 경.
璥 : (18). 옥이름 경. 경옥 경.
硬 : (12). 굳을 경. 단단할 경. 강할 경.
耕 : (10). 밭갈 경. 땅고를 경.
耿 : (10). 빛날 경. 빛 경. 깨끗할 경.
莖 : (13). 근본경. 줄기 경. 기둥 경.
鏡 : (19). 비출 경. 거울 경. 거울삼을 경.
檠 : (17). 바로잡을 경. 등불 경. 도지개 경.
境 : (14). 지경 경. 경계 경.

계 〈음령오행 : 木〉

係 : (09). 이을 계. 관계될 계. 걸릴 계.
啓 : (11). 열 계. 일깨울 계. 인도할 계. 여쭐 계.
溪 : (14). 시내 계. 시냇물 계.
炷 : (10). 밝을 계. 화덕 계.
契 : (09). 계 계. 맺을 계.
界 : (09). 지경 계. 세계 계. 한도 계.

計 : (09). 셈할 계. 셀 계.

고 〈음령오행 : 木〉

郜 : (14). 나라이름 고. 고을 고.
翱 : (18). 날 고. 비상할 고. 노닐 고.
考 : (08). 생각할 고. 헤아릴 고.

곡 〈음령오행 : 木. 木〉

穀 : (15). 곡식 곡.
槲 : (15). 참나무 곡. 떡갈나무 곡.
縠 : (16). 명주 곡. 비단 곡.

곤 〈음령오행 : 木. 火〉

堃 : (11). 땅이름 곤.
崐 : (11). 산이름 곤.
悃 : (11). 정성 곤. 지성스러울 곤.
鵾 : (20). 봉황 곤.
琨 : (13). 옥돌 곤.

공 〈음령오행 : 木. 土〉

公 : (04). 공평할 공. 공변될 공. 공적 공. 어른 공.
功 : (05). 공 공. 공로 공. 복입을 공.
共 : (06). 함께 공. 공경할 공. 같이 공. 한가지 공.

供 : (08). 베풀 공. 받들 공. 이바지할 공.
恭 : (10). 공손할 공. 삼갈 공.
珙 : (11). 옥이름 공. 구슬 공.
崆 : (11). 산이름 공. 산우뚝한 공.
槓 : (14). 지렛대 공.

| 과 | 〈음령오행 : 木〉

果 : (08). 과실 과. 결과 과. 해낼 과.
窠 : (13). 보금자리 과. 새집 과. 구멍 과. 빌 과.
課 : (15). 공부 과. 부서 과. 매길 과. 시험 과.

| 관 | 〈음령오행 : 木. 火〉

冠 : (09). 갓 관. 으뜸 관. 어른 관.
寬 : (15). 너그러울 관. 넓을 관.
款 : (12). 정성스러울 관. 공경할 관. 정성 관. 항목 관.
灌 : (22). 물댈 관. 씻을 관. 떨기나무 관.
琯 : (13). 옥돌 관. 옥피리 관.
瓘 : (23). 옥이름 관. 서옥 관. 사람이름 관.
綰 : (14). 얽을 관. 관통할 관. 꿸 관.
爟 : (22). 횃불 관. 봉화 관.
官 : (08). 벼슬 관. 기관 관.
管 : (14). 주관할 관. 관리할 관.

괄 〈음령오행 : 木. 火〉

佸 : (08). 힘쓸 괄. 이를 괄. 모일 괄. 만날 괄.
栝 : (10). 노송나무 괄. 전나무 괄.

광 〈음령오행 : 木. 土〉

侊 : (08). 클 광. 성할 광. 큰 모양 관.
桄 : (10). 나무이름 광. 베틀 광.
洸 : (10). 물솟을 광. 굳셀 광. 씩씩할 광.
珖 : (11). 옥돌 광. 옥이름 광. 사람이름 광.
爌 : (19). 밝을 광. 환할 광. 불빛 광.

괴 〈음령오행 : 木〉

廥 : (16). 곳간 괴. 창고 괴.
瑰 : (15). 옥돌 괴. 구슬 괴. 보배 괴.
瓌 : (17). 보배 괴. 구슬이름 괴. 아름다울 괴.

굉 〈음령오행 : 木. 土〉

宏 : (07). 클 굉. 넓을 굉.

교 〈음령오행 : 木〉

嬌 : (15). 아름다울 교. 미녀 교. 아리따울 교.
校 : (10). 학교 교. 헤아릴 교. 장교 교. 교정볼 교.
皎 : (11). 흴 교. 깨끗할 교. 밝을 교.

郊 : (13). 들 교. 교외 교.
姣 : (09). 예쁠 교. 요염할 교. 아름다울 교.
佼 : (08). 좋을 교. 예쁠 교. 교활할 교. 굳셀 교.
晈 : (10). 달밝을 교. 달빛 교.
暞 : (14). 밝을 교. 깨끗할 교.
趫 : (19). 건장할 교. 건강할 교. 재빠를 교.
敎 : (11). 가르칠 교.
喬 : (12). 높을 교.

│구│ 〈음령오행 : 木〉

究 : (07). 연구할 구. 궁구할 구.
玖 : (08). 옥돌 구.
岣 : (08). 산이름 구. 봉우리이름 구.
姤 : (09). 만날 구. 예쁠 구. 아름다울 구.
昫 : (09). 따뜻할 구.
俱 : (10). 갖출 구. 함께 구.
坸 : (10). 옥돌 구.
救 : (11). 구원할 구. 도울 구.
捄 : (11). 담을 구. 건질 구. 두둔할 구.
璆 : (16). 옥이름 구. 옥소리 구. 아름다운 구.
覯 : (17). 만날 구. 합칠 구. 혼인 구.
構 : (14). 맺을 구. 얽을 구. 꾀할 구.
邱 : (12). 언덕 구. 땅이름 구.
冚 : (05). 기승할 구. 높은기운 구.

국 〈음령오행 : 木. 木〉

局 : (07). 판 국. 국 국. 재능 국.
鞠 : (17). 기를 국. 굽힐 국.

군 〈음령오행 : 木. 火〉

桾 : (11). 고욤나무 군.
群 : (13). 무리 군. 많을 군.
郡 : (14). 고을 군. 쌓을 군. 관청 군.

굴 〈음령오행 : 木. 火〉

倔 : (10). 굳셀 굴. 입신할 굴. 고집셀 굴.
崛 : (11). 산높을 굴. 우뚝할 굴. 우뚝솟을 굴.

궁 〈음령오행 : 木. 土〉

宮 : (10). 집 궁. 대궐 궁.

권 〈음령오행 : 木. 火〉

勸 : (20). 권할 권. 가르칠 권. 힘쓸 권.
捲 : (12). 힘쓸 권. 주먹 권.
權 : (22). 권세 권. 방편 권. 저울추 권.
淃 : (12). 물흐를 권.
綣 : (14). 정다울 권. 서로따를 권.
券 : (08). 문서 권. 증권 권.

귀 〈음령오행 : 木〉

歸 : (18). 돌아갈 귀. 허락할 귀.

규 〈음령오행 : 木〉

圭 : (06). 홀 규. 서옥 규. 용량 단위 규.
奎 : (09). 별 규. 별이름 규.
槻 : (15). 나무이름 규. 물푸레나무 규.
珪 : (11). 서옥 규.
規 : (11). 법 규. 간할 규. 모범 규.
閨 : (14). 규수 규. 안방 규.
邽 : (13). 고을이름 규. 보옥 규.
嬀 : (15). 땅이름 규.
揆 : (13). 헤아릴 규. 법 규.
赳 : (09). 헌걸찰 규. 굳셀 규. 용감할 규.
煃 : (13). 불꽃 규.
嫢 : (14). 예쁠 규. 작을 규.
湀 : (13). 물 흐를 규.
潙 : (16). 물 이름 규.

균 〈음령오행 : 木. 火〉

均 : (07). 고를 균. 평범할 균. 따를 균.
畇 : (09). 밭일굴 균. 개간할 균. 쟁기 균.
鈞 : (12). 무거울 균. 삼십근 균. 고를 균.
覠 : (14). 크게볼 균. 사람이름 균.

| 근 | 〈음령오행 : 木. 火〉

劤 : (06). 힘셀 근. 힘이셀 근.
勤 : (09). 힘줄 근. 기운 근.
勤 : (13). 부지런할 근. 근무할 근.
嫤 : (14). 고울 근. 아름다울 근.
懃 : (17). 은근할 근. 정성스러울 근.
槿 : (15). 무궁화 근. 무궁화나무 근.
漌 : (15). 맑을 근.
瑾 : (16). 붉은옥 근. 아름다운옥 근.

| 금 | 〈음령오행 : 木. 水〉

昑 : (08). 밝을 금.
檎 : (17). 능금나무 금.
芩 : (10). 풀이름 금. 수초이름 금.
衿 : (10). 옷깃 금. 맬 금. 띨 금.
襟 : (19). 가슴 금. 마음 금. 깃 금. 옷깃 금.

| 긍 | 〈음령오행 : 木. 土〉

肯 : (10). 긍정할 긍. 즐길 긍.

| 기 | 〈음령오행 : 木〉

企 : (06). 바랄 기. 꾀할 기. 도모할 기. 발돋움할 기.
技 : (08). 재주 기. 재능 기.

沂 : (08). 물이름 기. 내이름 기.
淇 : (12). 물 기. 강이름 기. 고을이름 기.
琦 : (13). 옥이름 기.
琪 : (13). 구슬 기. 옥 기.
瑾 : (16). 옥 기. 구슬 기.
愭 : (14). 공손할 기. 공경할 기.
祁 : (08). 성할 기. 많을 기. 클 기.
祺 : (13). 길할 기. 복 기. 상서 기.
綺 : (14). 비단 기. 무뇌 기.
記 : (10). 기록할 기. 적을 기. 기억할 기.
起 : (10). 일어날 기. 설 기. 시작할 기. 일으킬 기.
錡 : (16). 밥솥 기. 가마 기. 끌 기.
冀 : (17). 바랄 기. 다행할 기.
蘄 : (22). 풀이름 기. 고을이름 기. 바랄 기. 구할 기.
頎 : (13). 성장할 기. 헌걸찬 기.
曦 : (14). 볕 기. 볕기운 기.
圻 : (07). 언덕 기. 지경 기.
基 : (11). 터 기. 바탕 기.

길 〈음령오행 : 木. 火〉

佶 : (08). 바를 길. 건장할 길.
姞 : (09). 성 길. 계집 길. 삼가할 길.
拮 : (10). 힘써일할 길.

나 〈음령오행 : 火〉

喇 : (12). 나팔 나. 악기이름 나.
娜 : (10). 아름다울 나. 날씬할 나.
那 : (11). 클 나. 많을 나. 어찌 나. 나라이름 나.
拏 : (09). 이끌 나. 잡을 나. 맞당길 나.
拿 : (10). 가질 나. 붙잡을 나.
梛 : (11). 나무이름 나.
糯 : (20). 찰벼 나.

난 〈음령오행 : 火. 火〉

暖 : (13). 따뜻할 난. 부드러울 난.
煖 : (13). 따뜻할 난. 더울 난. 따뜻이할 난.

남 〈음령오행 : 火. 水〉

枏 : (08). 나무이름 남. 녹나무 남.
楠 : (13). 들메나무 남. 녹나무 남.
湳 : (13). 물 남. 강 이름 남.

념 〈음령오행 : 火. 水〉

念 : (08). 생각 념.
恬 : (10). 편안할 념. 조용할 념.

노 〈음령오행 : 火〉

努 : (07). 힘쓸 노.
猱 : (10). 산 이름 노.

농 〈음령오행 : 火. 土〉

農 : (13). 농사 농. 농사지을 농.
穠 : (18). 무성할 농. 깊을 농.

뇨 〈음령오행 : 火〉

嫋 : (13). 예쁠 뇨. 아름다울 뇨.

눈 〈음령오행 : 火. 火〉

嫩 : (14). 예쁠 눈. 어릴 눈.

뉴 〈음령오행 : 火〉

忸 : (08). 익을 뉴. 길들 뉴. 부끄러울 뉴.
杻 : (08). 박달나무 뉴.

능 〈음령오행 : 火. 土〉

能 : (12). 능할 능. 능력 능.

니 〈음령오행 : 火〉

柅 : (09). 무성할 니.
馜 : (14). 향기로울 니. 진한향기 니.

다 〈음령오행 : 火〉

多 : (06). 많을 다. 넓을 다. 클 다. 두터울 다.

단 〈음령오행 : 火. 火〉

丹 : (04). 붉을 단. 약 단. 정성스러울 단.
彖 : (09). 판단할 단. 결단할 단.
旦 : (05). 아침 단. 밝을 단.
緞 : (15). 비단 단.
鄲 : (19). 나라이름 단. 땅이름 단.
椴 : (13). 자작나무 단. 무궁화나무 단.
端 : (14). 바를 단. 단정할 단.
檀 : (17). 박달나무 단. 단향목 단.
胆 : (09). 밝을 단.
煓 : (13). 성할 단. 불타는모양 단.
亶 : (13). 믿을 단. 진실 단. 클 단. 많을 단.
鍛 : (17). 쇠단련할 단. 불릴 단.
團 : (14). 둥글 단. 모을 단. 덩어리 단.

■ 달 ■ 〈음령오행 : 火. 火〉

達 : (16). 통할 달. 통달할 달. 깨달을 달.
妲 : (08). 여자이름 달.

■ 담 ■ 〈음령오행 : 火. 水〉

憺 : (17). 편안할 담. 고요할 담.
淡 : (12). 물맑을 담. 민물 담. 담백할 담. 욕심없을 담. 묽을 담.
潭 : (16). 못 담. 깊을 담. 물가 담. 강이름 담.
談 : (15). 말씀 담. 이야기할 담.
譚 : (19). 이야기 담. 말씀 담. 클 담. 깊을 담.
郯 : (15). 나라이름 담.
倓 : (10). 편안할 담. 고요할 담.
埮 : (11). 평평한땅 담.
啿 : (12). 많을 담. 넉넉할 담.
澹 : (17). 맑을 담. 담박할 담. 조용할 담.

■ 당 ■ 〈음령오행 : 火. 土〉

堂 : (11). 집 당. 당당할 당.
當 : (13). 마땅할 당.
瑭 : (15). 옥이름 당.
瞠 : (16). 볼 당. 똑바로볼 당.
璫 : (18). 구슬 당. 귀고리옥 당.

대 〈음령오행 : 火〉

大 : (03). 큰 대. 두루 대. 넓을 대.
垈 : (08). 터 대. 집터 대.
岱 : (08). 대산(태산의 별칭) 대. 태산 대. 클 대.
帶 : (11). 띠 대. 두를 대. 찰 대.
旲 : (07). 햇빛 대.
曼 : (13). 해돋을 대.
臺 : (14). 토대 대. 집 대.
嚉 : (18). 무성할 대.

도 〈음령오행 : 火〉

到 : (08). 이를 도. 주밀할 도.
塗 : (13). 칠할 도. 바를 도. 길 도.
導 : (16). 인도할 도. 끌 도. 이끌 도.
度 : (09). 법 도. 법도 도. 자 도. 기량 도. 정도 도.
涂 : (11). 개천 도. 도랑 도. 길 도. 도로 도.
濤 : (18). 물결 도. 큰물결 도. 비출 도.
萄 : (14). 포도 도. 포도나무 도.
途 : (14). 길 도. 도로 도.
道 : (16). 도리 도. 길 도. 말할 도.
都 : (16). 도읍 도. 서울 도. 모두 도.
鍍 : (17). 도금할 도.
壔 : (17). 언덕 도. 제방 도. 성채 도.
陶 : (16). 질그릇 도. 가르칠 도. 바로 잡을 도. 즐길 도.

祹 : (13). 복 도. 상스러울 도. 신(神) 도.
滔 : (14). 넓을 도. 모일 도. 물넘칠 도.

▌독▐ 〈음령오행 : 火. 木〉

督 : (13). 감독할 독.
篤 : (16). 두터울 독. 인정많을 독. 도타울 독. 독실할 독.
讀 : (22). 읽을 독.

▌돈▐ 〈음령오행 : 火. 火〉

旽 : (08). 밝을 돈. 먼동틀 돈. 친밀할 돈.
敦 : (12). 힘쓸 돈. 도타울 돈.
燉 : (16). 빛날 돈. 불빛 돈.
潡 : (16). 큰물 도. 물깊을 도.
暾 : (16). 해돋을 돈. 아침해 돈.
惇 : (12). 두터울 돈. 힘쓸 돈. 정성 돈.

▌동▐ 〈음령오행 : 火. 土〉

動 : (11). 움직일 동.
東 : (08). 동녘 동. 봄 동. 동쪽 동. 주인 동.
侗 : (08). 정성 동. 성실할 동. 무지할 동.
桐 : (10). 오동 동. 오동나무 동.
棟 : (12). 들보 동. 용마루 동. 마룻대 동.
潼 : (16). 물이름 동. 강이름 동.
董 : (15). 동독할 동. 바를 동.

瞳 : (16). 동틀 동.
烔 : (10). 열기 동. 뜨거운 모양 동.
橦 : (16). 나무이름 동.
彤 : (07). 붉을 동.
同 : (06). 같을 동. 함께 동. 한가지 동.

▌두▐ 〈음령오행 : 火〉

斗 : (04). 말 두. 별 이름 두. 우뚝 솟을 두.
杜 : (07). 막을 두. 아가위나무 두. 약이름 두.
豆 : (07). 콩 두. 제기 두. 팥 두.
抖 : (08). 들어올릴 두.

▌득▐ 〈음령오행 : 火. 木〉

得 : (11). 얻을 득. 깨달을 득. 만족할 득.

▌등▐ 〈음령오행 : 火. 土〉

登 : (12). 오를 등. 이룰 등. 익을 등.
鄧 : (19). 땅이름 등.

▌라▐ 〈음령오행 : 火〉

喇 : (12). 나팔 라. 악기이름 라. 승려 라.
羅 : (20). 비단 라. 그물 라.
蘿 : (25). 쑥 라. 소나무 겨우살이 라. 여라(선태류에 속하는 이끼) 라.

摞 : (15). 정돈할 라. 다스릴 라.
菈 : (16). 열매 라.

〖락〗 〈음령오행 : 火. 木〉

絡 : (12). 이을 락. 연락할 락.
樂 : (15). 즐거울 락. 풍류 락.

〖란〗 〈음령오행 : 火. 火〉

欒 : (23). 나무이름 란. 둥글 란. 모일 란.
瀾 : (21). 물결 란. 큰물결 란.
瓓 : (22). 옥무늬 란. 옥 광채 란.

〖람〗 〈음령오행 : 火. 水〉

欖 : (25). 감람나무 람.
濫 : (18). 물넘칠 람. 퍼질 람. 번질 람.
灆 : (22). 물맑을 람. 퍼질 람.
籃 : (20). 바구니 람. 배롱 람.
覽 : (21). 볼 람. 두루볼 람. 전망 람.
婪 : (11). 고울 람. 예쁠 람.
璼 : (19). 옥이름 람.

〖랑〗 〈음령오행 : 火. 土〉

朗 : (11). 밝을 랑. 맑을 랑.

琅 : (12). 옥돌 랑. 옥이름 랑.
瑯 : (15). 고을이름 랑. 옥이름 랑.
烺 : (11). 밝을 랑. 빛밝을 랑.
閬 : (15). 높을 랑. 솟을대문 랑.

▮래▮ 〈음령오행 : 火〉

來 : (08). 올 래. 다가올 래. 돌아올 래. 위로할 래.
崍 : (11). 뫼 래. 산이름 래.
萊 : (14). 쑥 래. 풀이름 래. 명아주 래.
淶 : (12). 물이름 래. 강이름 래.

▮량▮ 〈음령오행 : 火. 土〉

亮 : (09). 밝을 량. 믿을 량.
梁 : (11). 들보 량. 돌다리 량.
粱 : (13). 조 량. 좋은쌀 량.
諒 : (15). 알 량. 믿을 량. 진실 량. 참 량.
樑 : (15). 대들보 량.
倆 : (10). 재주 량. 솜씨 량.
量 : (12). 헤아릴 량. 용량 량.

▮려▮ 〈음령오행 : 火〉

侶 : (09). 짝 려. 벗할 려.
呂 : (07). 음률 려. 풍류 려. 나라이름 려.
欐 : (19). 종려나무 려. 모과나무 려.

閭 : (15). 마을 려. 마을문 려.
藜 : (21). 나라이름 려.
曬 : (19). 햇빛성할 려.
勵 : (17). 힘쓸 려. 권장할 려.
麗 : (19). 고울 려. 빛날 려.
厲 : (15). 엄할 려. 용맹할 려. 힘쓸 려.

▌력▐ 〈음령오행 : 火. 木〉

力 : (02). 힘 력. 힘쓸 력.
酈 : (26). 땅이름 력. 고을이름 력.

▌련▐ 〈음령오행 : 火. 火〉

戀 : (23). 생각 련. 사모할 련.
漣 : (15). 잔물결 련. 물결일 련. 물놀이 련.
璉 : (16). 이을 련. 호련 련. 종묘제기 련.
練 : (15). 익힐 련. 단련할 련. 가릴 련.
聯 : (17). 이을 련. 짝 련. 잇닿을 련. 연계 련. 합칠 련.
鍊 : (17). 단련할 련. 수련할 련. 불릴 련.
孌 : (22). 아름다울 련. 예쁠 련.
憐 : (16). 사랑할 련. 어여삐여길 련.
煉 : (13). 연단할 련. 쇠불릴 련. 쇠달굴 련.

▌렬▐ 〈음령오행 : 火. 火〉

列 : (06). 벌일 렬. 줄 렬. 차례 렬. 가지런할 렬.

洌 : (10). 맑을 렬. 추울 렬.

렴 〈음령오행 : 火. 水〉

廉 : (13). 청렴 렴. 청렴할 렴. 검소할 렴. 염치 렴.
濂 : (17). 물 렴. 물이름 렴.
瀲 : (21). 넘칠 렴. 물가 렴.
斂 : (17). 거둘렴. 모을 렴.

령 〈음령오행 : 火. 土〉

伶 : (07). 영리할 령. 광대 령.
姈 : (08). 여자이름 령. 영리할 령.
昤 : (09). 햇빛 령. 영롱할 령.
玲 : (10). 금옥 령. 옥소리 령.
鈴 : (13). 방울 령.
領 : (14). 거느릴 령. 다스릴 령. 옷깃 령.
泠 : (09). 깨우칠 령. 깨달을 령. 떨어질 령.
秢 : (10). 벼익을 령. 첫벼익을 령. 나이 령.
令 : (05). 다스릴 령. 명령할 령.
怜 : (09). 지혜로울 령. 영리할 령.
聆 : (11). 들을 령. 깨달을 령.
逞 : (14). 왕성할 령. 쾌할 령. 다할 령.

레 〈음령오행 : 火〉

澧 : (17). 물이름 레. 강이름 레. 단물나는샘 레.

로 〈음령오행 : 火〉

璐 : (18). 옥이름 로.
潞 : (16). 물이름 로. 강이름 로. 땅이름 로.
路 : (13). 길 로. 도로 로.
輅 : (13). 클 로. 수레 로. 임금의 수레 로.
瀘 : (20). 물이름 로. 강이름 로.
瓐 : (21). 푸른옥 로. 비취 로.

록 〈음령오행 : 火. 木〉

祿 : (13). 녹 록. 급료 록. 복 록.
綠 : (14). 푸를 록. 초록빛 록.
錄 : (16). 기록할 록. 문서 록. 취할 록.
淥 : (12). 물맑을 록.

론 〈음령오행 : 火. 火〉

論 : (15). 의논할 론.

롱 〈음령오행 : 火. 土〉

瀧 : (20). 적실 롱. 물이름 롱
瓏 : (21). 옥소리 롱. 환할 롱.
曨 : (20). 밝을 롱. 해돋을 롱.

▮뢰▮ 〈음령오행 : 火〉

蕾 : (19). 꽃봉오리 뢰.

▮료▮ 〈음령오행 : 火〉

寮 : (15). 관리 료. 벼슬아치 료. 동료 료.
僚 : (14). 동료 로. 관리 료. 좋을 료.
瞭 : (16). 밝을 료. 환할 료.
嫽 : (15). 예쁠 료.
鐐 : (20). 아름다운금은(金銀) 료. 질좋은금은 료.

▮루▮ 〈음령오행 : 火〉

屢 : (14). 여러 루. 자주 루.
縷 : (17). 실 루. 명주 루. 올 루. 자세히 루.
鏤 : (19). 강철 루. 새길 루. 아로새길 루.
熡 : (15). 불꽃 루.
慺 : (15). 정성스러울 루.
嶁 : (14). 봉우리 루.

▮류▮ 〈음령오행 : 火〉

柳 : (09). 버들 류. 이름 류. 별자리이름 류.
榴 : (14). 석류나무 류.
瀏 : (19). 물맑을 류. 물빠를 류. 밝을 류.
劉 : (15). 베풀 류. 이길 류.

륙 〈음령오행 : 火. 木〉

陸 : (16). 뭍 륙. 육지 륙.

륜 〈음령오행 : 火. 火〉

侖 : (08). 둥글 륜. 생각할 륜.
倫 : (10). 인륜 륜. 윤리 륜. 도리 륜.
崙 : (11). 뫼 륜. 산이름 륜.
淪 : (12). 잔물결 륜. 물놀이 륜. 거느릴 륜.
掄 : (12). 고를 륜. 가릴 륜.
圇 : (11). 완전할 륜. 덩어리 륜.

률 〈음령오행 : 火. 火〉

律 : (09). 법 률. 정도 률. 등급 률. 자리 률. 풍류 률.
栗 : (10). 밤 률. 밤나무 률. 견고할 률.
瑮 : (15). 옥무늬 률.
溧 : (14). 물이름 률.

륭 〈음령오행 : 火. 土〉

隆 : (17). 높을 륭. 클 륭. 성할 륭. 풍성할 륭.

름 〈음령오행 : 火. 水〉

菻 : (14). 풀이름 름. 쑥 름. 나라이름 름.
廩 : (16). 넉넉할 름. 쌀곳간 름.

리 〈음령오행 : 火〉

利 : (07). 이할 리. 이로울 리. 예리할 리.
浬 : (11). 해리(海里) 리. 해상거리 리.
理 : (12). 이치 리. 다스릴 리.
里 : (07). 마을 리. 거리 리.
涖 : (11). 다다를 리. 임할 리. 물소리 리.
哩 : (10). 어조사 리. 거리단위 리.
莅 : (13). 임할 리. 임석할 리. 자리 리.
俐 : (09). 똑똑할 리. 영리할 리.

린 〈음령오행 : 火. 火〉

潾 : (16). 맑을 린. 석간수 린. 돌샘 린.
璘 : (17). 옥무늬 린. 옥빛 린.
鄰 : (19). 이웃 린. 이웃할 린.
隣 : (20). 이웃 린. 이웃할 린.
粦 : (14). 물맑을 린.
橉 : (16). 나무이름 린.
獜 : (16). 튼튼할 린. 건장할 린.

림 〈음령오행 : 火. 水〉

林 : (08). 수풀 림. 빽빽할 림. 많이모일 림.
淋 : (12). 물뿌릴 림. 젖을 림. 물방울떨어질 림.
琳 : (13). 옥이름 림. 푸른옥 림. 아름다운옥 림.

琳 : (12). 무성할 림.
琳 : (13). 깊을 림.
臨 : (17). 임할 림. 왕림할 림. 다스릴 임.
琳 : (12). 알고자할 림.

| 립 | 〈음령오행 : 火. 水〉

岦 : (08). 산높을 립. 산우뚝솟을 립.

| 마 | 〈음령오행 : 水〉

瑪 : (15). 옥돌 마.

| 만 | 〈음령오행 : 水. 火〉

巒 : (22). 메 만. 작은산 만.
挽 : (11). 당길 만. 끌 만. 말릴 만.
鏋 : (19). 금(金) 만.
縵 : (17). 너그러울 만. 비단 만.

| 매 | 〈음령오행 : 水〉

楳 : (13). 매화나무 매.
每 : (07). 언제나 매. 늘 매.
玫 : (09). 불구슬 매. 붉고아름다운돌 매. 사람이름 매.

면 〈음령오행 : 水. 火〉

冕 : (11). 면류관 면.
勉 : (09). 힘쓸 면. 부지런할 면.
棉 : (12). 솜 면. 목화 면.
沔 : (08). 물이름 면. 물그득히흐를 면.
綿 : (14). 솜 면. 잇닿을 면. 이어질 면.

명 〈음령오행 : 水. 土〉

榠 : (12). 홈통 명.
茗 : (12). 차 명. 차나무 명. 차의싹 명. 감나무 명.
銘 : (14). 새길 명.
洺 : (10). 강 이름 명. 고을 이름 명.
慏 : (14). 너그러울 명. 생각깊을 명.

모 〈음령오행 : 水〉

模 : (15). 본보기 모. 본뜰 모. 법 모.
侔 : (08). 가지런할 모. 고를 모. 같을 모.
慔 : (15). 힘쓸 모.
瑁 : (14). 서옥 모.
軞 : (11). 왕이타는수레 모.

목 〈음령오행 : 水. 木〉

牧 : (08). 기를 목. 다스릴 목. 이끌 목. 목장 목.

睦 : (13). 화목할 목. 친할 목. 믿을 목.
穆 : (16). 화할 목. 아름다울 목. 공경할 목. 화목할 목.

▌몽▐ 〈음령오행 : 水. 土〉

夢 : (14). 꿈 몽. 꿈꿀 몽.
幪 : (17). 무성할 몽. 덮을 몽.

▌묘▐ 〈음령오행 : 水〉

妙 : (07). 묘할 묘. 예쁠 묘. 젊을 묘.
昴 : (09). 별이름 묘. 별자리이름 묘.
苗 : (11). 싹 묘. 모종 묘. 자손 묘. 종족이름 묘.
淼 : (12). 큰물 묘. 넓은물 묘. 물가득할 묘.

▌무▐ 〈음령오행 : 水〉

務 : (11). 힘쓸 무. 일 무. 직무 무.
懋 : (17). 힘쓸 무. 성대할 무. 성대히할 무.
珷 : (12). 옥돌 무.
茂 : (11). 무성할 무. 우거질 무. 힘쓸 무. 아름다울 무.
騖 : (19). 달릴 무. 빠를 무. 힘쓸 무.
楙 : (13). 우거질 무. 무성할 무. 훌륭할 무.
貿 : (12). 무역할 무.

▌묵▐ 〈음령오행 : 水. 木〉

墨 : (15). 먹 묵.

문 〈음령오행 : 水. 火〉

汶 : (08). 물이름 문.
紋 : (10). 문채 문. 무늬 문.
璊 : (16). 붉은옥 문. 붉은옥빛 문.

물 〈음령오행 : 水. 火〉

物 : (08). 만물 물. 물건 물. 재물 물.

미 〈음령오행 : 水〉

味 : (08). 맛 미. 맛볼 미. 뜻 미. 기분 미. 맛들일 미.
媄 : (12). 빛고을 미. 예쁠 미. 아름다울 미.
嵋 : (12). 산이름 미.
渼 : (13). 물 미. 물이름 미.
薇 : (19). 장미 미. 고비 미. 백일홍나무 미.
躾 : (16). 예절가르칠 미. 모양낼 미.
媺 : (13). 착할 미. 고을 미. 좋을 미.
煝 : (13). 빛날 미.
敉 : (10). 편안할 미. 사랑할 미.
瑂 : (14). 옥돌 미.
洣 : (10). 강이름 미. 물결 미.
嵄 : (12). 산 미. 깊은산 미.

민 〈음령오행 : 水. 火〉

岷 : (08). 메 민. 산이름 민.

敃 : (09). 건강할 민. 굳셀 민. 힘쓸 민. 강할 민.
旻 : (08). 하늘 민.
旼 : (08). 화할 민. 온화할 민. 화락할 민. 하늘 민.
暋 : (13). 강할 민. 굳셀 민. 번민할 민.
潣 : (16). 물편히흐를 민. 물졸졸흐를 민.
珉 : (10). 옥돌 민.
頣 : (14). 강할 민.
民 : (05). 백성 민.
慜 : (15). 총명할 민. 영리할 민. 민첩할 민.

▌밀▐ 〈음령오행 : 水. 火〉

蜜 : (14). 꿀 밀. 벌꿀 밀. 달콤할 밀.
謐 : (17). 조용할 밀. 상세할 밀.

▌박▐ 〈음령오행 : 水. 木〉

亳 : (10). 땅이름 박. 나라이름 박.
博 : (12). 넓을 박. 많을 박.
舶 : (11). 큰배 박. 상선 박.
樸 : (16). 통나무 박. 근본 박. 순박할 박.
璞 : (17). 옥돌 박. 진실할 박.

▌반▐ 〈음령오행 : 水. 火〉

扳 : (08). 이끌 반. 당길 반.
盼 : (09). 눈예쁠 반.

般 : (10). 일반 반. 많을 반.
磐 : (15). 반석 반. 너럭바위 반. 넓은모양 반.

▎발▎ 〈음령오행 : 水. 火〉

浡 : (11). 성할 발. 일어날 발. 바다이름 발.
發 : (12). 일어날 발. 드러낼 발.
渤 : (13). 바다 발. 바다이름 발. 나라이름 발.

▎방▎ 〈음령오행 : 水. 土〉

仿 : (10). 본받을 방. 본뜰 방. 모방할 방.
傍 : (12). 곁 방. 기댈 방. 모실 방.
房 : (08). 방 방. 집 방. 별이름 방.
昉 : (08). 밝을 방. 본받을 방. 비로소 방. 때마침 방.
枋 : (08). 나무이름 방. 뗏목 방.
芳 : (10). 꽃다울 방. 향기 방. 이름빛날 방.
訪 : (11). 찾을 방. 뵈올 방. 널리물을 방.
邦 : (11). 나라 방. 서울 방.
厖 : (09). 클 방. 두터울 방. 풍족할 방.
龐 : (19). 높을 방. 클 방.

▎배▎ 〈음령오행 : 水〉

倍 : (10). 갑절 배. 곱할 배. 더할 배. 곱 배.
培 : (11). 북돋울 배. 가꿀 배. 불릴 배.
湃 : (13). 물소리 배. 물결칠 배.

陪 : (16). 모실 배. 도울 배. 더할 배. 쌓아올릴 배.
蓓 : (16). 꽃봉오리 배. 꽃망울 배. 풀이름 배.

▌백▐ 〈음령오행 : 水. 木〉

伯 : (07). 맏 백. 첫 백. 우두머리 백. 작위 백.
帛 : (08). 비단 백. 명주 백. 폐백 백. 풀이름 백.
白 : (05). 흰 백. 흴 백. 정결할 백. 밝을 백. 아뢸 백.

▌번▐ 〈음령오행 : 水. 火〉

繁 : (17). 성할 번. 무성할 번. 많을 번.
蕃 : (18). 우거질 번. 번성할 번. 많을 번.

▌벌▐ 〈음령오행 : 水. 火〉

閥 : (14). 공로 벌. 가문 벌.

▌범▐ 〈음령오행 : 水. 水〉

凡 : (03). 무릇 범. 대강 범. 평범할 범.
机 : (07). 나무이름 범.
梵 : (11). 깨끗할 범. 범어 범.
范 : (11). 본보기 범. 법 범.
範 : (15). 법 범. 모뜰 범. 떳떳 범.
范 : (11). 풀이름 범. 벌풀 범.

벽 〈음령오행 : 水. 木〉

檗 : (17). 회양목 벽. 황경나무 벽.
碧 : (14). 푸를 벽. 푸른옥 벽.
璧 : (18). 구슬 벽. 아름다운옥 벽.

변 〈음령오행 : 水. 火〉

忭 : (08). 좋아할 변. 기뻐할 변.
抃 : (08). 손뼉칠 변. 박수칠 변.
胼 : (13). 더할 변. 늘어날 변.
辨 : (16). 분별할 변. 가릴 변.
辯 : (21). 바로잡을 변. 따질 변.

별 〈음령오행 : 水. 火〉

馝 : (13). 향기 별.
勆 : (12). 클 별. 힘셀 별.

병 〈음령오행 : 水. 土〉

昞 : (09). 빛날 병. 밝을 병.
鉼 : (16). 금화 병. 은화 병. 금덩이 병.
鈵 : (13). 굳을 병. 단단할 병.
幷 : (08). 어울릴 병. 아우를 병.
抦 : (09). 잡을 병.
倂 : (10). 나란히할 병. 아우를 병.

보 〈음령오행 : 水〉

保 : (09). 보전할 보. 기를 보. 맡을 보. 지킬 보.
堡 : (12). 마을 보. 방축 보. 작은성 보.
普 : (12). 넓을 보. 두루 보. 널리 보.
深 : (13). 물이름 보. 보 보. 사람이름 보.
洑 : (10). 보 보. 물막을 보. 나루 보.
潽 : (16). 물이름 보. 물넓을 보.
甫 : (07). 클 보. 많을 보. 사나이 보.
補 : (13). 기울 보(깁다). 도울 보.
俌 : (09). 도울 보.
玞 : (08). 옥그릇 보.

복 〈음령오행 : 水. 木〉

茯 : (12). 복령 복 (버섯 이름).
鍑 : (17). 솥 복. 가마솥 복.
馥 : (18). 향기 복. 향기로울 복.
濮 : (18). 강이름 복. 물이름 복.
複 : (15). 겹칠 복. 거듭 복.

본 〈음령오행 : 水. 火〉

本 : (05). 근본 본. 밑 본. 원래 본.

봉 〈음령오행 : 水. 土〉

丰 : (04). 어여쁠 봉. 무성할 봉.

夆 : (07). 이끌 봉. 만날 봉. 넉넉할 봉.
烽 : (11). 봉화 봉.
菶 : (14). 무성할 봉. 풍성할 봉. 우거질 봉.
蓬 : (17). 쑥 봉. 봉래 봉.
逢 : (14). 만날 봉.
芃 : (09). 풀무성할 봉.
俸 : (10). 급료 봉.
封 : (09). 봉할 봉. 제후봉할 봉.

부 〈음령오행 : 水〉

孚 : (07). 믿을 부. 기를 부. 빛날 부.
扶 : (08). 붙들 부. 도울 부. 부축할 부.
敷 : (15). 펼 부. 베풀 부.
溥 : (14). 넓을 부. 클 부. 물이름 부.
芙 : (10). 부용 부. 연꽃 부.
阜 : (08). 언덕 부. 클 부. 살찔 부. 성할 부.
玞 : (09). 옥돌 부.
捊 : (12). 거둘 부. 잡을 부. 쥘 부. 뚫을 부.
傅 : (12). 스승 부. 후견인 부.
府 : (08). 마을 부. 고을 부. 관청 부.
釜 : (10). 가마솥 부.

분 〈음령오행 : 水. 火〉

汾 : (08). 물이름 분. 클 분. 많을 분.

肦 : (08). 햇빛 분.
棻 : (12). 향나무 분. 나무많을 분.
蕡 : (18). 열매많을 분.
賁 : (12). 클 분. 큰북 분.
吩 : (07). 분부할 분. 명령할 분.

불 〈음령오행 : 水. 火〉

紱 : (11). 인끈 불. 얽을 불.
彿 : (08). 비슷할 불.
茀 : (11). 우거질 불. 풀무성할 불.

붕 〈음령오행 : 水. 土〉

朋 : (08). 벗 붕. 친구 붕. 무리 붕.

비 〈음령오행 : 水〉

備 : (12). 갖출 비. 준비할 비.
妃 : (06). 왕비 비. 배필 비. 짝 비.
枇 : (08). 비파 비. 비파나무 비. 참빗 비.
榧 : (14). 비자나무 비.
琵 : (13). 비파 비.
肥 : (10). 살찔 비. 거름 비. 기름질 비.
裨 : (14). 도울 비. 보탤 비. 줄 비.
沘 : (08). 강이름 비.
淠 : (12). 강이름 비. 많은모양 비. 무성할 비.

邳 : (12). 클 비. 언덕 비. 나라이름 비.
郫 : (15). 땅이름 비. 고을이름 비.
棐 : (11). 클 비.
斐 : (12). 아름다울 비.
緋 : (14). 붉은빛 비. 붉은비단 비.
馡 : (17). 향기로울 비.
伾 : (07). 힘셀 비.
俾 : (10). 더할 비. 유익할 비. 도울 비.
庀 : (05). 다스릴 비.
埤 : (11). 더할 비. 붙을 비. 두터울 비.

빈 〈음령오행 : 水. 火〉

儐 : (16). 인도할 빈. 대접할 빈.
嬪 : (17). 계집 빈. 궁녀 빈. 아내 빈.
彬 : (11). 빛날 빈. 밝을 빈.
斌 : (12). 빛날 빈.
檳 : (18). 빈랑나무 빈. 빈랑 빈.
瀕 : (20). 물가 빈. 임박할 빈. 가까울 빈.
玭 : (09). 옥 빈. 구슬이름 빈.
璸 : (19). 옥무늬 빈. 아롱아롱할 빈. 구슬이름 빈.
馪 : (19). 향기 빈.
賓 : (14). 손 빈. 손님 빈. 공경할 빈.
邠 : (11). 나라이름 빈. 빛날 빈.
繽 : (20). 많을 빈. 왕성할 빈.
霦 : (19). 옥광채 빈.

빙 〈음령오행 : 水. 土〉

騁 : (17). 발전시킬 빙. 달릴 빙. 펼 빙.

사 〈음령오행. 金〉

事 : (08). 일 사. 섬길 사.
仕 : (05). 벼슬 사. 섬길 사.
使 : (08). 하여금 사. 사신 사. 시킬 사.
司 : (05). 맡을 사. 벼슬 사. 관리 사.
士 : (03). 선비 사. 사내 사. 군사 사. 벼슬 사.
師 : (10). 스승 사. 군사 사.
思 : (09). 생각 사. 그리워할 사.
泗 : (09). 물이름 사. 콧물 사.
詞 : (12). 글 사. 말씀 사.
飼 : (15). 기를 사. 칠 사. 사료 사.
社 : (08). 단체 사. 모일 사.
舍 : (08). 집 사. 쉴 사.
辭 : (19). 말씀 사. 글 사.

삭 〈음령오행 : 金. 木〉

爍 : (19). 빛날 삭.

산 〈음령오행 : 金. 火〉

算 : (14). 셈할 산.

僐 : (15). 착할 산. 큰언덕 산.
珊 : (10). 패옥 산.

| 삼 | 〈음령오행 : 金. 水〉

杉 : (07). 삼나무 삼.
森 : (12). 수풀 삼.
蔘 : (17). 인삼 삼. 우뚝할 삼.

| 상 | 〈음령오행 : 金. 土〉

尙 : (08). 높일 상. 자랑할 상. 숭상할 상.
想 : (13). 생각할 상. 형상 상.
湘 : (13). 물이름 상. 강이름 상. 끓일 상.
相 : (09). 서로 상. 볼 상. 재상 상. 도울 상. 모습 상.
祥 : (11). 상서 상. 조짐 상. 착할 상. 좋을 상. 상스러울 상.
詳 : (13). 자세할 상. 상세할 상.
晌 : (10). 대낮 상. 한낮 상. 정오 상.
緗 : (15). 담황색 상.
愴 : (15). 성품밝을 상.
塽 : (14). 높은땅 상.
商 : (11). 헤아릴 상. 장사 상.

| 색 | 〈음령오행 : 金. 木〉

穡 : (18). 거둘 색. 수확할 색.

생 〈음령오행 : 金. 土〉

笙 : (11). 생황 생. 대자리 생.

서 〈음령오행 : 金〉

徐 : (10). 천천히 서. 평온할 서. 천천히할 서.
抒 : (08). 펼 서. 풀 서. 마음털어놓을 서.
曙 : (18). 새벽 서. 밝을 서. 날밝을 서. 때 서.
瑞 : (14). 상서 서. 상서로울 서. 경사스러울 서.
舒 : (12). 펼 서. 펴질 서. 조용할 서. 열릴 서.
壻 : (13). 고을이름 서. 물품을 서.
紓 : (10). 느슨할 서. 화해할 서. 풀 서.
漵 : (17). 강이름 서. 물가 서.
書 : (10). 글 서. 책 서.
稰 : (14). 추수할 서.
署 : (15). 마을 서. 관청 서.
藇 : (20). 고울 서. 거울 서. 아름다울 서.
諝 : (16). 슬기로울 서. 지혜로울 서.
偦 : (11). 재주있을 서.
曌 : (12). 밝을 서.

석 〈음령오행 : 金. 木〉

晳 : (12). 밝을 석. 분석할 석. 분명할 석.
淅 : (12). 쌀일 석. 빗소리 석.
碩 : (14). 클 석. 충실할 석. 단단할 석.

䄷 : (10). 섬(열 말) 석. 무게이름 석.
席 : (10). 자리 석.
蓆 : (16). 클 석.

선 〈음령오행 : 金. 火〉

善 : (12). 착할 선. 좋을 선. 친할 선. 옳게여길 선.
墡 : (15). 백토 선. 흰흙 선.
嬋 : (15). 고울 선. 아름다울 선. 선연할 선. 이끌릴 선.
嫙 : (14). 예쁠 선. 아름다울 선.
敾 : (16). 다스릴 선. 수선할 선. 고울 선. 사람이름 선.
琁 : (12). 옥 선. 아름다운옥 선.
璇 : (16). 옥 선. 옥 이름 선.
璿 : (19). 구슬 선. 아름다운옥 선.
詵 : (13). 많을 선. 모일 선.
鮮 : (17). 빛날 선. 고울 선. 깨끗할 선. 생선 선.
先 : (06). 앞설 선. 먼저 선.
宣 : (09). 베풀 선. 널리 선. 펼 선.
珗 : (11). 옥돌 선.
瑄 : (14). 큰구슬 선.

설 〈음령오행 : 金. 火〉

薛 : (19). 쑥 설. 맑은대쑥 설. 나라이름 설.
設 : (11). 베풀 설. 세울 설. 찾을 설.
䕎 : (17). 향풀 설. 향기로울풀 설.
偰 : (11). 맑을 설. 깨끗할 설.

섬 〈음령오행 : 金. 水〉

暹 : (16). 해돋을 섬. 나아갈 섬.
陝 : (15). 땅이름 섬.
贍 : (20). 넉넉할 섬.

섭 〈음령오행 : 金. 水〉

燮 : (17). 불꽃 섭. 화할 섭.
紗 : (14). 비단 섭.

성 〈음령오행 : 金. 土〉

娍 : (10). 아름다울 성. 여자이름 성. 헌걸찰 성.
成 : (07). 이룰 성. 될 성.
晟 : (11). 밝을 성.
盛 : (12). 성할 성. 많을 성. 담을 성.
誠 : (14). 정성 성. 진실 성.
省 : (09). 볼 성. 살필 성.
性 : (09). 성품 성. 바탕 성.
惺 : (13). 영리할 성. 깨달을 성.
聖 : (13). 거룩할 성. 성인 성.
城 : (10). 성곽 성.
珹 : (12). 옥이름 성.
瑆 : (14). 옥빛 성.
聲 : (15). 귀밝을 성. 들을 성.
胜 : (12). 넉넉할 성. 재물 성.

세 〈음령오행 : 金〉

世 : (05). 인간 세. 세대 세. 세상 세. 평생 세.
勢 : (13). 권세 세. 형세 세. 위세 세. 기세 세.
細 : (11). 가늘 세. 잘 세. 자세할 세.
忕 : (07). 익힐 세. 익숙할 세.

소 〈음령오행 : 金〉

召 : (05). 부를 소. 알릴 소.
沼 : (09). 늪 소. 못 소.
炤 : (09). 밝을 소.
玿 : (10). 아름다울옥 소.
紹 : (11). 이을 소. 소개할 소.
蘇 : (22). 깨어날 소. 회생할 소. 나라이름 소.
卲 : (07). 높을 소. 뛰어날 소. 훌륭할 소.
邵 : (12). 높을 소. 땅이름 소. 고을이름 소.
韶 : (14). 풍류 소. 아름다울 소.
愫 : (14). 정성 소. 진정 소.
佋 : (07). 도울 소. 소개할 소. 이을 소.
劭 : (07). 힘쓸 소. 아름다울 소.
傃 : (12). 향할 소.
疏 : (11). 글 소. 소통할 소.
璅 : (16). 옥돌 소.
穌 : (16). 기뻐할 소. 깨어날 소.

속 〈음령오행 : 金. 木〉

謖 : (17). 뛰어날 속. 일어날 속.
洓 : (11). 물이름 속.

손 〈음령오행 : 金. 火〉

蓀 : (16). 향초 손.
遜 : (17). 겸손할 손.

솔 〈음령오행 : 金. 火〉

率 : (11). 거느릴 솔. 앞장설 솔. 인도할 솔.
衛 : (17). 인도할 솔. 거느릴 솔.

송 〈음령오행 : 金. 土〉

淞 : (12). 물이름 송. 강이름 송.
誦 : (14). 욀 송. 외울 송. 암송할 송.
頌 : (13). 기릴 송. 칭송할 송. 문체이름 송.
宋 : (07). 나라 송.
竦 : (12). 공경할 송.
憽 : (17). 똑똑할 송.

수 〈음령오행 : 金〉

修 : (10). 닦을 수. 익힐 수.
樹 : (16). 나무 수. 심을 수. 세울 수.

琇 : (12). 옥돌 수. 아름다울 수.
秀 : (07). 빼어날 수. 성장할 수. 꽃필 수.
粹 : (14). 순전할 수. 정할 수. 순수할 수. 아름다울 수.
繡 : (19). 수놓을 수. 비단 수.
茱 : (12). 수유 수. 수유나무 수. 나무이름 수.
藪 : (21). 수풀 수. 늪 수. 덤불 수.
遂 : (16). 이룰 수. 따를 수. 성취할 수. 통달할 수.
隋 : (17). 나라이름 수.
授 : (12). 가르칠 수. 줄 수.
睟 : (13). 바로볼 수. 눈밝을 수. 윤택할 수.
睢 : (13). 물이름 수.
搜 : (14). 찾을 수. 가릴 수.
綏 : (14). 인끈 수. 끈 수.
收 : (06). 거둘 수. 잡을 수.
璲 : (18). 패옥 수.
瓍 : (21). 구슬 수.
受 : (08). 받을 수. 이을 수.
腄 : (14). 윤택할 수. 윤기있을 수.
殊 : (10). 뛰어날 수. 다를 수. 죽일 수.

숙 〈음령오행 : 金. 木〉

肅 : (13). 엄숙할 숙. 공평할 숙.
熟 : (15). 익을 숙. 성숙할 숙.
塾 : (14). 글방 숙. 서당 숙.
琡 : (13). 구슬 숙. 옥이름 숙.

璹 : (19). 옥이름 숙. 옥그릇 숙.
俶 : (10). 정돈할 숙. 착할 숙. 비로소 숙.

순 〈음령오행 : 金. 火〉

舜 : (12). 임금 순.
徇 : (09). 경영할 순. 부릴 순. 두루 순.
恂 : (10). 정성 순. 믿을 순.
珣 : (11). 옥돌 순.
諄 : (15). 가르칠 순. 도울 순. 정성 순.
醇 : (15). 순수할 순.
洵 : (10). 진실 순. 믿을 순.
淳 : (12). 맑을 순. 순박할 순.

술 〈음령오행 : 金. 火〉

術 : (11). 기술 술. 재주 술. 계략 술.
述 : (12). 기록할 술. 말할 술.
坉 : (08). 높을 술.

숭 〈음령오행 : 金. 土〉

崇 : (11). 높을 숭. 우뚝솟을 숭.

습 〈음령오행 : 金. 水〉

習 : (11). 익힐 습. 연습 습.

슬 〈음령오행 : 金. 火〉

瑟 : (14). 비파 슬. 악기 이름 슬. 큰거문고 슬.
瑟 : (18). 아름다운옥 슬. 푸른구슬 슬.
虉 : (21). 적청색 슬. 붉고푸를 슬.
琒 : (16). 푸른구슬 슬.

승 〈음령오행 : 金. 土〉

丞 : (06). 이을 승. 도울 승. 벼슬이름 승.
乘 : (10). 탈 승. 오를 승. 의지할 승. 곱할 승.
承 : (08). 이을 승. 계승할 승. 받들 승.
陞 : (15). 나아갈 승. 오를 승.
氶 : (08). 도울 승. 공경할 승.
阩 : (16). 해돋을 승..

시 〈음령오행 : 金〉

始 : (08). 처음 시. 근본 시.
恃 : (10). 믿을 시. 어미 시.
施 : (09). 베풀 시. 줄 시. 은혜 시.
是 : (09). 옳을 시. 바로잡을 시. 이 시.
示 : (05). 보일 시. 지시할 시.
偲 : (11). 굳셀 시. 재주많을 시.
視 : (12). 볼 시. 살필 시. 보일 시.
詩 : (13). 글 시.
泜 : (09). 고을이름 시.

偲 : (13). 겸손할 시.
眡 : (09). 다스릴 시. 볼 시.

식 〈음령오행 : 金. 木〉

拭 : (10). 닦을 식. 지을 식.
寔 : (12). 참 식. 진실로 식.
式 : (06). 의식 식. 법 식.
識 : (19). 알 식. 지식 식. 판별할 식.
殖 : (12). 번성할 식. 번식할 식.
湜 : (13). 맑을 식. 물맑을 식.

신 〈음령오행 : 金. 火〉

伸 : (07). 펼 신. 늘일 신. 말할 신.
信 : (09). 믿을 신. 편지 신. 소식 신. 진실 신.
宸 : (10). 집 신. 대궐 신. 하늘 신.
愼 : (14). 삼갈 신. 정성스럴 신. 진실 신.
晨 : (11). 새벽 신. 샛별 신.
紳 : (11). 띠 신. 벼슬아치 신. 점잖은사람 신.
莘 : (13). 풀이름 신. 약이름 신. 나라이름 신.
頤 : (15). 눈크게뜨고볼 신.
璶 : (19). 옥돌 신.
姺 : (09). 나라이름 신.

심 〈음령오행 : 金. 水〉

潯 : (16). 강이름 심. 물가 심.
諶 : (16). 참 심. 믿을 심.
沁 : (08). 물이름 심.
深 : (12). 깊을 심. 짙을 심.

실 〈음령오행 : 金. 火〉

室 : (09). 집 실. 방 실. 아내 실. 별 이름 실.
悉 : (11). 다 실. 갖출 실. 펼 실. 깨달을 실. 다할 실.

아 〈음령오행 : 土〉

妸 : (08). 아름다울 아. 고울 아.
娥 : (10). 계집 아. 예쁠 아. 미녀 아.
峨 : (10). 높을 아. 산높을 아. 산이름 아. 위엄있을 아.
我 : (07). 나 아. 우리 아.
芽 : (10). 움 아. 싹 아. 처음 아.
莪 : (13). 쑥 아. 약초이름 아.
阿 : (13). 언덕 아. 아름다울 아.
雅 : (12). 바를 아. 맑을 아. 아담할 아. 아리따울 아.
婀 : (11). 아리따울 아. 날씬할 아. 머뭇거릴 아.
哦 : (10). 읊을 아.
衙 : (13). 마을 아. 관청 아.
兒 : (08). 아이 아.

악 〈음령오행 : 土. 木〉

諤 : (16). 직언할 악.
渥 : (13). 윤택할 악. 짙을 악. 두터울 악.
鄂 : (16). 땅이름 악. 나타날 악. 한계 악.

안 〈음령오행 : 土. 火〉

岸 : (08). 언덕 안. 높을 안. 기슭 안. 낭떠러지 안.
鞍 : (15). 안장 안. 안장지울 안.
案 : (10). 생각할 안. 기안할 안. 책상 안.
姲 : (09). 여자이름 안.
婩 : (11). 고울 안.
鴈 : (16). 불빛 안. 불 안.

암 〈음령오행 : 土. 水〉

馣 : (17). 향기로울 암. 향기 암.
諳 : (16). 암송할 암. 기억할 암. 알 암.

앙 〈음령오행 : 土. 土〉

泱 : (09). 깊을 앙. 광대할 앙. 끝없을 앙. 가득찰 앙.
仰 : (06). 높을 앙. 우러러볼 앙.
央 : (05). 가운데 앙. 넓을 앙.
秧 : (10). 심을 앙. 재배할 앙.
昂 : (08). 밝을 앙. ※ 昻 글자로 쓰면 (09)획이 됨.

盎 : (10). 성할 앙. 넘칠 앙.

애 〈음령오행 : 土〉

厓 : (08). 언덕 애.
藹 : (22). 우거질 애. 윤택할 애. 열매많이열릴 애.
藄 : (19). 성할 애. 향내날 애.
焫 : (11). 빛날 애.
涯 : (12). 물가 애. 근처 애. 끝 애.
漄 : (15). 물가 애. 물 애. 물언덕 애.
賹 : (15). 넉넉할 애. 사람이름 애.

앵 〈음령오행 : 土. 土〉

嫈 : (13). 예쁠 앵. 아름다울 앵.

야 〈음령오행 : 土〉

倻 : (11). 나라이름 야. 땅이름 야.
椰 : (13). 야자 야. 야자나무 야.
野 : (11). 들 야. 성밖 야. 분야 야. 질박할 야.
冶 : (07). 단련할 야. 꾸밀 야.

약 〈음령오행 : 土. 木〉

爚 : (21). 빛 약. 밝고빛날 약.

양 〈음령오행 : 土. 土〉

揚 : (13). 날릴 양. 떨칠 양. 높일 양. 나타날 양. 오를 양.
暘 : (13). 밝을 양. 해돋이 양. 말릴 양.
楊 : (13). 버들 양. 버드나무 양.
洋 : (10). 바다 양. 물결 양. 넓을 양.
煬 : (13). 불땔 양. 쬘 양. 말릴 양. 녹일 양. 향할 양.
陽 : (17). 볕 양. 해 양. 밝을 양.
養 : (15). 기를 양. 가르칠 양. 봉양할 양.
穰 : (22). 풍년 양. 넉넉할 양.
漾 : (15). 물이름 양. 물결 양.
瀁 : (19). 물이름 양. 넓을 양.

어 〈음령오행 : 土〉

語 : (14). 말할 어. 말씀 어. 논란할 어. 도리 어.
魚 : (11). 물고기 어.

억 〈음령오행 : 土. 木〉

億 : (15). 억 억. 많을 억.
憶 : (17). 생각 억. 기억할 억.

언 〈음령오행 : 土. 火〉

彦 : (09). 선비 언. 클 언. 뛰어날 언.
鄢 : (18). 고을이름 언. 땅이름 언.

嫣 : (14). 예쁠 언. 아름다울 언.

■얼■ 〈음령오행 : 土. 火〉

臬 : (09). 땅이름 얼.

■엄■ 〈음령오행 : 土. 水〉

俺 : (10). 나 엄. 자신 엄. 클 업.
龑 : (20). 높고밝을 엄. 고명할 엄.
儼 : (22). 근엄할 엄. 의젓할 엄.
嚴 : (20). 엄할 엄. 엄숙할 엄.

■업■ 〈음령오행 : 土. 水〉

鄴 : (20). 땅이름 업.
業 : (16). 웅장할 업. 산높을 업.

■여■ 〈음령오행 : 土〉

余 : (07). 나 여. 나자신 여.
如 : (06). 같을 여. 어찌 여. 따를 여.
璵 : (19). 옥 여. 옥돌 여. 보배옥 여. 아름다운옥 여.
茹 : (12). 연할 여. 기를 여. 받을 여. 채소 여. 먹을 여.
輿 : (17). 많을 여. 수레 여.
與 : (14). 더불어 여. 무리 여.
汝 : (07). 물이름 여. 너 여.
餘 : (16). 여유 여. 남을 여.

역 〈음령오행 : 土. 木〉

嶧 : (16). 산 이름 역.
繹 : (19). 통할 역. 당길 역. 다스릴 역.
晹 : (12). 볕날 역. 해밝을 역.
懌 : (17). 기뻐할 역.
域 : (11). 구역 역. 지경 역.
譯 : (20). 번역할 역. 통역할 역.

연 〈음령오행 : 土. 火〉

姸 : (10). 빛날 연. 환할 연. 예쁠 연.
宴 : (10). 잔치 연. 즐길 연. 편안할 연.
涓 : (11). 물방울 연. 시내 연. 벼슬이름 연.
淵 : (13). 못 연. 깊을 연. 고요할 연.
然 : (12). 그럴 연. 그러할 연. 옳을 연.
燕 : (16). 나라 연. 제비 연. 편안할 연. 잔치 연. 아름다울 연.
瑌 : (14). 옥돌 연.
軟 : (11). 부드러울 연. 연할 연.
兗 : (09). 바를 연. 단정할 연. 땅이름 연.
莚 : (13). 풀이름 연. 자랄 연. 뻗을 연.
延 : (07). 늘일 연. 끌 연. 이을 연.
挻 : (11). 이끌 연. 당길 연.
娟 : (10). 어여쁠 연. 고울 연.
曣 : (20). 더울 연. 청명할 연.
妍 : (09). 고울 연. 사랑스러울 연.

嬿 : (19). 아름다울 연. 안존할 연.
研 : (11). 연구할 연.
衍 : (09). 넓을 연. 퍼질 연.
涊 : (13). 물이름 연.
演 : (15). 펼 연. 넓을 연. 윤택할 연.
嬿 : (15). 여자모습 연. 아리따운자태 연.

▌열▐ 〈음령오행 : 土. 火〉

悅 : (11). 기쁠 열. 기뻐할 열. 즐거울 열. 사랑할 열.
閱 : (15). 지낼 열. 볼 열. 살필 열. 읽을 열. 갖출 열. 거느릴 열.
熱 : (15). 더울 열. 더욱 열.
澧 : (16). 물흐를 열.

▌염▐ 〈음령오행 : 土. 水〉

苒 : (11). 우거질 염. 성할 염.
艶 : (19). 고울 염. 광택 염.
琰 : (13). 비취옥 염.

▌엽▐ 〈음령오행 : 土. 水〉

曄 : (16). 빛날 엽. 성할 엽. 엽.
燁 : (16). 빛날 엽. 번쩍거릴 엽.
爗 : (20). 빛날 엽. 환할 엽.

영 〈음령오행 : 土. 土〉

永 : (05). 길 영. 오랠 영. 깊을 영.
渶 : (13). 맑을 영. 물맑을 영. 강이름 영.
潁 : (15). 물이름 영.
穎 : (16). 빼어날 영. 훌륭할 영. 이삭 영.
煐 : (13). 빛날 영. 사람이름 영.
瑛 : (14). 옥광채 영. 옥빛 영.
鍈 : (17). 방울소리 영.
郢 : (14). 땅이름 영.
栐 : (09). 나무이름 영.
映 : (09). 비출 영. 비칠 영.
營 : (17). 경영할 영. 다스릴 영. 헤아릴 영.
盈 : (09). 찰 영. 가득찰 영. 넘칠 영.
瀛 : (20). 바다 영. 큰바다 영.
嬰 : (21). 지킬 영.
䁁 : (12). 똑바로볼 영.

예 〈음령오행 : 土〉

汭 : (08). 물가 예. 물속 예.
芮 : (10). 나라 예. 나라이름 예.
藝 : (21). 재주 예. 기술 예. 학문 예. 기예 예.
譽 : (21). 기릴 예. 명예 예. 바로잡을 예.
霓 : (16). 무지개 예.
珋 : (10). 옥돌 예.

蓺 : (17). 심을 예.
叡 : (16). 밝을 예. 명철할 예.
嫕 : (14). 유순할 예.
郳 : (15). 나라이름 예.
羿 : (09). 평탄할 예. 사람이름 예.
詣 : (13). 이를 예. 나아갈 예.
瘱 : (16). 편안할 예. 고요할 예.
埶 : (15). 심을 예.
嬖 : (15). 다스릴 예. 편안할 예.
藝 : (19). 아름다울 예.

오 〈음령오행 : 土〉

娛 : (10). 즐길 오. 즐거워할 오. 안정될 오.
晤 : (11). 밝을 오. 만날 오.
梧 : (11). 오동나무 오. 장대할 오.
珸 : (12). 옥돌 오. 아름다운돌 오.
浯 : (11). 물이름 오.
澳 : (17). 깊을 오. 물이름 오.
莫 : (13). 풀이름 오.
旿 : (08). 대낮 오. 낮 오.
俉 : (09). 맞이할 오. 맞을 오.
隞 : (20). 높을 오. 높고클 오. 굵을 오.
塢 : (13). 마을 오. 보루 오. 둑 오.
吳 : (07). 나라이름 오.
唔 : (10). 글읽을 오.

옥 〈음령오행 : 土. 木〉

鈺 : (13). 금 옥. 보배 옥.

온 〈음령오행 : 土. 火〉

溫 : (14). 따뜻할 온. 순수할 온. 익힐 온.
瑥 : (15). 사람이름 온.
穩 : (19). 평온할 온. 편안할 온.
韞 : (19). 향기로울 온.
蘊 : (22). 쌓을 온. 모을 온.
氳 : (14). 기운 왕성할 온.
穩 : (15). 번성할 온. 향기로울 온.
溫 : (10). 따뜻할 온. 어질 온.

옹 〈음령오행 : 土. 土〉

蓊 : (16). 우거질 옹. 성할 옹.
雝 : (21). 화평할 옹.
雍 : (13). 화목할 옹. 화할 옹.
顒 : (18). 공평할 옹. 엄숙할 옹. 우러를 옹.

완 〈음령오행 : 土. 火〉

垸 : (10). 바를 완. 칠할 완.
婠 : (11). 점잖을 완. 품성좋을 완. 예쁠 완.
梡 : (11). 나무이름 완.

玩 : (09). 보배 완. 구슬 완.
琬 : (13). 서옥 완. 아름다운옥 완.
莞 : (13). 웃을 완. 왕골 완.
妧 : (07). 좋을 완. 고울 완.
岏 : (07). 가파를 완. 산높을 완.
完 : (07). 완전할 완.

왕 〈음령오행 : 土. 土〉

旺 : (08). 왕성할 왕. 성할 왕.
汪 : (08). 넓을 왕. 많을 왕. 연못 왕. 바다 왕.

왜 〈음령오행 : 土〉

娃 : (09). 예쁠 왜. 미인 왜.

외 〈음령오행 : 土〉

巍 : (21). 높을 외. 높고클 외

요 〈음령오행 : 土〉

堯 : (12). 임금 요. 높을 요.
姚 : (09). 예쁠 요. 날랠 요.
嶢 : (15). 높을 요. 산이름 요.
耀 : (20). 빛 요. 빛날 요. 빛낼 요.
要 : (09). 중요 요. 구할 요. 모을 요. 기다릴 요.

饒 : (21). 넉넉할 요. 많을 요. 기름질 요. 너그러울 요.
燿 : (18). 비칠 요. 빛날 요. 빛 요.
嬈 : (15). 예쁠 요. 아름다울 요. 번거로울 요.
曜 : (18). 빛날 요. 요일 요.
瑤 : (15). 옥 요. 아름다운옥 요.
暚 : (14). 밝을 요. 햇빛 요.

용 〈음령오행 : 土. 土〉

勇 : (09). 날랠 용. 용맹할 용. 과감할 용. 강할 용.
庸 : (11). 떳떳할 용. 쓸 용. 화할 용.
榕 : (14). 나무이름 용. 용나무 용. 보리수 용.
瑢 : (15). 옥소리 용. 패옥소리 용.
茸 : (12). 녹용 용. 무성할 용. 아름다울 용.
蓉 : (16). 부용 용. 연꽃 용. 목련 용.
踊 : (14). 도약할 용. 오를 용. 뛸 용.
容 : (10). 형용 용. 얼굴 용. 용납할 용.
峪 : (13). 우뚝할 용. 산이름 용.
用 : (05). 쓸 용. 쓰일 용.
涌 : (11). 물솟을 용.

우 〈음령오행 : 土〉

友 : (04). 벗 우. 벗할 우. 우애 우.
旴 : (07). 클 우. 해뜰 우.
禑 : (14). 복 우. 사람이름 우.

禹 : (09). 임금 우. 하우씨 우.
遇 : (16). 만날 우. 맞설 우. 대접할 우.
釪 : (11). 악기이름 우. 바리때 우.
扜 : (07). 지휘할 우. 가질 우. 당길 우. 끌어들일 우.
圩 : (06). 언덕 우. 웅덩이 우. 오목할 우.
祐 : (10). 도울 우. 다행할 우. 행복 우.
宇 : (06). 집 우. 세계 우. 하늘 우.
佑 : (07). 도울 우.
俁 : (09). 클 우. 장대할 우.
優 : (17). 뛰어날 우. 넉넉할 우.
邘 : (10). 나라이름 우.
玗 : (08). 옥돌 우.
瑀 : (14). 패옥 우. 옥돌 우.
惆 : (13). 기쁠 우.

욱 〈음령오행 : 土. 木〉

彧 : (10). 무성할 욱. 문채 욱. 빛날 욱.
旭 : (06). 밝을 욱. 빛날 욱. 해돋을 욱.
昱 : (09). 빛날 욱. 햇빛밝을 욱.
頊 : (14). 구슬 욱. 삼갈 욱. 명할 욱. 굽신거릴 욱.
煜 : (13). 불꽃 욱. 빛날 욱.
勖 : (11). 힘쓸 욱.
郁 : (13). 성할 욱. 빛날 욱.

운 〈음령오행 : 土. 火〉

云 : (04). 이를 운. 말할 운. 친할 운.
会 : (07). 높을 운. 클 운.
賱 : (16). 넉넉할 운.
運 : (16). 옮길 운. 운전할 운. 부릴 운. 나를 운. 운수 운.
韻 : (19). 운 운. 운치 운. 울림 운. 소리 운.
惲 : (13). 중후할 운. 도타울 운.
橒 : (16). 나무이름 운.
鄖 : (17). 나라이름 운.

울 〈음령오행 : 土. 火〉

菀 : (14). 무성할 울.
蔚 : (17). 고을 울. 땅이름 울.

웅 〈음령오행 : 土. 土〉

熊 : (14). 곰 웅.

원 〈음령오행 : 土. 火〉

元 : (04). 으뜸 원. 처음 원. 시작 원. 근본 원.
原 : (10). 언덕 원. 둔덕 원. 근원 원. 근본 원.
園 : (13). 동산 원. 뜰 원. 밭 원. 능 원.
媛 : (12). 어여쁠 원. 예쁠 원. 궁여 원. 젊은여자 원.
愿 : (14). 성실할 원. 정성 원. 삼갈 원. 바랄 원.

湲 : (13). 흐를 원. 물흐를 원. 맑을 원.
源 : (14). 근원 원.
瑗 : (14). 구슬 원. 옥고리 원.
苑 : (11). 동산 원. 나무무성할 원.
諼 : (17). 기꺼울 원. 끊임없을 원. 천천히말할 원.
願 : (19). 바랄 원. 소망 원. 사모할 원.
援 : (13). 도울 원. 끌 원.
俇 : (10). 기쁠 원. 즐거울 원. 권할 원.
嫄 : (13). 여자이름 원.
院 : (15). 집 원.
邍 : (23). 넓은들 원. 넓은언덕 원.
沅 : (08). 물이름 원.

│월│ 〈음령오행 : 土. 火〉

越 : (12). 건널 월. 넘칠 월. 넘을 월. 뛰어날 월.

│위│ 〈음령오행 : 土〉

渭 : (13). 물이름 위. 강이름 위. 위수 위.
瑋 : (14). 구슬 위. 옥이름 위. 아름다울 위.
褘 : (15). 아름다울 위. 향낭 위.
葳 : (15). 우거질 위. 무성할 위.
位 : (07). 지위 위. 자리 위. 벼슬 위.
偉 : (11). 위대할 위. 훌륭할 위. 클 위.
暐 : (13). 빛날 위. 햇빛 위.

衛 : (16). 호위 위. 지킬 위.
魏 : (18). 나라이름 위.
委 : (08). 맡길 위. 의젓할 위.
威 : (09). 세력 위. 위엄 위.
尉 : (11). 벼슬 위. 위로할 위.
韙 : (18). 바를 위. 옳을 위. 좋을 위.
暐 : (21). 환할 위. 활짝필 위.

유 〈음령오행 : 土〉

侑 : (08). 권할 유. 너그러울 유. 보답할 유.
儒 : (16). 선비 유. 유교 유. 부드러울 유.
柔 : (09). 부드러울 유. 순할 유. 편안할 유.
楡 : (13). 느릅나무 유.
洧 : (10). 물이름 유. 강이름 유.
裕 : (13). 넉넉할 유. 너그러울 유.
釉 : (12). 윤 유. 윤택 유. 광택 유. 빛날 유.
姷 : (11). 예쁠 유. 아리따울 유.
囿 : (09). 동산 유. 정원 유.
宥 : (09). 너그러울 유. 도울 유. 용서할 유.
庾 : (12). 곡식창고 유.
悠 : (11). 고요할 유.
惟 : (12). 생각할 유. 오직 유.
愉 : (13). 기뻐할 유. 즐거울 유.
俞 : (09). 맑을 유.
逌 : (14). 웃을 유.

踰 : (16). 이길 유. 넘을 유. 건널 유.
瑜 : (14). 옥빛 유. 옥 유.
有 : (06). 있을 유.
喩 : (12). 깨우칠 유. 비유할 유. 좋아할 유.
猷 : (12). 열매많이열릴 유.
曘 : (18). 햇빛 유.
瑈 : (14). 옥이름 유.
渘 : (13). 물이름 유.
珛 : (13). 옥돌 유.

육 〈음령오행 : 土. 木〉

堉 : (11). 기름진땅 육.
育 : (10). 기를 육.

윤 〈음령오행 : 土. 火〉

允 : (04). 믿을 윤. 진실로 윤. 허락할 윤. 마땅할 윤. 맏 윤.
潤 : (16). 젖을 윤. 윤택할 윤. 불을 윤.
玧 : (09). 옥빛 윤. 붉을 윤. 붉은옥 윤.
昀 : (08). 햇빛 윤. 빛날 윤.
橍 : (16). 나무이름 윤.
瀹 : (15). 물깊을 윤.

율 〈음령오행 : 土. 火〉

聿 : (06). 붓 율. 마침내 율. 따를 율. 스스로 율.

燏 : (16). 빛날 율.
潏 : (16). 물흐를 율.

|융| 〈음령오행 : 土. 土〉

融 : (16). 밝을 융. 화할 융. 화합할 융. 융통할 융.
瀜 : (20). 깊을 융. 물깊을 융.

|은| 〈음령오행 : 土. 火〉

恩 : (10). 은혜 은. 사랑할 은. 인정 은.
珢 : (11). 옥돌 은. 옥무늬 은.
誾 : (15). 온화할 은. 화평할 은. 즐거울 은.
憖 : (14). 은근할 은. 공손할 은. 근심 은.
鄞 : (18). 땅이름 은. 고을이름 은.
蒑 : (16). 풀이름 은.
蒽 : (16). 풀빛푸른 은.
圻 : (07). 언덕 은. 지경 은.
訢 : (11). 화평할 은. 공손할 은.
璁 : (15). 옥 은. 사람이름 은.
溵 : (14). 물이름 은.

|음| 〈음령오행 : 土. 水〉

愔 : (13). 화평할 음. 조용할 음.
音 : (09). 소식 음. 소리 음.
馨 : (20). 화음소리 음.

읍 〈음령오행 : 土. 水〉

邑 : (07). 마을 읍. 고을 읍. 도읍 읍.

응 〈음령오행. 土. 土〉

應 : (17). 응할 응. 응당 응.

의 〈음령오행 : 土〉

儀 : (15). 본받을 의. 거동 의. 법도 의. 본보기 의. 예의 의.
宜 : (08). 마땅할 의. 옳을 의. 화목할 의. 아름다울 의.
毅 : (15). 굳셀 의. 의지강할 의. 과감할 의.
誼 : (15). 정의 의. 옳을 의. 도리 의. 도타울 의.
漪 : (15). 물가 의. 물놀이 의. 큰물결 의.
椅 : (12). 오동나무 의.
意 : (13). 생각 의. 뜻 의.
猗 : (12). 온순할 의. 아름다울 의.
欹 : (12). 거룩할 의.
議 : (20). 의논할 의.
妡 : (09). 빛날 의. 여자이름 의.

이 〈음령오행 : 土〉

怡 : (09). 기쁠 이. 화할 이. 온화할 이.
珥 : (11). 귀고리 이. 햇무리 이.
肄 : (13). 익힐 이. 노력할 이. 살펴볼 이.

貽 : (12). 줄 이. 증여 이. 끼칠 이.
肄 : (08). 근본 이. 이를 이.
迤 : (12). 넓을 이. 고을이름 이.
廙 : (14). 공경할 이. 삼갈 이.
姬 : (09). 처녀 이. 여자이름 이.
胹 : (12). 힘줄강할 이.
媐 : (12). 기쁠 이. 즐거워할 이.

익 〈음령오행 : 土. 木〉

益 : (10). 더할 익. 이익 익. 유익할 익.
翊 : (11). 도울 익. 공경할 익.
謚 : (17). 웃을 익.
熤 : (15). 사람이름 익.

인 〈음령오행 : 土. 火〉

印 : (06). 새길 인. 도장 인. 찍을 인. 묻을 인.
因 : (06). 까닭 인. 인할 인. 이어받을 인. 유래 인.
絪 : (12). 기운 인. 기운왕성할 인. 자리 인.
認 : (14). 알 인. 인정할 인. 허락할 인.
夤 : (14). 공손할 인. 공경할 인. 조심할 인.
引 : (04). 당길 인. 이끌 인.
諲 : (16). 공경할 인.
氤 : (10). 기운 인.
靭 : (12). 질길 인.

일 〈음령오행 : 土. 火〉

佚 : (07). 편할 일. 숨을 일. 아름다울 일. 허물 일. 실수 일.
逸 : (15). 뛰어날 일. 편안 일. 달아날 일.
壹 : (12). 한 일. 하나 일. 오직 일.

임 〈음령오행 : 土. 水〉

飪 : (13). 익힐 임. 떡국 임. 잘익은음식 임.
稔 : (13). 풍년들 임.
恁 : (10). 믿을 임. 생각할 임.
訫 : (11). 생각할 임.

잉 〈음령오행 : 土. 土〉

剩 : (12). 넉넉할 잉. 남을 잉.

자 〈음령오행 : 金〉

孜 : (07). 부지런할 자. 힘쓸 자. 사랑할 자.
慈 : (14). 인자할 자. 어머니 자. 사랑할 자.
滋 : (13). 우거질 자. 번식할 자. 번성할 자. 맛있을 자.
紫 : (11). 붉을 자. 자줏빛 자.
資 : (13). 재물 자. 재화 자. 자본 자.
耔 : (09). 북돋울 자. 김맬 자.
孶 : (13). 부지런할 자. 무성할 자. 낳을 자.
嬨 : (17). 너그러울 자. 너그럽고 순할 자.

秄 : (08). 북돋울 자.
玆 : (12). 무성할 자. 더할 자.
仔 : (05). 자세할 자.
赭 : (16). 붉을 자. 붉은빛 자.
諮 : (16). 자문 자. 물을 자. 상의할 자.
字 : (06). 글자 자. 기를 자.
泚 : (09). 물맑을 자. 물이름 자.

작 〈음령오행 : 金. 木〉

岝 : (08). 산높을 작.
作 : (07). 지을 작. 일할 작. 일으킬 작. 행할 작.
灼 : (07). 밝을 작. 성할 작. 불사를 작.
芍 : (09). 작약 작. 함박꽃 작.
柞 : (09). 나무이름 작. 떡갈나무 작.
綽 : (14). 너그러울 작. 많을 작. 여유 작.
焯 : (12). 밝을 작. 빛날 작.
碏 : (13). 공경할 작. 삼갈 작. 사람이름 작.

잠 〈음령오행 : 金. 水〉

岑 : (07). 봉우리 잠. 높을 잠. 날카로울 잠.

잡 〈음령오행 : 金. 水〉

卡 : (05). 지킬 잡.
磼 : (17). 산높을 잡.

| 장 | 〈음령오행 : 金. 土〉

壯 : (07). 장할 장. 씩씩할 장. 굳셀 장.
奘 : (10). 클 장. 튼튼할 장. 성할 장. 장대할 장.
張 : (11). 베풀 장. 벌일 장. 넓힐 장. 당길 장.
暲 : (15). 밝을 장. 해돋을 장.
樟 : (15). 녹나무 장.
漳 : (15). 물이름 장. 강이름 장.
粧 : (12). 단장할 장. 분장할 장.
薔 : (19). 장미 장.
裝 : (13). 행장 장. 꾸밀 장. 치장할 장. 차릴 장.
鄣 : (18). 고을이름 장. 나라이름 장. 막을 장.
丈 : (03). 길 장. 어른 장. 길이단위 장.
長 : (08). 긴 장. 길 장. 어른 장. 오랠 장.
莊 : (13). 씩씩할 장. 단정할 장.
奬 : (15). 장려할 장. 클 장.
糚 : (17). 단장할 장. 꾸밀 장.
蔣 : (17). 나라이름 장. 줄 장.
匠 : (06). 만들 장. 기술자 장. 장인 장.
將 : (11). 장수 장. 나아갈 장.
場 : (12). 장소 장. 마당 장.
章 : (11). 글 장. 문장 장. 밝을 장.
璋 : (16). 구슬 장.
鏘 : (19). 높을 장. 금옥소리 장.

재 〈음령오행 : 金〉

材 : (07). 재목 재. 감 재. 재료 재.
梓 : (11). 가래나무 재. 목수 재. 고향 재.
渽 : (13). 맑을 재. 강이름 재.
財 : (10). 재물 재.
才 : (04). 재주 재. 근본 재.
縡 : (16). 일할 재. 일 재. 실을 재.
扗 : (07). 살 재. 있을 재. 곳 재.
溨 : (14). 물이름 재.
斋 : (09). 집 재. 공경할 재.

쟁 〈음령오행 : 金. 土〉

琤 : (13). 옥소리 쟁.

저 〈음령오행 : 金〉

宁 : (05). 쌓을 저. 저장 저. 멈출 저.
貯 : (12). 쌓을 저. 저축 저. 저장할 저. 행복 저.
楮 : (13). 닥나무 저. 종이 저. 돈 저.
著 : (15). 글지을 저. 편찬 저. 나타날 저. 비축 저.
儲 : (18). 쌓을 저. 저축할 저.

적 〈음령오행 : 金. 木〉

迪 : (12). 나아갈 적. 이끌 적.

適 : (18). 맞을 적. 마땅할 적.
蹟 : (18). 따를 적. 발자취 적.

전 〈음령오행 : 金. 火〉

佺 : (08). 신선이름 전.
全 : (06). 온전할 전. 모두 전. 전부 전.
專 : (11). 오로지 전. 마음대로할 전.
栓 : (10). 나무못 전. 빗장 전.
殿 : (13). 대궐 전. 전각 전. 큰집 전.
田 : (05). 밭 전. 밭갈 전. 사냥할 전.
荃 : (12). 향초 전. 향초이름 전. 겨자 전.
畋 : (09). 밭갈 전. 사냥할 전.
栴 : (10). 향나무 전. 단향목 전.
嫥 : (14). 아름다울 전. 온전할 전. 오로지 전.
餞 : (15). 새길 전. 조각할 전. 깎을 전.
傳 : (13). 옮길 전. 펼 전.
典 : (08). 책 전. 규정 전. 기준 전. 법 전.
琠 : (13). 옥이름 전. 구슬 전.
詮 : (13). 갖출 전. 의논할 전.
錪 : (16). 가마솥 전. 쇠 전. 무거울 전.
腆 : (14). 착할 전. 두터울 전.
澶 : (17). 물이름 전.

절 〈음령오행 : 金. 火〉

浙 : (11). 물이름 절.

접 〈음령오행 : 金. 水〉

接 : (12). 이을 접. 접할 접. 맞을 접.

정 〈음령오행 : 金. 土〉

叮 : (05). 정성스러울 정. 부탁할 정. 물을 정.
井 : (04). 우물 정. 정자 정. 마을 정. 취락 정.
娗 : (08). 단정할 정. 여자이름 정.
婷 : (12). 예쁠 정. 아름다울 정.
廷 : (07). 공정할 정. 조정 정. 법정 정. 관청 정.
情 : (12). 뜻 정. 정 정. 사랑 정. 진실 정.
政 : (08). 다스릴 정. 정사 정. 법규 정.
整 : (16). 정돈할 정. 가지런할 정. 정제할 정.
晸 : (12). 해뜰 정.
柾 : (09). 나무바를 정. 사람 이름 정.
楨 : (13). 단단한나무 정. 근본 정. 기둥 정. 광나무 정.
炡 : (09). 빛날 정.
淨 : (12). 맑을 정. 깨끗할 정.
湞 : (13). 물이름 정. 강 이름 정.
玎 : (07). 옥소리 정.
禎 : (14). 상서러울 정. 바를 정. 행복 정.
精 : (14). 깨끗할 정. 정할 정. 정신 정.
靖 : (13). 편안할 정. 고요할 정. 다스릴 정.
靚 : (15). 밝을 정. 단장할 정. 안존할 정. 조용할 정.
埩 : (11). 다스릴 정. 못 이름 정. 밭갈 정.

姃 : (07). 안존할 정. 덕스러울 정.
婧 : (11). 정결할 정. 단정할 정. 날씬할 정.
定 : (08). 정할 정. 편안할 정.
庭 : (10). 뜰 정. 집안 정.
挺 : (11). 나아갈 정. 곧을 정. 빼어날 정.
捵 : (12). 펼 정. 펼칠 정.
程 : (12). 과정 정. 길 정. 법식 정.
灯 : (06). 열화 정. 맹렬한불 정.
鼎 : (13). 솥 정. 세발솥 정.
正 : (05). 바를 정.
鄭 : (19). 나라 정. 중할 정.
珵 : (12). 옥돌 정.
諪 : (16). 고를 정. 조정할 정.
頲 : (16). 곧을 정. 사람이름 정.
頴 : (17). 아름다울 정. 연예인 정. 광대 정.
斑 : (12). 옥이름 정.

제 〈음령오행 : 金〉

堤 : (12). 언덕 제. 방죽 제. 둑 제.
悌 : (11). 공경할 제. 공손할 제. 부드러울 제. 화락할 제.
製 : (14). 지을 제. 만들 제.
緹 : (15). 붉을 제. 붉은빛 제. 붉은비단 제.
帝 : (09). 임금 제.
姼 : (09). 예쁠 제. 아름다울 제.

齊 : (14). 나라 제. 모두 제.
制 : (08). 제도 제. 법 제. 지을 제. 억제할 제.
瑅 : (14). 옥이름 제.
諸 : (16). 여러 제. 모두 제.
錦 : (17). 가마솥 제. 쇠이름 제.
濟 : (18). 건널 제. 이룰 제. 구제할 제.

조 〈음령오행 : 金〉

助 : (07). 도울 조. 구조 조. 이룰 조.
措 : (12). 둘 조. 베풀 조. 처리할 조.
朝 : (12). 아침 조. 모일 조. 정사 조. 조정 조.
璪 : (18). 옥무늬 조.
祚 : (10). 복 조. 지위 조. 갚을 조.
繰 : (19). 감색비단 조. 무늬 조.
造 : (14). 지을 조. 만들 조. 세울 조. 꾸밀 조.
遭 : (18). 만날 조. 두를 조. 번 조.
找 : (08). 채울 조. 찾을 조.
操 : (17). 잡을 조. 다룰 조.
早 : (06). 이를 조. 새벽 조.
肇 : (14). 민첩할 조.
趙 : (14). 나라이름 조.
琱 : (13). 옥다듬을 조. 새길 조.
窕 : (11). 안존할 조. 깊을 조. 고울 조.
眺 : (11). 바라볼 조. 조망 조. 살필 조.

족 〈음령오행 : 金. 木〉

族 : (11). 겨레 족. 일가 족. 동류 족.

존 〈음령오행 : 金. 火〉

尊 : (12). 높일 존. 높을 존. 공경할 존.
存 : (06). 있을 존. 물을 존.

종 〈음령오행 : 金. 土〉

倧 : (12). 즐거울 종. 즐길 종. 생각 종.
淙 : (12). 물소리 종. 물댈 종.
琮 : (13). 옥돌 종. 옥이름 종.
樅 : (15). 무성할 종. 전나무 종.
柊 : (09). 나무이름 종. 방망이 종.
種 : (14). 씨 종. 종자 종. 심을 종.
綜 : (14). 모을 종. 자세할 종.
璁 : (16). 옥소리 종.
倧 : (10). 신인(神人) 종.

좌 〈음령오행 : 金〉

座 : (10). 자리 좌. 지위 좌. 위치 좌.
佐 : (07). 도울 좌. 권할 좌.
坐 : (07). 앉을 좌. 지킬 좌. 자리 좌.

주 〈음령오행 : 金〉

周 : (08). 두루 주. 골고루 주. 널리 주. 둘레 주.
姓 : (08). 예쁠 주. 여자이름 주.
姝 : (09). 빛깔고울 주. 예쁠 주. 꾸밀 주. 순종할 주.
宙 : (08). 집 주. 하늘 주. 무한한 주.
朱 : (06). 붉을 주.
株 : (10). 나무 주. 그루 주. 뿌리 주. 주식 주.
注 : (09). 부을 주. 물댈 주. 모을 주. 주의할 주.
洲 : (10). 물가 주. 섬 주. 대륙 주.
炷 : (09). 심지 주. 불사를 주. 향피울 주.
紬 : (11). 명주 주. 모을 주.
湊 : (13). 모일 주. 물모일 주. 항구 주.
拄 : (09). 버틸 주. 떠받칠 주.
赶 : (13). 사람이름 주.
奏 : (09). 나아갈 주. 연주할 주.
絑 : (12). 붉을 주. 붉은비단 주.
住 : (07). 살 주. 머무를 주.
做 : (11). 지을 주. 만들 주.
晭 : (12). 햇빛 주.
輳 : (16). 모일 주.
燽 : (18). 밝을 주. 드러날 주. 현저할 주.
邾 : (13). 나라이름 주.
珠 : (11). 옥 주. 구슬 주.
州 : (06). 고을 주.
晭 : (12). 밝을 주.

준 〈음령오행 : 金. 火〉

俊 : (09). 준걸 준. 뛰어날 준. 큰 준.
准 : (10). 따를 준. 평할 준. 승인할 준.
峻 : (10). 높을 준. 엄할 준. 속할 준. 가파를 준.
晙 : (11). 밝을 준. 이른아침 준. 이를 준.
浚 : (11). 깊을 준. 취할 준. 빼앗을 준.
準 : (14). 법 준. 고를 준. 평평할 준. 비길 준. 같을 준.
焌 : (11). 불땔 준. 불당길 준. 태울 준.
畯 : (12). 농부 준. 권농관 준. 준걸 준.
駿 : (17). 준마 준. 뛰어날 준. 빼어날 준.
睃 : (12). 볼 준.
僔 : (14). 모을 준. 무리 준.
濬 : (18). 깊을 준. 심오할 준.
儁 : (17). 똑똑할 준. 민첩할 준.
燇 : (17). 기쁠 준.
雋 : (18). 빼어날 준. 뛰어날 준.

중 〈음령오행 : 金. 土〉

衆 : (12). 무리 중. 많을 중.

증 〈음령오행 : 金. 土〉

拯 : (10). 도울 증. 건질 증. 구조 증.
增 : (15). 더할 증. 늘릴 증. 많아질 증.

지 〈음령오행 : 金〉

址 : (07). 토대 지. 터 지.
志 : (07). 뜻 지. 뜻할지. 적을지. 기록할 지.
持 : (10). 가질 지. 잡을 지. 지닐 지. 지킬 지.
智 : (12). 지혜 지. 슬기로울 지.
池 : (07). 못 지. 물길 지.
沚 : (08). 물가 지.
漬 : (15). 담글 지. 잠길 지. 젖을 지. 물들 지.
知 : (08). 알 지. 분별할 지. 깨달을 지. 슬기 지. 느낄 지.
祉 : (09). 복 지. 천복(天福) 지.
芝 : (10). 지초 지. 버섯 지.
誌 : (14). 기록 지. 기록할 지. 기억할 지.
鋕 : (15). 새길 지. 명심할 지.
泜 : (08). 가지런할 지. 강 이름 지. 멈출 지.
汦 : (09). 물이름 지. 강이름 지.
榰 : (14). 주춧돌 지. 버틸 지.
至 : (06). 이를 지. 지극할 지.
祗 : (10). 벼익을 지. 존경할 지. 공경할 지.
劧 : (06). 굳건할 지.
阯 : (12). 땅이름 지. 터 지.
祇 : (10). 공경할 지. 존경할지.

직 〈음령오행 : 金. 木〉

禝 : (15). 오곡신 직. 사람이름 직.
直 : (08). 바를 직. 곧을 직.

織 : (18). 만들 직. 짤 직.
職 : (18). 직분 직. 맡을 직. 벼슬 직.

진 〈음령오행 : 金. 火〉

振 : (11). 떨칠 진. 열 진. 떨 진. 진동할 진. 구원할 진.
津 : (10). 나루 진. 언덕 진. 연줄 진.
溱 : (14). 물이름 진. 이를 진. 많을 진. 퍼질 진.
瑱 : (15). 옥이름 진. 귀고리 진.
盡 : (14). 극진할 진. 정성 진. 다할 진.
禛 : (15). 복받을 진.
稹 : (15). 모을 진. 밀접할 진.
秦 : (10). 나라이름 진.
縝 : (16). 고울 진. 찬찬할 진. 맺을 진. 촘촘할 진.
臻 : (16). 이를 진. 도달할 진. 모일 진.
蓁 : (17). 사철쑥 진.
賑 : (14). 넉넉할 진. 줄 진. 구휼할 진.
陣 : (15). 진칠 진.
陳 : (16). 베풀 진. 벌일 진.
珒 : (11). 옥이름 진.
蓁 : (16). 풍성할 진. 우거질 진.
診 : (12). 볼 진. 진찰할 진.
瑨 : (17). 옥돌 진.
趁 : (13). 바를 진.
昣 : (09). 밝을 진.
侲 : (11). 다스릴 진.

跊 : (11). 밝을 진. 명랑할 진.

질 〈음령오행 : 金. 火〉

郅 : (13). 오를 질. 이를 질. 고을이름 질.
秩 : (10). 벼슬 질. 차례 질. 녹봉 질.
瓆 : (20). 사람이름 질.
質 : (15). 바탕 질. 근본 질. 품성 질.
銍 : (13). 이를 질. 오를 질. 고을이름 질.

집 〈음령오행 : 金. 水〉

執 : (11). 잡을 집. 가질 집. 막을 집.
集 : (12). 모을 집. 나아갈 집. 도달 집. 가지런할 집.

징 〈음령오행 : 金. 土〉

瞪 : (17). 직시할 징. 똑바로볼 징.
澂 : (19). 맑을 징.

차 〈음령오행 : 金〉

嵯 : (13). 우뚝솟을 차.
瑳 : (15). 고울 차. 웃을 차. 깨끗할 차.
茶 : (12). 차나무 차.
硨 : (12). 옥돌 차. 조개이름 차.
姹 : (09). 아름다울 차. 자랑할 차. 예쁜여자 차.

韢 : (24). 너그러울 차. 관대할 차.
佽 : (08). 도울 차. 나란할 차. 편리할 차.
磋 : (15). 연마할 차. 닦을 차.

▎찬▎ 〈음령오행 : 金. 火〉

澯 : (17). 맑을 찬. 물맑을 찬.
燦 : (17). 빛날 찬.
璨 : (18). 옥빛 찬. 빛날 찬. 아름다운옥 찬.
粲 : (13). 빛날 찬. 밝을 찬. 깨끗할 찬. 많을 찬. 아름다울 찬. 웃을 찬.
撰 : (16). 가릴 찬. 지을 찬.
纂 : (20). 모을 찬. 편찬할 찬. 이을 찬.

▎찰▎ 〈음령오행 : 金. 火〉

察 : (14). 살필 찰. 자세할 찰.

▎참▎ 〈음령오행 : 金. 水〉

讖 : (24). 예언 참. 비결 참. 조짐 참.
嶄 : (14). 산높을 참. 가파를 참.

▎창▎ 〈음령오행 : 金. 土〉

彰 : (14). 빛날 창. 밝을 창. 나타낼 창. 무늬 창.
敞 : (12). 넓을 창. 드러날 창. 시원할 창. 높을 창.
暢 : (14). 화창할 창. 통할 창. 자랄 창. 펼 창.

滄 : (14). 바다 창. 강이름 창. 푸를 창. 찰 창.
蒼 : (16). 푸를 창. 무성할 창.
瑲 : (15). 옥소리 창. 방울소리 창.
淐 : (12). 물이름 창.

채 〈음령오행 : 金〉

彩 : (11). 채색 채. 채색할 채. 빛 채. 빛날 채. 무늬 채.
綵 : (14). 비단 채. 채색 채. 무늬 채.
菜 : (14). 나물 채.
棌 : (12). 참나무 채. 생나무 채.
娞 : (11). 여자이름 채.
采 : (08). 취할 채. 캘 채.
採 : (12). 가려낼 채. 캘 채.
蔡 : (17). 복받을 채. 나라이름 채.
琗 : (13). 찬란할 채. 옥문채 채.

처 〈음령오행 : 金〉

處 : (11). 곳 처. 머무를 처.
郪 : (15) 땅이름 처.
萋 : (14). 무성할 처.

척 〈음령오행 : 金. 木〉

倜 : (10). 뛰어날 척. 대범할 척. 높이들 척.
陟 : (15). 오를 척. 올릴 척. 나아갈 척.

撫 : (15). 취할 척. 주울 척.
墌 : (14). 토대 척. 터 척.

천 〈음령오행. 金. 火〉

泉 : (09). 샘 천. 돈이름 천.
玔 : (08). 옥고리 천. 옥팔지 천.
阡 : (11). 언덕 천. 두렁 천.
芊 : (09). 무성할 천. 우거질 천.
蒨 : (16). 우거질 천. 선명한모양 천.
闡 : (20). 밝힐 천. 열 천. 넓힐 천.
䉼 : (18). 근본 천. 하늘 천.

철 〈음령오행 : 金. 火〉

哲 : (10). 밝을 철. 슬기로울 철. 총명할 철.
澈 : (16). 맑을 철. 물맑을 철.
徹 : (15). 관철할 철. 뚫을 철. 통할 철. 사무칠 철.
瞮 : (17). 눈밝을 철.

첨 〈음령오행 : 金. 水〉

詹 : (13). 이를 첨. 도달할 첨. 바라볼 첨. 말많을 첨.
瞻 : (18). 우러러볼 첨. 쳐다볼 첨.

첩 〈음령오행 : 金. 水〉

帖 : (08). 문서 첩. 장부 첩. 편안할 첩.

倢 : (10). 이길 첩. 이로울 첩. 빠를 첩.
怗 : (09). 편안할 첩. 고요할 첩. 따를 첩.

청 〈음령오행 : 金. 土〉

晴 : (12). 갤 청. 맑을 청.
菁 : (14). 우거질 청. 무성할 청. 부추꽃 청.
請 : (15). 청할 청. 물을 청.
靑 : (08). 푸를 청. 동쪽 청. 봄 청.
婧 : (11). 단정할 청. 정결할 청. 날씬할 청.

체 〈음령오행 : 金〉

諦 : (16). 이치 체. 살필 체.
締 : (15). 맺을 체.
玼 : (10). 옥빛 체. 깨끗할 체.

초 〈음령오행 : 金〉

椒 : (12). 산초나무 초. 산꼭대기 초. 산정 초. 향기로울 초.
楚 : (13). 나라 초. 고을 초. 싸리 초. 모형 초.
硝 : (12). 초석 초.
礎 : (18). 주춧돌 초. 기초 초.
草 : (12). 풀 초. 초원 초.
岹 : (08). 산높을 초.
僬 : (14). 밝게볼 초. 명찰할 초. 달릴 초. 난장이 초.
招 : (09). 부를 초.

俏 : (09). 닮을 초. 예쁠 초.
超 : (12). 뛰어날 초. 뛰어넘을 초. 뛸 초.
耖 : (10). 밭갈 초.
鈔 : (11). 좋을 초. 좋은쇠 초.
軇 : (23). 오색빛 초.

▌촉▐ 〈음령오행 : 金. 木〉

蜀 : (13). 고을이름 촉. 나라이름 촉. 배추벌레 촉.
矗 : (24). 우뚝할 촉. 곧을 촉. 우거질 촉.
矚 : (26). 볼 촉. 주시할 촉.
燭 : (17). 밝을 촉. 촛불 촉.
爥 : (25). 비출 촉. 비칠 촉.
曯 : (25). 비칠 촉. 비출 촉.

▌촌▐ 〈음령오행 : 金. 火〉

村 : (07). 마을 촌. 시골 촌.
忖 : (07). 헤아릴 촌. 쪼갤 촌.

▌총▐ 〈음령오행 : 金. 土〉

總 : (17). 모을 총. 거느릴 총.
摠 : (15). 거느릴 총. 묶을 총. 모두 총.
聰 : (17). 총명할 총. 귀밝을 총.
葱 : (17). 우거질 총.

찰 〈음령오행 : 金. 火〉

撮 : (16). 모을 찰. 취할 찰. 집을 찰.

최 〈음령오행 : 金〉

崔 : (11). 높을 최. 헛될 최.
最 : (12). 으뜸 최. 모을 최. 가장 최.
璀 : (16). 찬란할 최. 빛날 최. 옥돌 최.
催 : (13). 열 최. 베풀 최.

추 〈음령오행 : 金〉

湫 : (13). 서늘할 추. 못 추. 늪 추. 강이름 추. 근심할 추.
萩 : (15). 쑥 추. 사철쑥 추.
娵 : (11). 미녀 추. 젊을 추. 별 이름 추.
推 : (12). 천거할 추. 밀 추.
掫 : (13). 모을 추. 거둘 추. 묶을 추.
鄒 : (17). 땅이름 추.

축 〈음령오행 : 金. 木〉

蓄 : (16). 저축 축. 쌓을 축. 모을 축. 기를 축.
築 : (16). 지을 축. 건축 축. 쌓을 축. 다질 축.

춘 〈음령오행 : 金. 火〉

椿 : (13). 나무이름 춘.

瑃 : (14). 옥이름 춘.
賰 : (16). 넉넉할 춘. 부유할 춘.

충 〈음령오행 : 金. 土〉

珫 : (11). 옥돌 충. 귀고리옥 충.
衷 : (10). 참마음 충. 정성 충.
充 : (05). 채울 충. 가득할 충.

취 〈음령오행 : 金〉

取 : (08). 가질 취. 취할 취. 장가들 취.
就 : (12). 나아갈 취. 이룰 취.
聚 : (14). 모을 취. 무리 취. 마을 취.
冣 : (10). 쌓을 취. 모을 취.

측 〈음령오행 : 金. 木〉

測 : (13). 헤아릴 측. 측량할 측.

치 〈음령오행 : 金〉

緻 : (15). 고울 치. 찬찬할 치. 꿰맬 치.
置 : (14). 둘 치. 베풀 치.
致 : (09). 이를 치. 다할 치. 줄 치. 나아갈 치.
哆 : (09). 클 치. 많을 치.
熾 : (16). 성할 치. 불꽃 치. 맹렬할 치.

친 〈음령오행 : 金. 火〉

親 : (16). 친할 친. 가까울 친. 화목할 친.

침 〈음령오행 : 金. 水〉

忱 : (08). 정성 침. 믿음 침. 참마음 침.
梣 : (15). 땅이름 침. 고을이름 침.
琛 : (13). 보배 침. 옥 침.

칭 〈음령오행 : 金. 土〉

秤 : (10). 저울 칭. 공평할 칭.
稱 : (14). 헤아릴 칭. 일컬을 칭. 칭찬할 칭.

쾌 〈음령오행 : 木〉

快 : (08). 쾌할 쾌. 시원할 쾌. 빠를 쾌. 방종할 쾌.

타 〈음령오행 : 火〉

沱 : (09). 물이름 타. 물흐를 타.
妥 : (07). 편안할 타. 온당할 타.
詫 : (13). 자랑할 타. 신통할 타.

탁 〈음령오행 : 火. 木〉

卓 : (08). 뛰어날 탁. 높을 탁. 책상 탁.

倬 : (10). 클 탁. 밝을 탁.
晫 : (12). 밝을 탁. 환할 탁.
琸 : (13). 이름 탁. 사람이름 탁.

탄 〈음령오행 : 火. 火〉

坦 : (08). 넓을 탄. 평탄할 탄. 너그러울 탄.
誕 : (14). 클 탄. 기를 탄. 태어날 탄.
暺 : (16). 밝을 탄.
攤 : (23). 열 탄. 펼 탄.
憻 : (17). 너그러울 탄. 밝을 탄. 편안할 탄. 평평할 탄.

탐 〈음령오행 : 火. 水〉

嘾 : (14). 많을 탐. 소리 탐.
耽 : (10). 즐길 탐. 좋아할 탐.

탕 〈음령오행 : 火. 土〉

碭 : (14). 옥돌 탕.

태 음령오행 : 火

台 : (05). 별 태. 별이름 태. 기를 태.
太 : (04). 클 태. 첫째 태. 처음 태. 콩 태.
汰 : (08). 흐를 태. 적실 태. 씻을 태. 밀릴 태. 사치할 태.
泰 : (09). 클 태. 넉넉할 태. 너그러울 태. 편안할 태.

邰 : (12). 나라이름 태. 땅이름 태.

택 〈음령오행 : 火. 木〉

宅 : (06). 집 택.
擇 : (17). 가릴 택. 고를 택. 뽑을 택.
澤 : (17). 못 택. 은혜 택. 윤택할 택.
垞 : (09). 언덕 택. 성(城)이름 택.

터 〈음령오행 : 火〉

攄 : (19). 펼 터. 오를 터.

퇴 〈음령오행 : 火〉

堆 : (11). 언덕 퇴. 쌓을 퇴.

통 〈음령오행 : 火. 土〉

統 : (12). 거느릴 통. 통치할 통. 합칠 통. 계통 통.
通 : (14). 통할 통. 알릴 통. 내왕 통.
樋 : (15). 나무이름 통.

투 〈음령오행 : 火〉

透 : (14). 투철할 투. 뛰어넘을 투. 통할 투.

∥퉁∥ 〈음령오행 : 火. 土〉

㒲 : (07). 강이름 퉁.

∥특∥ 〈음령오행 : 火. 木〉

特 : (10). 특별할 특.

∥파∥ 〈음령오행 : 水〉

杷 : (08). 비파나무 파.
把 : (08). 지킬 파. 가질 파. 잡을 파.
鄱 : (19). 땅이름 파. 고을이름 파.
灞 : (25). 물이름 파. 물가 파.
葩 : (15). 꽃송이 파.
琶 : (13). 비파 파.

∥판∥ 〈음령오행 : 水. 火〉

坂 : (07). 언덕 판. 늪 판. 고개 판. 산비탈 판.
板 : (08). 널판지 판. 판목 판.
鈑 : (12). 금화 판. 널판지조각 판.
阪 : (12). 언덕 판. 산비탈 판.
辦 : (16). 힘쓸 판. 갖출 판.

∥패∥ 〈음령오행 : 水〉

珮 : (11). 패옥 패. 옥띠 패.

浿 : (11). 물이름 패. 물가 패.
霸 : (21). 으뜸 패. 권세잡을 패. 두목 패.

팽 〈음령오행 : 水. 土〉

彭 : (12). 땅 팽. 나라이름 팽. 많을 팽.

편 〈음령오행 : 水. 火〉

編 : (15). 엮을 편. 책지을 편. 편성 편. 편집 편.
篇 : (15). 책 편. 서책 편. 편액 편.
徧 : (12). 두루 편. 널리 편.

평 〈음령오행 : 水. 土〉

坪 : (08). 들 평. 평평할 평.
泙 : (09). 물소리 평.
評 : (12). 평정할 평. 의논할 평. 평론할 평. 요량할 평

포 〈음령오행 : 水〉

佈 : (07). 펼 포. 두루 포. 알릴 포.
捕 : (11). 잡을 포. 구할 포.
飽 : (14). 가득할 포. 만족할 포. 배부를 포.
誧 : (14). 클 포. 도울 포. 간할 포. 큰소리 포.
葡 : (15). 포도 포. 포도나무 포. 나라이름 포.
抱 : (09). 품을 포. 안을 포. 가질 포.

폭 〈음령오행 : 水. 木〉

曝 : (19). 햇볕쬘 폭. 볕쪼일 폭.

표 〈음령오행 : 水〉

標 : (15). 표할 표. 기록할 표. 나타낼 표.
票 : (11). 표 표. 쪽지 표. 표할 표. 바를 표.
驃 : (21). 굳셀 표. 황마(黃馬) 표. 날쌜 표.
表 : (09). 밖 표. 겉 표. 모습 표. 나타낼 표. 모범 표.
縹 : (17). 옥색 표. 옥색비단 표.

품 〈음령오행 : 水. 水〉

稟 : (13). 바탕 품. 받을 품.
品 : (09). 품성 품. 바탕 품. 등급 품.

풍 〈음령오행. 水. 土〉

豊 : (13). 풍년 풍. 넉넉할 풍. 성할 풍.
楓 : (13). 단풍 풍. 단풍나무 풍.
馮 : (12). 고을이름 풍. 벼슬이름 풍.

필 〈음령오행 : 水. 火〉

弼 : (12). 도울 필. 거듭 필.
筆 : (12). 붓 필. 글씨 필. 글 필. 글쓸 필.

馝 : (14). 향기 필. 향기로울 필.
佖 : (08). 향기로울 필.
苾 : (11). 향기 필. 향내 필. 풀이름 필.
潷 : (15). 샘물 필. 용솟음칠 필. 성할 필.
佖 : (07). 가득할 필. 점잖을 필.
滭 : (12). 샘솟을 필.

하 〈음령오행 : 土〉

河 : (09). 물 하. 강 하. 강이름 하.
賀 : (12). 하례 하. 하례할 하. 위로할 하.
荷 : (13). 연꽃 하.
廈 : (13). 큰집 하.
煆 : (16). 붉을 하. 붉은빛 하.
煆 : (13). 빛날 하. 불사를 하. 말릴 하.
抲 : (09). 지휘할 하.

학 〈음령오행 : 土. 木〉

學 : (16). 배울 학. 본받을 학. 깨달을 학. 학문 학.
嗃 : (13). 엄할 학. 꾸짖을 학.
郝 : (14). 땅이름 학. 고을이름 학.

한 〈음령오행 : 土. 火〉

漢 : (15). 나라 한. 한수 한. 물이름 한. 은하수 한.
瀚 : (20). 넓을 한. 바다 한. 북해 한.

韓 : (17). 나라이름 한. 한국 한.
邗 : (10). 땅이름 한.
橌 : (16). 큰나무 한.
忓 : (07). 착할 한. 아름다울 한.
僩 : (14). 굳셀 한. 위엄스러울 한.
澖 : (16). 넓을 한.
闲 : (16). 익힐 한.

| 함 | 〈음령오행 : 土. 水〉

諴 : (16). 화할 함. 정성 함. 지성 함.
含 : (07). 품을 함. 머금을 함. 넣을 함.
咸 : (09). 두루 함. 다 함.
函 : (08). 글월 함. 편지 함. 함 함.
莟 : (13). 꽃필 함. 꽃봉오리 함.
菡 : (14). 연꽃봉오리 함.

| 합 | 〈음령오행 : 土. 水〉

合 : (06). 합할 합. 모일 합.
郃 : (13). 고을이름 합. 맞을 합. 이치 합.
陜 : (15). 고을 합. 땅이름 합.

| 항 | 〈음령오행 : 土. 土〉

恒 : (10). 항상 항. 떳떳할 항. 정직할 항.
沆 : (08). 물 항. 물흐를 항. 넓을 항.

亢 : (04). 높을 항. 오를 항. 목 항. 목덜미 항.
姮 : (09). 미인 항. 여자이름 항.

해 〈음령오행 : 土〉

偕 : (11). 함께 해. 굳셀 해. 같을 해.
楷 : (13). 본보기 해. 바를 해. 법 해. 나무이름 해.
該 : (13). 그 해. 해당할 해. 마땅할 해. 갖출 해. 넓을 해.
諧 : (16). 화합할 해. 글 이름 해.
垓 : (09). 지경 해. 경계 해.
晐 : (10). 햇빛 해. 비칠 해. 갖출 해. 충분 해. 겸할 해.
瑎 : (14). 옥돌 해. 검은옥돌 해.
祄 : (09). 하늘이도울 해.

핵 〈음령오행 : 土. 木〉

核 : (10). 중심 핵. 씨 핵.
劾 : (08). 힘쓸 핵. 캐물을 핵.

행 〈음령오행 : 土. 土〉

倖 : (10). 다행 행. 요행 행. 아첨할 행. 총애할 행.
杏 : (07). 은행나무 행. 살구나무 행.
荇 : (12). 노랑어리연꽃 행. 마름 행.
涬 : (12). 기운 행. 끌어당길 행. 큰물 행.

▌향▐ 〈음령오행 : 土. 土〉

享 : (08). 누릴 향. 받을 향. 드릴 향.
向 : (06). 향할 향. 대할 향. 나아갈 향.
珦 : (11). 구슬 향. 옥이름 향.
鄕 : (17). 마을 향. 시골 향. 고향 향.
響 : (22). 소리 향. 울릴 향. 음향 향.
晑 : (10). 밝을 향.
嚮 : (19). 향할 향. 나갈 향. 권할 향. 대접 향. 지난번 향.
薌 : (19). 향기 향. 향초 향.

▌허▐ 〈음령오행 : 土〉

許 : (11). 허락 허. 바랄 허. 약속 허.
墟 : (15). 터 허. 언덕 허. 기슭 허.

▌헌▐ 〈음령오행 : 土. 火〉

憲 : (16). 법 헌. 가르칠 헌. 본받을 헌. 민첩할 헌.
櫶 : (20). 나무이름 헌.
憓 : (20). 알 헌. 총명할 헌. 깨달을 헌.

▌혁▐ 〈음령오행 : 土. 木〉

爀 : (18). 빛날 혁. 붉을 혁.
赫 : (14). 붉을 혁. 빛날 혁. 밝을 혁.
焃 : (11). 붉을 혁. 빛날 혁. 밝을 혁. (赫자와 같은 글자).
革 : (09). 가죽 혁. 고칠 혁. 괘 이름 혁.

현 〈음령오행 : 土. 火〉

峴 : (10). 고개 현. 산이름 현.
昡 : (09). 햇빛 현. 일광 현. 당혹할 현.
晛 : (11). 햇살 현. 햇빛 현.
泫 : (09). 물깊을 현. 이슬빛 현. 깊고넓을 현.
炫 : (09). 밝을 현. 빛날 현. 비출 현. 자랑할 현.
玹 : (10). 옥돌 현. 옥이름 현. 옥빛 현.
縣 : (16). 고을 현. 매달 현. 무게달 현. 떨어질 현.
賢 : (15). 어질 현. 착할 현.
鉉 : (13). 솥귀 현. 고리 현. 삼공의지위 현.
譞 : (20). 영리할 현. 슬기로울 현. 깨달을 현.
玄 : (05). 검을 현. 깊을 현. 오묘할 현. 하늘 현.
呟 : (08). 소리 현.
姃 : (08). 절개있을 현. 여자이름 현.
現 : (12). 나타날 현. 지금 현. 옥빛 현.
琄 : (12). 옥모양 현. 패옥 현.
睍 : (12). 땅이름 현.
儇 : (15). 총명할 현. 민첩할 현. 가릴 현.
嬛 : (16). 정숙할 현. 우아할 현. 산뜻할 현.
灦 : (27). 물 현. 물맑을 현.

혈 〈음령오행 : 土. 火〉

絜 : (12). 헤아릴 혈. 묶을 혈.
趐 : (13). 나아갈 혈. 날아갈 혈.

협 〈음령오행 : 土. 水〉

協 : (08). 화합할 협. 도울 협. 힘합할 협. 맞을 협.
浹 : (11). 젖을 협. 통할 협. 두루미칠 협.
洽 : (08). 화할 협. 젖을 협. 윤택할 협.
愜 : (13). 쾌할 협. 흡족할 협.
悏 : (11). 생각할 협. 뜻맞을 협.
埉 : (10). 물가 협.

형 〈음령오행 : 土. 土〉

亨 : (07). 형통할 형. 드릴 형.
形 : (07). 형상 형. 모양 형. 꼴 형. 얼굴 형.
滎 : (14). 물이름 형. 못이름 형. 물결일 형.
瀅 : (19). 맑을 형. 물맑을 형.
炯 : (09). 밝을 형. 빛날 형.
熒 : (14). 등불 형. 비칠 형. 빛날 형. 밝을 형.
瀅 : (22). 사람이름 형.
邢 : (11). 나라이름 형. 땅이름 형.
馨 : (20). 꽃다울 형. 향기 형. 향기로울 형.
侀 : (08). 이룰 형. 성취할 형.
娙 : (10). 어여쁠 형.

혜 〈음령오행 : 土〉

慧 : (15). 슬기로울 혜. 지혜 혜. 밝을 혜. 민첩할 혜.

憓 : (16). 순할 혜. 유순할 혜. 따를 혜. 사랑할 혜.
暳 : (15). 반짝거릴 혜. 별반짝일 혜.
蕙 : (18). 아름다울 혜. 난초 혜. 혜초 혜. 향초 혜.
譓 : (22). 슬기로울 혜. 재주와슬기 혜.
惠 : (12). 은혜 혜. 인자할 혜. 줄 혜.
譿 : (19). 슬기로울 혜. 총명할 혜. 순할 혜.
訡 : (11). 진실한말 혜. 정성의말 혜.

호 〈음령오행 : 土〉

岵 : (08). 산 호. 초목우거진산 호.
昊 : (08). 하늘 호. 큰모양 호. 여름하늘 호.
晧 : (11). 밝을 호. 빛날 호. 해돋을 호.
浩 : (11). 넓을 호. 클 호.
淏 : (12). 맑을 호.
湖 : (13). 물 호. 호수 호.
濩 : (18). 퍼질 호. 풍류 호.
豪 : (14). 호걸 호. 호협할 호. 성할 호. 빛날 호. 빼어날 호. 귀인 호.
怙 : (09). 믿을 호. 의지할 호. 어버이 호.
祜 : (10). 복 호. 복록 호.
滸 : (15). 물가 호.
皓 : (12). 밝을 호. 깨끗할 호. 하늘 호. 흴 호. 희게빛날 호.
皞 : (15). 밝을 호. 화락할 호. 흴 호. 하늘 호.
熩 : (15). 빛날 호.
滈 : (15). 강이름 호. 어부 호.
縞 : (16). 명주 호. 흰비단 호.

嫭 : (14). 아름다울 호.
娎 : (11). 영리할 호. 재치있을 호.
濠 : (18). 물 호. 물이름 호.

혼 〈음령오행 : 土. 火〉

焜 : (12). 빛날 혼. 밝을 혼. 환할 혼.
琿 : (14). 아름다운옥 혼.
俒 : (09). 완전할 혼.

홍 〈음령오행 : 土. 土〉

弘 : (05). 클 홍. 넓을 홍. 넓힐 홍. 높을 홍.
泓 : (09). 깊을 홍. 물깊을 홍.
洪 : (10). 넓을 홍. 클 홍. 홍수 홍. 큰물 홍.
烘 : (10). 불땔 홍. 화톳불 홍. 비칠 홍. 말릴 홍.
虹 : (09). 무지개 홍.
烘 : (10). 날밝을 홍. 먼동틀 홍.

화 〈음령오행 : 土〉

和 : (08). 화목할 화. 화할 화. 고루 화.
嬅 : (15). 고울 화. 아름다울 화. 여자이름 화.
樺 : (16). 벚나무 화. 자작나무 화.
化 : (04). 변화 화. 화할 화. 될 화. 교화 화.
俰 : (10). 화할 화. 뜻이맞을 화.
話 : (13). 말씀 화. 이야기 화.

滹 : (16). 깊을 화. 물깊을 화.
驊 : (22). 준마 화. 말이름 화.

확 〈음령오행 : 土. 木〉

擴 : (19). 넓힐 확. 늘릴 확. 채울 확.
確 : (15). 확실할 확. 굳을 확.

환 〈음령오행 : 土. 火〉

奐 : (09). 빛날 환. 클 환. 성대할 환.
歡 : (22). 즐거운 환. 기뻐할 환. 즐길 환.
煥 : (13). 빛날 환. 불꽃 환. 밝을 환.
晥 : (11). 밝을 환. 환할 환. 땅이름 환.
睆 : (12). 고울 환. 아름다울 환. 밝을 환.
紈 : (09). 고운비단 환. 흰비단 환.
桓 : (10). 굳셀 환. 씩씩할 환.
懽 : (22). 기쁠 환. 기뻐할 환.

활 〈음령오행 : 土. 火〉

活 : (10). 살 활. 생기 활. 응용할 화. 너그러울 활. 물소리 활.
闊 : (17). 넓을 활. 너그러울 활. 트일 활.

황 〈음령오행 : 土. 土〉

慌 : (14). 황홀할 황. 다급할 황.

愰 : (14). 밝을 황. 영리할 황. 청백할 황. 들뜰 황.
晃 : (10). 빛날 황. 밝을 황
滉 : (14). 깊을 황. 물깊고넓을 황.
潢 : (16). 못 황. 깊을 황. 웅덩이 황. 날랠 황. 장황할 황.
煌 : (13). 빛날 황.
璜 : (17). 구슬 황. 패옥 황.
皇 : (09). 클 황. 엄숙할 황. 임금 황.
媓 : (12). 여자이름 황. 어미 황.
瑝 : (14). 옥돌 황. 옥소리 황. 종소리 황.
黃 : (12). 누를 황. 누른빛 황.

회 〈음령오행 : 土〉

恢 : (10). 넓을 회. 넓힐 회. 클 회.
淮 : (12). 물이름 회. 강이름 회. 고르게할 회.
茴 : (12). 약이름 회. 회향풀 회.
誨 : (14). 가르칠 회. 교훈 회. 보일 회. 회개할 회.
檜 : (17). 노송나무 회. 전나무 회. 나라이름 회.
會 : (13). 모일 회. 모을 회.

효 〈음령오행 : 土〉

曉 : (16). 새벽 효. 밝을 효. 깨달을 효. 타이를 효.
涍 : (11). 물이름 효. 물가 효.
洨 : (10). 강이름 효.
庨 : (10). 높을 효. 집높을 효. 깊을 효.

崤 : (11). 산이름 효.
俲 : (12). 본받을 효. 가르칠 효.
斅 : (20). 가르칠 효. 깨달을 효.
驍 : (22). 굳셀 효. 날랠 효.
效 : (10). 본받을 효. 힘쓸 효.
窙 : (12). 높을 효. 활달할 효.

▎후▎ 〈음령오행 : 土〉

侯 : (09). 제후 후. 후작 후. 임금 후. 오직 후.
厚 : (09). 두터울 후. 클 후. 후할 후. 짙을 후.
珝 : (11). 옥이름 후.
逅 : (13). 만날 후. 우연히만날 후.
詡 : (13). 자랑할 후. 클 후. 두루 후.
篌 : (15). 공후 후. 악기이름 후.
煦 : (13). 햇빛 후. 더울 후. 은혜 후.
欯 : (10). 즐거워할 후.

▎훈▎ 〈음령오행 : 土. 火〉

焄 : (11). 향기로울 훈. 불길 훈.
訓 : (10). 뜻 훈. 가르칠 훈. 훈계할 훈. 인도할 훈.
纁 : (20). 분홍빛 훈. 분홍비단 훈.
熏 : (14). 불기운 훈. 더울 훈.

훤 〈음령오행 : 土. 火〉

烜 : (10). 빛날 훤. 밝을 훤.
暄 : (13). 따뜻할 훤. 온난할 훤.

휘 〈음령오행 : 土〉

徽 : (17). 아름다울 휘. 거문고 휘.
揮 : (13). 두를 휘. 휘두를 휘. 뿌릴 휘. 지휘할 휘.
輝 : (15). 빛날 휘. 빛 휘.
暉 : (13). 햇빛 휘. 빛날 휘. 광채 휘.
煇 : (13). 밝을 휘. 빛날 휘.

휴 〈음령오행 : 土〉

携 : (14). 이끌 휴. 가질 휴.

흔 〈음령오행 : 土. 火〉

昕 : (08). 새벽 흔. 아침 흔. 해돋을 흔.
忻 : (08). 기뻐할 흔. 계발할 흔.
欣 : (08). 기꺼울 흔. 기쁠 흔.
炘 : (08). 더울 흔. 빛성할 흔. 화끈할 흔.

흘 〈음령오행 : 土. 火〉

屹 : (06). 높을 흘. 산높을 흘.
仡 : (05). 클 흘. 용감할 흘. 날랠 흘.

흠 〈음령오행 : 土. 水〉

欽 : (12). 공경할 흠. 부러워할 흠.

흡 〈음령오행 : 土. 水〉

洽 : (10). 합할 흡. 두루 흡. 화목할 흡. 젖을 흡. 윤택할 흡.
恰 : (10). 흡족할 흡. 합할 흡. 흡사할 흡.

흥 〈음령오행 : 土. 土〉

興 : (15). 흥할 흥. 일으킬 흥. 일어날 흥. 일 흥.

희 〈음령오행 : 土〉

希 : (07). 바랄 희. 드물 희.
憘 : (16). 기뻐할 희. 좋아할 희.
禧 : (16). 나무이름 희. 성할 희. 경사(慶事) 희.
熹 : (16). 밝을 희. 빛날 희. 성할 희. 아름다울 희.
暿 : (16). 빛날 희. 성할 희. 더울 희.
禧 : (17). 복 희. 길할 희.
烯 : (11). 불빛 희.
晞 : (11). 밝을 희. 햇볕쬘 희. 말릴 희.
嬉 : (15). 화락할 희. 웃을 희.
凞 : (14). 빛날 희. 화할 희.
爔 : (20). 불 희. 불빛 희. 햇빛 희.
羲 : (16). 화할 희. 기운 희. 황제이름 희. 복희씨 희.

참고

1. 위 한자의 지정된 발음으로만 사용할 수 있습니다.
   다만 첫소리(主音.初聲)가 'ㄴ' 또는 'ㄹ'인 한자는 각각 소리나는 바에 따라 'ㅇ' 또는 'ㄴ'으로 사용할 수 있습니다.
2. 동자(同字), 속자(俗子), 약자(略字)는 대법원에서 고시한 별표의 ( )내에 기재된 것에 한하여 사용할 수 있으나 이 책에서는 혼란을 피하기 위해 동자, 속자, 약자 등을 생략했습니다.
3. 같은 글자가 두 가지 이상의 발음으로 사용되는 것도 일반화된 것을 제외하고는 혼란을 막기 위해 대부분 피했습니다.
4. '示'변과 '礻'변은 서로 바꾸어 쓸 수 있습니다
   또한 '艹'변과 '艹'도 서로 바꾸어 쓸 수 있습니다.
   예 : 福 = 福. 蘭 = 蘭

성씨(姓氏)별 본관(本貫. 관향貫鄕)

賈(가) : 소주(蘇州)
簡(간) : 가평(加平)
葛(갈) : 남양(南陽)
甘(감) : 회산(檜山). 합포(合浦)
姜(강) : 경주(慶州). 광주(光州). 금천(衿川). 백천(白川). 안동(安東).
전주(全州). 진주. 진양(晋州, 晋陽). 해미(海美).
康(강) : 강령(康翎). 곡산(谷山). 신천(信川). 임실(任實). 진천(晋川).
충주(忠州)
强(강) : 충주(忠州)
剛(강) :
彊(강) :
介(개) : 여주(驪州)
堅(견) : 천녕(川寧)
甄(견) : 황간(黃磵). 전주(全州)
慶(경) : 청주(淸州)
景(경) : 태인(泰仁). 해주(海州).
桂(계) : 수안(遂安)
高(고) : 고봉(高峯). 광녕(廣寧). 금화(金化). 담양(潭陽). 상당(上黨).
안동(安東). 연안(延安). 옥구(沃溝). 용담(龍潭). 의령(宜寧).
제주(濟州). 토산(兎山)
曲(곡) : 면천(沔川). 용궁(龍宮)
孔(공) : 곡부(曲阜)

公(공) : 김포(金浦). 문천(文川)
郭(곽) : 봉산(鳳山). 선산(善山). 청주(淸州). 해미(海美). 현풍(玄風)
具(구) : 능성(綾城). 창원(昌原)
丘(구) : 평해(平海)
邱(구) : 은진(恩津)
鞠(국) : 담양(潭陽)
國(국) : 담양(潭陽). 풍천(豊川). 전주(全州). 현풍(玄風). 영양(英陽).
        금성(金城). 대명(大明)
菊(국) :
君(군) :
弓(궁) : 토산(兎山)
鴌(귁) : 순창(順昌). 선산(善山). 청주(淸州)
權(권) : 안동(安東). 예천(醴泉)
斤(근) : 청주(淸州)
琴(금) : 계양(桂陽). 봉화(奉化)
奇(기) : 행주(幸州).
箕(기) : 행주(幸州). 奇(기)씨와 동원(同原)?.
吉(길) : 해평.선산(海平.善山)
金(김) : 가평(加平). 감천(甘泉). 강동(江東). 강릉(江陵). 강서(江西).
        강진(康津). 강화(江華). 개성(開城). 결성(結城). 경산(慶山).
        경산(京山). 경주(慶州). 계림(鷄林). 고령(高靈). 고부(古阜).
        고산(高山). 고성(固城). 고양(高陽). 공주(公州). 광산(光山).
        광양(光陽). 광주(廣州). 괴산(槐山). 구례(求禮). 교하(交河).
        금녕(金寧). 금능(金陵). 금산(錦山). 김제(金堤). 김천(金川).
        김해(金海). 금화(金化). 금화(金華). 나주(羅州). 낙안(樂安).
        남양(南陽). 남원(南原). 남평(南平). 남포(藍浦). 남해(南海).

능주, 능성(綾州, 綾城). 달성(達城). 담양(潭陽). 당악(唐岳).
대구(大邱). 덕산(德山). 덕수(德水). 도강(道康). 동래(東萊).
등주(登州). 무장(茂長). 무주(茂朱). 무주(務州). 문화(文化).
밀양(密陽). 백천(白川). 보령(保寧). 봉산(鳳山). 봉화(奉化).
부령, 부안(扶寧, 扶安). 부여(扶餘). 부평(富平). 분성(盆城).
사천(泗川). 삼척(三陟). 상산(商山). 상원(祥原). 서산(瑞山).
서흥(瑞興). 선산(善山). 선산, 일선(善山, 一善). 설성(雪城).
성주(星州). 성천(成川). 수안(遂安). 수원(水原). 수주(隨州).
수주(樹州). 순창(淳昌). 순천(順天). 순흥(順興). 신천(信川).
신평(新平). 안동(安東). 안동, 신(安東, 新). 안로(安老).
안산(安山). 안성(安城). 안악(安岳). 야성(野城). 양근(楊根).
양산(梁山). 양주(楊州). 양평(楊平). 언양(彦陽). 여주(驪州).
연기, 연성, 연주(燕岐, 燕城, 燕州). 연안(延安). 연풍(延豊).
연일, 오천(延日, 烏川). 영광(靈光). 영산, 영동(永山, 永同).
영산(靈山). 영암(靈巖). 영양(英陽). 영월(寧越). 영주(永州).
영주(榮州). 영천(永川). 영해(寧海). 예안(禮安). 예천(醴泉).
예천(醴川). 오천(烏川). 옥천(玉川). 옥천(沃川). 완산(完山).
용궁(龍宮). 용담(龍潭). 용성(龍城). 용안(龍安). 우봉(牛峰).
울산(蔚山). 웅천(熊川). 원주, 원성(原州, 原城). 월성(月城).
은율(殷栗). 은진(恩津). 의령(宜寧). 의성(義城). 의주(義州).
의흥(義興). 이천(伊川). 이천(利川). 익산(益山). 익화(益和).
인동(仁同). 임진(臨津). 임파(臨陂). 의주(義州). 장성(長城).
장연(長淵). 적성(積城). 전주(全州). 정산(定山). 정읍(井邑).
정주(貞州). 제주(濟州). 중화(中和). 진도(珍島). 진산(珍山).
진위(振威). 진음(鎭岑). 진주(晋州). 진천(鎭川). 진해(鎭海).
창녕(昌寧). 창원(昌原). 창평(昌平). 천안(天安). 철원(鐵原).

청도(淸道). 청산(靑山). 청송(靑松). 청양(靑陽). 청주(淸州).
청풍(淸風). 초계(草溪). 춘양(春陽). 충주(忠州). 칠원(漆原).
태원(太原). 토산(兎山). 통천(通川). 파주(坡州). 파평(坡平).
평산(平山). 평양(平壤). 평창(平昌). 평택(平澤). 평해(平海).
풍기(風基). 풍덕(豊德). 풍산(豊山). 풍천, 영유(豊川, 永柔).
하음(河陰). 한남(漢南). 한산(韓山). 함안(咸安). 함양(咸陽).
함창(咸昌). 함평(咸平). 함흥(咸興). 합천(陜川). 해남(海南).
해주(海州). 해평(海平). 해풍, 덕영, 정주(海豊, 德永, 貞州).
현풍(玄風). 화개(花開). 화순(和順). 황주(黃州). 홍주(洪州).
흥덕(興德). 흥해(興海). 희천(熙川).

羅(나, 라) : 군위(軍威). 금성(錦城). 나주(羅州). 비안(比安).
　　　　　　안정(安定). 정산(定山).

南(남) : 고성(固城). 남원(南原). 영양(英陽). 의령(宜寧).

南宮(남궁) : 함열(咸悅).

浪(낭) : 양주(揚州).

乃(내) : 개성(開城).

奈(내) : 나주(羅州).

盧(노, 로) : 곡산(谷山). 광주, 광산(光州, 光山). 교하(交河). 만경(萬頃).
　　　　　　신창(新昌). 안동(安東). 안강, 경주(安康, 慶州). 연일(延日).
　　　　　　영광(靈光). 용성(龍城). 장연(長淵). 청도(淸道). 풍천(豊川).
　　　　　　함평(咸平). 해주(海州). 동성(童城).

魯(노) : 강화(江華). 광주(廣州). 밀양(密陽). 함평(咸平)?.

路(노, 로) : 개성(開城).

雷(뇌, 뢰) : 교동(喬棟).

賴(뇌) :

段(단) : 강릉(江陵). 강음(江陰). 대흥(大興). 연안(延安).

單(단) : 연안(延安)

端(단) : 한산(韓山)

唐(당) : 밀양(密陽)

大(대) : 대산(大山). 밀양(密陽)

都(도) : 서제(西齊). 성주(星州). 전주(全州)

道(도) : 고성(固城)

陶(도) : 경주(慶州). 남양(南陽). 밀양(密陽). 별양(別良). 병양(兵陽).
순천(順天). 순천(順川). 유곡(榆谷). 죽청(竹靑). 청주(淸州).
풍양(豊壤)

獨孤(독고) : 남원(南原)

頓(돈) : 목천(木川)

敦(돈) : 청주(淸州)

董(동) : 광천(廣川)

東方(동방) : 진주(晋州)

杜(두) : 두릉(杜陵) (경령계, 교림계)

柳(유, 류) : 고흥(高興). 문화(文化). 백천(白川). 부평(富平).
서산, 서령(瑞山, 瑞寧). 선산(善山). 약목(若木). 연안(延安).
영광(靈光). 육창(陸昌). 인동(仁同). 전주(全州). 정주(貞州).
진주, 이(晋州, 移). 진주, 토(晋州, 土). 풍산(豊山)

李(이, 리) : 전주(全州)

馬(마) : 목천(木川). 장흥(長興)

麻(마) : 토곡(土谷). 영평(永平). 열산(烈山). 상곡(上谷).

萬(만) : 개성(開城). 강화(江華)

梅(매) : 충주(忠州)

孟(맹) : 신창(新昌)

明(명) : 서촉, 연안(西蜀, 延安)

牟(모) : 진주(晋州). 함평(咸平).
毛(모) : 광주(廣州). 공산, 공주(公山, 公州). 서산(瑞山). 김해(金海).
睦(목) : 사천(泗川).
墨(묵) : 광영(廣寧). 요동(遼東).
文(문) : 감천(甘泉). 강릉(江陵). 강성(江城). 개령(開寧). 남평(南平).
능성(綾城). 단성(丹城). 보령(保寧). 선산(善山). 안동(安東).
영산(靈山). 장연(長淵). 정선(旌善). 하양(河陽).
門(문) : 인천(仁川). 송림(松林).
米(미) : 재령(載寧).
閔(민) : 여흥(驪興).
朴(박) : 강릉(江陵). 강진(康津). 고령(高靈). 고성(固城). 공주(公州).
광주(廣州). 군위(軍威). 구산(龜山). 나주(羅州). 난포(蘭浦).
남원(南原). 남주(南州). 노성(魯城). 덕원(德原). 면천(沔川).
무안(務安). 문의(文義). 문주(文州). 밀양, 밀성(密陽, 密城).
번남(潘南). 보성(寶城). 봉산(鳳山). 비안(比安). 사천(泗川).
삼척(三陟). 삼화(三和). 상산(商山). 상주(尙州). 선산(善山).
순창(淳昌). 순천(順天). 순흥(順興). 안동(安東). 안성(安城).
압해(押海). 야성(野城). 언양(彦陽). 여수(麗水). 여주(驪州).
영암(靈巖). 영해(寧海). 우봉(牛峰). 운봉(雲峰). 울산(蔚山).
월성, 경주(月城, 慶州). 은풍(殷豊). 음성(陰城). 의흥(義興).
인제(麟蹄). 임실(任實). 전주(全州). 정선(旌善). 정주(貞州).
죽산(竹山). 진원(珍原). 진주(晋州). 창원(昌原). 천안(天安).
청송(靑松). 춘천(春川). 충주(忠州). 태안(泰安). 태인(泰仁).
평산(平山). 평양(平壤). 평주(平州). 평택(平澤). 함양(咸陽).
해주(海州).
潘(반) : 거제, 결성, 광주, 남평(巨濟, 結城, 光州, 南平).

班(반) : 개성(開城). 고성(固城). 광주, 평해(平海)
方(방) : 군위(軍威). 상주(尙州). 신창(新昌). 온양(溫陽)
房(방) : 남양(南陽). 수원(水原)
龐(방) : 개성(開城). 태원(太原)
邦(방) : 광주(廣州). 파주(파주). 해주(海州)
旁(방) :
裵(배) : 경주(慶州). 달성(達城). 익성, 김해(盆城, 金海). 분성(盆成).
　　　　성주, 성산(星州, 星山). 함흥(咸興). 협계(俠溪). 화순(和順).
　　　　흥해(興海).
白(백) : 수원(水原). 남해(南海). 문경(聞慶). 수원(水原). 임천(林川).
　　　　적성(赤城). 직산(稷山). 청도(淸道). 태인(泰仁). 해미(海美)
范(범) : 금성(錦城)
凡(범) : 안주(安州)
邊(변) : 원주(原州). 장연(長淵). 전주(全州). 황주(黃州)
卞(변) : 초계(草溪). 밀양(密陽)
卜(복) : 면천(沔川)
奉(봉) : 하음(河陰). 강화(江華)
鳳(봉) : 경주(慶州)
夫(부) : 제주(濟州)
丕(비) : 농서(隴西)
彬(빈) : 대구, 달성(大邱, 達城). 담양(潭陽)
賓(빈) : 달성, 대구, 수성(達成, 大邱, 水城). 밀양(密陽). 영광(靈光).
　　　　의성(義城)
氷(빙) : 경주(慶州)
史(사) : 거창(居昌). 경주(慶州). 청주(靑州)
舍(사) :

謝(사) : 한산(漢山). 진주(晋州)

司空(사공) : 효령(孝令)

森(삼) :

尙(상) : 목천(木川)

徐(서) : 군위(軍威). 남양(南陽). 남평(南平). 달성(達城). 당성(唐城).
       대구(大邱). 복흥(福興). 봉성(峯城). 부여(扶餘). 연산(連山).
       염주(鹽州). 용궁(龍宮). 의령(宜寧). 이천(利川). 장성(長城).
       절강(浙江). 평당(平當). 황산(黃山)

西(서) :

西門(서문) : 안음(安陰)

石(석) : 경주(慶州). 조주(潮州). 충주, 홍주(忠州, 洪州).
       해주, 성주(海州, 星州)

昔(석) : 월성(月城). 경주(慶州)

碩(석) :

宣(선) : 광주(光州). 보성(寶城)

先(선) :

鮮于(선우) : 태원(太原)

薛(설) : 경주(慶州). 순창(淳昌)

偰(설) : 경주(慶州)

葉(섭) : 경주(慶州). 수원, 공촌(水原).

成(성) : 창녕(昌寧)

星(성) :

蘇(소) : 진주(晋州)

邵(소) : 평산(平山)

孫(손) : 경주(慶州). 구례(求禮). 나주(羅州). 밀양(密陽). 부령(扶寧).
       비안, 병산(比安, 屛山). 안동, 일직(安東, 一直). 월성(月城).

　　　　　　청주(淸州). 평해(平海)
宋(송) : 강릉(강릉). 김해(金海). 나주(羅州). 남양(南陽). 덕산(德山).
　　　　　문경(聞慶). 서산(瑞山). 신평1(新平1). 신평2(新平2).
　　　　　안산(案山). 야성(冶城). 양주(楊州). 여산(礪山).
　　　　　연안1(延安1). 연안2(延安2). 옥구(沃溝). 용성(龍城).
　　　　　은진(恩津). 의성(義城). 죽산(竹山). 진천(鎭川). 철원(鐵原).
　　　　　청주(淸州). 태안(泰安). 태인(泰仁). 홍주(洪州)
松(송) :
水(수) : 강능(江陵). 강남(江南). 고산(高山). 김해(金海)
洙(수) : 달성(達城). 밀양(密陽)
舜(순) : 파주(坡州). 임천(林川)
淳(순) :
順(순) :
荀(순) : 임천(任川). 창원(昌原). 홍산(鴻山).
承(승) : 연일, 광산(延日, 光山)
昇(승) : 창평(昌平). 남원, 밀양(南原, 密陽)
施(시) : 절강(浙江)
柴(시) : 금화(金化). 태인, 능향(泰仁, 綾鄕)
申(신) : 고령(高靈). 곡성(谷城). 삭령(朔寧). 신천(信川). 아주(鵝州).
　　　　　영해(寧海). 은풍(殷豊). 이천(利川). 조종(朝宗). 창주(昌州).
　　　　　천안(天安). 평산(平山)
辛(신) : 영산, 영월(靈山, 寧越)
愼(신) : 거창(居昌) - 愼 글자로 씀.
沈(심) : 부유(富有). 삼척(三陟). 의령(宜寧). 전주(全州). 청송(靑松).
　　　　　풍산(豊山)
阿(아) :

安(안) : 공산, 공주(公山, 公州). 광주(廣州). 순흥(順興). 안산(案山).
　　　　 제천(堤川). 주천(酒泉). 죽산, 구(竹山, 舊). 죽산, 신(竹山, 新).
　　　　 탐진(眈津). 태원(太原).

艾(애) : 한양(漢陽). 연풍(延豊). 전주(全州)

夜(야) : 개성(開城). 봉성(峯城). 석천(石淺). 원평(原平). 파평(파평)

楊(양) : 남원(南原)?. 밀양(密陽). 안악(安岳). 중화(中和). 청주(淸州).
　　　　 통주(通州).

梁(양, 량) : 나주(羅州). 남원, 제주, 충주(南原, 濟州, 忠州). 양주(楊洲).
　　　　　　 임천(林川). 청주(淸州)

樑(양, 량) :

襄(양) :

魚(어) : 경흥(慶興). 충주(忠州). 함종(咸從)

嚴(엄) : 상주(尙州). 영월(寧越)

呂(여, 려) : 성주, 성산(星州, 星山). 함양(咸陽)

余(여) : 의령(宜寧)

汝(여) : 안산(安山)

延(연) : 곡산(谷山)

連(연) : 전주(全州)

燕(연) : 곡산(谷山). 덕원(德原). 영평(永平). 전주(全州). 정주(定州).
　　　　 평주(平州)

濂(염) :

閻(염) :

廉(염, 렴) : 파주(坡州)

永(영) : 강령(康翎). 경주(慶州). 평해(平海)

影(영) :

藝(예) :

芮(예) : 부계(缶溪). 의흥(義興)
吳(오) : 고창(高敞). 군위(軍威). 나주(羅州). 낙안(樂安). 낭산(郎山).
　　　　동복(同福). 두원(荳原). 보성(寶城). 삼가(三嘉). 연일(延日).
　　　　울산(蔚山). 의성(義城). 장흥(長興). 전주(全州). 진원(珍原).
　　　　평해(平海). 함양(咸陽). 함평(咸平). 해주(海州). 화순(和順).
　　　　흥양(興陽).
伍(오) : 백천, 복흥(白川, 復興)
玉(옥) : 반성(班城). 의령(宜寧)
溫(온) : 봉성, 금구(鳳城, 金溝)
邕(옹) : 순창, 옥천(淳昌, 玉川). 부령
雍(옹) : 파평(坡平)
王(왕) : 강릉(江陵). 개성(開城). 제남(濟南). 해주(海州)
姚(요) : 수원(水原). 충주(忠州). 청주, 서원(淸州). 휘주
龍(용, 룡) : 홍천(洪川)
禹(우) : 강주(剛州). 단양(丹陽). 영주(榮州). 예안(禮安)
于(우) : 목천(木川)
芸(운) : 전주(全州)
雲(운) : 청주(淸州). 장흥(長興). 함흥(咸興)
元(원) : 원주(原州)
袁(원) : 비안, 비옥(比安, 比屋)
韋(위) : 강화(江華)
魏(위) : 수령(遂寧). 장흥(長興)
俞(유) : 강진(康津). 고령(高靈). 금산(金山). 기계(杞溪). 무안(務安).
　　　　인동(仁同). 장사(長沙). 창원(昌原). 천녕(川寧). 탐진(耽津)
劉(유, 류) : 거창, 강릉, 백천(居昌, 江陵, 白川). 경주(慶州). 금성(金城).
　　　　충주(忠州)

庾(유) : 무송(茂松). 평산(平山)

陸(육. 륙) : 옥천(沃川)

尹(윤) : 경주(傾注). 고창(高敞). 기계(杞溪). 남원(南原). 덕산(德山).
무송(茂松). 신영(新寧). 야성.영덕(野城.盈德). 양주(楊洲).
여주(驪州). 영천(永川). 예천(醴泉). 죽산(竹山). 청주(淸州).
칠원(漆原). 파평(坡平). 평산(平山). 함안(咸安). 해남(海南).
해주(海州). 해평(海平). 현풍(玄風).

殷(은) : 태인(泰仁). 행주(幸州)

恩(은) :

陰(음) : 괴산(槐山). 죽산(竹山)

應(응) :

李(이. 리) : 가리(加利). 가평(加平). 강동(江東). 강양(江陽).
강화(江華). 개성(開城). 거창(居昌). 경산(京山). 결성(結城).
경주(慶州). 고령(高靈). 고부(古阜). 고성(固城). 공주(公州).
광양(光陽). 광산(光山). 광주(廣州). 광평.성산(廣平.星山).
교하(交河). 김구(金溝). 기장(機長). 김포(金浦). 나주(羅州).
남평(南平). 농성(隴西). 단성(丹城). 단양(丹陽). 담양(潭陽).
대흥(大興). 덕산(德山). 덕수(德水). 덕영(德永). 덕은(德恩).
동성.사천(東城.泗川). 목천(木川). 벽진(碧珍). 보성(寶城).
봉산(鳳山). 부안(扶安). 부여(扶餘). 부평(富平). 삼척(三陟).
상주.상산(尙州.商山). 서림.서천(西林.舒川). 서산(瑞山).
성산(星山). 성산.광평(星山.廣平). 성주(星州). 수안(遂安).
수원(水原). 순천(順天). 신평(新平). 아산(牙山). 안산(安山).
안성(安城). 안악(安岳). 양산(梁山). 양산(陽山). 양성(陽城).
양주(楊洲). 여주(驪州). 연안(延安). 영천(寧川). 영천(永川).
영해(寧海). 예안(禮安). 온양(溫陽). 용궁(龍宮). 용인(龍仁).

용천(龍川). 우계(羽溪). 우봉(牛峰). 울산(蔚山).
원주, 구(原州, 舊). 원주, 신(原州, 新). 음죽(陰竹). 익산(益山).
익흥(益興). 인제(麟蹄). 인천(仁川). 임천(林川). 장성(長城).
장수(長水). 장영(長永). 장흥(長興). 재령(載寧).
전의, 예안(全義, 禮安). 전주(全州). 정선(旌善). 정주(貞州).
진보, 진성(眞寶, 眞城). 진안(鎭安). 진위(振威). 진주(晋州).
차성(車城). 창영(昌寧). 천안(天安). 청송(靑松). 청안(淸安).
청주(淸州). 청해(靑海). 초산(楚山). 충주(忠州). 태안(泰安).
태원(太原). 통진(通津). 평산(平山). 평양(平壤). 평창(平昌).
하빈(河濱). 하음(河陰). 학성(鶴城). 한산(韓山). 함안(咸安).
함양(咸陽). 함평(咸平). 합천(陝川). 해남(海南). 해주(海州).
홍주(洪州). 화산(花山). 회덕(懷德). 흥양(興陽). 강진(康津).

異(이) : 밀양(密陽)

伊(이) : 태원(太原)?. 온천(溫泉)

印(인) : 교동(喬棟). 연안(延安)

任(임) : 곡성(谷城). 과천(果川). 아선(牙善). 장흥(長興). 진주(晋州).
풍천(豊川). 함풍(咸豊). 회덕(懷德)

林(임, 림) : 경주(慶州). 길안(吉安). 나주(羅州). 밀양(密陽).
부안(扶安). 선산(善山). 순창(淳昌). 안동(安東). 안의(安義).
예천(醴泉). 옥구(沃溝). 옥야(沃野). 울진(蔚珍). 은진(恩津).
이안(利安). 익산(益山). 임천(林川). 임하(臨河). 장흥(長興).
전주(全州). 조양(兆陽). 진천, 상산(鎭川, 常山). 평택(平澤).
보성(寶城).

慈(자) : 요양(遼陽)

張(장) : 결성(結城). 구례(求禮). 나주(羅州). 단양(丹陽). 덕수(德水).
목천(木川). 부안(扶安). 순천(順天). 안동(安東). 여흥(여흥).

영동(永同). 영천(榮川). 예산(禮山). 옥구(沃溝). 울진(蔚珍).
인동, 계(仁同, 桂). 인동, 금용(仁同, 金用) 전주(全州).
절강(浙江). 지례(知禮). 진안(鎭安). 진주(晋州). 진천(鎭川).
창영(昌寧). 천영(川寧). 청송(靑松). 태원, 충주(太原, 忠州).
해풍(海豊). 흥성, 흥덕(興城, 興德). 흥양(興陽). 흥해(興海).

章(장) : 거창(居昌).

蔣(장) : 아산(牙山).

莊(장) : 금천(金川). 장연(長淵).

全(전) : 경성(鏡城). 감천, 안동(甘泉, 安東). 경주, 계림(慶州, 鷄林).
기장(機長). 나주(羅州). 보성(寶城). 성산(星山). 성주(星州).
옥산, 경산(玉山, 慶山). 옥천(沃川). 완산(完山). 용궁(龍宮).
정선(旌善). 죽산(竹山). 천안(天安). 팔거(八莒). 평강(平康).
함창(咸昌). 황간(黃澗).

田(전) : 광평(廣平). 남양(南陽). 담양(潭陽). 연안(延安). 영광(靈光).
태산(泰山). 평택(平澤). 하음(河陰).

錢(전) : 문경, 관산(聞慶, 冠山).

占(점) : 괴산(魁山). 나주(羅州). 압해(押海). 영광(靈光). 창원(昌原).
한산(韓山).

鄭(정) : 경주(慶州). 고성(固城). 곤양(昆陽). 공산(公山). 광주(光州).
금성(錦城). 김포(金浦). 나주(羅州). 낭야(瑯琊). 돌산(突山).
동래(東來). 보령(保寧). 봉화(奉化). 벽산(碧山). 서경(西京).
서산(瑞山). 야성, 영덕(野城, 盈德)). 영광(靈光).
영일, 연일, 오천(迎日, 延日, 烏川). 영정(永定). 영천(永川).
예천(醴泉). 온양(溫陽). 옹진(甕津). 의안(義安). 장기(長鬐).
장흥(長興). 전주(全州). 정산(定山). 정주(貞州).
진양, 진주(晋陽, 晋州). 창원(昌原). 청산(靑山). 청주(淸州).

　　　　　초계(草溪). 팔계(八溪). 평해(平海). 풍기(豊基). 하동(河東).
　　　　　학성(鶴城). 함평(咸平). 해남(海南). 해주(海州)
丁(정) : 영성(靈城). 의성(義城). 창원(昌原)?. 압해(押海)
程(정) : 하남(河南)
諸(제) : 칠원, 고성(漆原, 固城)
諸葛(제갈) : 남양(南陽)
趙(조) : 강서(江西). 강진(康津). 김제(金堤). 남해(南海). 밀양(密陽).
　　　　　백천(白川). 순창(淳昌). 양주(楊洲). 옥천, 순창(玉川, 淳昌).
　　　　　임천(林川). 직산(稷山). 진보(眞寶). 태원(太原). 평산(平山).
　　　　　평양(平壤). 풍양(豊壤). 하동(河東). 한양(漢陽). 함안(咸安).
　　　　　횡성(橫城). 흥양(興陽)
曺(조) : 가흥, 진도(嘉興, 珍島). 남평(南平). 능성(綾城). 수성(壽城).
　　　　　안동(安東). 영암(靈巖). 장흥(長興). 창영(昌寧). 청도(淸道)
宗(종) : 임진(臨津). 통진(通津).
鍾(종) : 영암, 하음, 강화(靈巖, 河陰, 江華). 풍덕(豊德). 통진(通津).
　　　　　천안(天安).
左(좌) : 제주(濟州). 청주(淸州)
周(주) : 삼계(森溪). 상주(尙州). 안의(安義). 장흥(長興). 철원(鐵原).
　　　　　초계(草溪). 풍기(豊基). 함안(咸安)
朱(주) : 나주(羅州). 신안(新安). 압해(押海). 웅천(熊川). 전주(全州)
俊(준) : 청주(淸州)
池(지) : 충주(忠州)
智(지) : 봉산, 봉주(鳳山, 鳳州)
秦(진) : 남원(南原). 대원(大元). 삼척(三陟). 영춘(永春).
　　　　　용인, 용구(龍仁, 龍駒). 제주(濟州). 진주(晉州). 풍기(豊基)
陳(진) : 강릉(江陵). 광동(廣東). 나주(羅州). 남해(南海). 덕창(德昌).

　　　　　　　복주(福州). 삼척(三陟). 신광(神光). 양산(梁山). 양주(楊洲).
　　　　　　　여양(驪陽). 임파(臨陂).
晋(진) : 남원(南原)
眞(진) : 서산(西山)
車(차) : 남해(南海). 연안(延安). 용성(龍城). 평산(平山)
昌(창) : 공주(公州). 아산(牙山). 여산(驪山)
倉(창) : 아산(牙山). 여산(驪山). 장성(長城)
蔡(채) : 광주(光州). 음성(陰城). 인천(仁川). 평강(平康)
采(채) : 여산(礪山)
菜(채) : 진주(晋州)
天(천) : 밀양(密陽). 여양(驪陽). 연안(延安). 우봉(牛峰). 충주(忠州)
千(천) : 영양(潁陽)
楚(초) : 파릉(巴陵)
肖(초) : 제주(濟州)
崔(최) : 간성(杆城). 강릉(江陵). 강화(江華). 개성(開城). 경주(慶州).
　　　　계림(鷄林). 고부(古阜). 광양(光陽). 곡강(曲江). 광주(廣州).
　　　　괴산(槐山). 낭주(朗州). 동주(東州). 부안(扶安). 삭령(朔寧).
　　　　상원(祥原). 수성(隋城). 수원(水原). 아산(牙山). 안동(安東).
　　　　양주(楊洲). 양천(陽川). 연풍(延豊). 영암(靈巖). 영천(永川).
　　　　영흥(永興). 완산(完山). 용강(龍崗). 용궁(龍宮). 용주(龍州).
　　　　우봉(牛峰). 원주(原州). 월성(月城). 전주(全州). 정주(貞州).
　　　　죽산, 죽주(竹山, 竹州). 직산(稷山). 진산(珍山). 진주(晋州).
　　　　청송(靑松). 청주(淸州). 초계(草溪). 충주(忠州). 탐진(耽津).
　　　　태인(泰仁). 통천(通川). 풍천(豊川). 하양(河陽). 하음(河陰).
　　　　한남(漢南). 해주(海州). 화순(和順). 황주(黃州). 흥해(興海).
秋(추) : 전주, 추계, 함흥(全州, 秋溪, 咸興)

鄒(추) :
卓(탁) : 광산(光山)
彈(탄) : 해주(海州). 전주(全州)
太(태) : 남원(南原). 영순(永順). 협계(陜磎)
判(판) : 해주(海州)
彭(팽) : 용강(龍岡). 절강(浙江)
片(편) : 절강(浙江)
扁(편) :
平(평) : 충주(忠州)
包(포) : 풍덕(豊德). 순천(順天)
鮑(포) :
表(표) : 신창(新昌)
馮(풍) : 임구(臨朐)
皮(피) : 홍천, 단양(洪川, 丹陽). 괴산(槐山)
弼(필) : 대흥(大興). 전주(全州)
河(하) : 강화(江華). 안음(安陰). 진주, 진양(晋州, 晋陽)
夏(하) : 달성(達城)
韓(한) : 가주(嘉州). 곡산(谷山). 금산(錦山). 단천(湍川). 당진(唐津).
　　　　면천(沔川). 부안(扶安). 안변(安邊). 양주(楊洲). 청주(清州).
　　　　충주(忠州). 평산(平山). 한양(漢陽). 홍산(鴻山)
漢(한) : 담양(潭陽). 옥천(沃川). 충주(忠州)
咸(함) : 강릉(江陵). 양근(楊根)
海(해) : 김해(金海). 영해(寧海)
許(허) : 김해(金海). 양천(陽川). 태인(泰仁). 하양(河陽). 함창(咸昌)
玄(현) : 성주(星州). 순천(順天). 연주(延州). 창원(昌原). 천영(川寧)
邢(형) : 진주(晋州)

扈(호) : 나주(羅州). 보안(保安). 신평(新平). 전주(全州)
胡(호) : 파릉(巴陵). 가평(加平)
洪(홍) : 개령(開寧). 경주(慶州). 남양, 당홍(南陽, 唐洪).
　　　　남양, 토홍(南陽, 土洪). 부림, 부계(缶林, 缶溪). 의성(義城).
　　　　풍산(豊山). 풍천(豊川). 홍주(洪州). 회인(懷仁)
化(화) : 진양(晉陽). 나주, 복용, 여황(羅州)
黃(황) : 경주(慶州). 관성(管城). 덕산(德山). 상주(尙州). 성주(星州).
　　　　우주(紆州). 장수(長水). 제안(齊安). 창원(昌原). 평해(平海).
　　　　항주(抗州). 황주(黃州). 회덕(懷德)
皇甫(황보) : 영천(永川). 16획.
黃甫(황보) : 황주(黃州). 19획.
后(후) : 당인(唐寅)

※ 보관이 불확실한 경우가 일부 있습니다. 조사의 한계 일 수도 있겠지만 조상의 내력을 정확히 모르는 경우로 있습니다.

부 록

택일법(擇日法)

택일(擇日)은 어떻게 해야 하는가?

점술을 좋아하던 알렉산더 대왕이 내일 출격할 준비를 완료한 후 전속 점술인을 불러 전쟁의 운세를 물었답니다.
그 점술인은,
내일은 기운이 쇠하여 불리하므로 대패의 조짐이 있으니 출격을 중지하고 후일로 미루라고 권고하였답니다.
그러나 알렉산더 대왕은
"그렇다면 내일 날짜를 달력에서 지워버려라." 하고는 예정대로 출격하여 대승을 거두었다고 합니다.
이 일화는 무엇을 의미하는 것일까요?

옛 말에
새집 짓고 삼년 나기 어렵고
새 사람 들어오고 삼년 나기 어려우며
묘 쓰고 삼년 나기 어렵다고 했습니다.
이 말의 뜻은 여기다 무슨 귀신을 접목시키기보다 자연이나 인간의 변동사에 영향을 주는 자연 환경의 기운 변화를 의미하는 것으로 해석해야 될 듯합니다.

결혼이나 이사, 개업 등을 할 때 좋은 날을 찾아 택일하는 것은 심리적인 안정을 얻고 자신감을 가지기 위한 방편일 수 있습니다.
그러나 온갖 역학적이고 주술적인 방법을 동원하여 좋은 날을 골라잡는다고 해도 그보다 더 중요한 사실을 놓친다면 아무 의미도 없는 그야말로 다분히 미신적인 헛수고일 뿐일지도 모릅니다.

무엇을 하든 시작을 하거나 기념적인 행사를 할 때는 무엇보다도 맑고 쾌청한 날씨에 정신적 육체적 기운이 충만하고 활발한 날이어야 합니다.
그러나 아침에 일어나서 결정하고 바로 행할 수는 없는 노릇이고 사전에 예정하여 준비를 해야 하므로 미리 예정 날짜를 정해 두는 것입니다.
전통적인 택일 방법이 좀 복잡하고 난해합니다. 희기(喜忌)가 다양하게 얽히고 설키어 이것 저것 다 따지면 택일이 불가능할 정도입니다.
따라서 대개 자신 만의 한 두 가지 또는 몇 가지의 근거도 애매한 방법을 이리 저리 뒤섞어 택일을 하는 경우가 많고 이 사람이 택일한 것을 저 사람은 엉터리라 하고 심지어 자신이 택일한 것을 한참 후에 모른 척하고 다시 가지고 가서 다른 사람이 택일한 것이라고 하면 엉터리라고 매도하는 등 황당하고 어이 없는 일이 비일비재 합니다.

어떤 사람은 본명생기복덕법(本命生氣福德法)이나 삼갑순육갑순법(三甲旬六甲旬法)이나 황도흑도정국법(黃道黑道定局法) 등등의 표 하나 달랑 들고 이것을 보물처럼 애용하며 모든 택일 문제를 해결하기도 하고 월덕귀인(月德貴人)이니 천덕귀인(天德貴人)이니 하는 신살(神殺) 하나를 가지고 택일의 만사를 엄숙히 처리하는가 하면 어떤 사람은 손 없는 날이라는 태백살 하나로 이사 날짜를 잡기도 하고 三合일에 공휴일이 겹치면 몇십 년 만의 혼인 대 길일이라는 허풍으로 아무에게나 권하기도 하는데 언론에까지 소개되어 온 나라의 예식장에 불이 나게 하기도 하고, 책력이라는 책을 사서 뒤적거리며 써 놓은 대로 불러 주기도 합니다. 심지어 주당법(周堂法)이라고 하는 요상한 방법을 손바닥에 이리 저리 짚어서 어마어마하게 좋은 날이라고 허풍을 떨기도 합니다. 이 외에도 피해야 한다는 해도, 달도, 날도 많습니다.
대개 귀신을 들먹이게 됩니다.
혼인을 해서는 안 된다는 해(年)도 있고, 나이도 있습니다.

아홉 수의 나이에는 무엇을 해도 좋지 않다는 속설은 전 국민이 다 알고 있을 정도입니다. 흉하다는 의미의 해석도 무시무시합니다.
부부 불화에 생사별하고 자손이 흉하고 재산도 없고 등등 …

사주명리학을 비롯한 역학은 자연이치학입니다. 따라서 택일학도 자연이치학이 되어야 합니다. 이치에 맞고 이치적으로 이해가 되는 방법이어야 한다는 말입니다. 그것은 희신(喜神)과 용신(用神) 오행을 찾는 일입니다. 자신에게 맞는 해와 계절과 날과 요일과 시를 찾는 것은 자신의 사주에서 희신과 용신을 찾아가는 것이 그나마 제대로 가는 것입니다.
자신의 사주에서 木이 희, 용신이면 봄이 좋은 것이고 木요일이 좋은 것이며 甲, 乙일이나 寅, 卯일이 좋은 것은 당연합니다.
火가 희, 용신이면 특히 자신의 사주와 寅午戌 삼합이 되어 어우러지고 火氣가 왕성해지는 날이면 금상첨화가 되겠지요?
그러나 아무리 寅午戌이 만나 삼합이 된다고 해도 자신의 사주에서 火가 기신(忌神)이라면 문제가 심각해지는 것입니다.
누구에게나 좋은 이름은 없듯이 누구에게나 좋은 날은 없습니다.
간단히 요약해서 정리합니다.

※나무를 자르거나 땅을 파거나 벽에 못을 하나 박아도 손없는 날을 택하는 등 조심을 했고, 묘를 쓰거나 이장을 하는 등 행사가 있으면 먼저 산신제, 지신제를 지냅니다.
　이것을 미신이라고 치부하기보다 자연을 두려워 하고 함부로 대하지 말라는 엄숙한 정성을 의미한다고 봐도 되겠습니다.

혼인 택일(婚姻 擇日)

혼인 택일을 할 때는 주로 신부의 사주를 위주로 하되 신랑의 사주를 참고합니다.

01. 사주를 보아 희신과 용신 오행에 해당하는 날을 찾되 토요일이나 일요일에 겹치는 날이 좋습니다. 오늘날의 가장 길일(吉日)은 어떻게 보면 토요일과 일요일이기도 합니다.

02. 木, 火가 희신이면 甲午일, 乙巳일, 丙寅일, 丁巳일 등이 좋습니다.

03. 겨울에 태어나 사주가 차면 寅, 午, 戌, 巳, 午, 未년, 월, 일이면 좋고 여름이나 봄이면 좋습니다.

04. 사주와 삼합이나 육합이 되면 더욱 좋겠지만 특히 삼합되어 변하는 오행은 반드시 자신의 사주에서 희신이어야 합니다.

05. 사주의 일주와 같거나 충(沖)하는 일진은 피하는 것이 좋습니다.

06. 신부의 사주상 상관이거나 신랑의 사주상 겁재가 되는 년, 월, 일은 피하는 것이 좋습니다. 상관은 남편을 극(剋)하는 기운이며 겁재는 아내를 극하는 기운입니다.

07. 십이신살(十二神殺) 중에서 월살(月殺)에 해당하는 날도 피하면 마음이 개운하겠습니다. 월살은 생육 중단을 의미하기도 합니다.

08. 기본적으로 혼기에 접어들어 결혼할 상대가 있고 형편이 되면 서로 무리가 없는 시기에 혼인을 하는 것이 옳습니다.

♨환갑잔치 하지 않는다고 하는 때가 있지요?

괴강(魁罡)년이거나 삼재(三災)에 해당하는 해를 말합니다. 이제 환갑잔치도 옛날 얘기입니다. 칠순 잔치로 대체된지 오래 됐습니다. 환갑잔치한다고 하면 주위에서 웃습니다. "젊은 사람이 무슨…"

이사 택일(移徙 擇日)

이사를 할 때도 택일을 하는데 그 보다도 이사하는 방위를 더 중시하기도 합니다. 대장군 방위가 어떻고 삼살 방위가 어떻고 하는 등입니다.

01. 이사를 하는 날도 가주(家主)의 사주를 보아 희신과 용신일을 택하면 됩니다. 모든 가족에게 좋은 날을 찾는 것은 불가능합니다.
02. 가주의 사주로 보아 역마살에 해당하거나 일주 또는 월주와 合, 沖하는 년, 월, 일은 이사와 변동의 기운이 있는 때입니다.
03. 이사의 방위를 대개 방위 방소법(方位 方所法)이라는 공식에 의해서 좋고 나쁜 방위를 가리는데 가주의 사주상 희, 용신 방위를 참고하는 것도 좋겠습니다.
04. 예를 들어 水가 기신이면 낮은 저지대나 수변(水邊)은 피하는 것이 좋겠습니다. 木, 火가 희, 용신이면 특히 동남향의 집을 택하는 것이 좋겠습니다.
05. 대장군(大將軍) 방위나 삼살(三殺) 방위 등을 무서워하는데 이런 방위는 해마다 정해져 있습니다. 따라서 누구에게나 같이 해당되는데 역시 누구에게나 똑같이 좋거나 좋지 않은 방위는 없습니다.

    설사 이런 흉한 방위에 해당한다고 해도 거리가 십리(약 4Km) 이상이면 무관하다고도 합니다.
06. 이사를 할 때 무엇보다도 중요한 것은, 특히 누군가 살던 집이면

    ① 그 집에 살면서 요절(夭折)한 사람은 없는지.
    ② 그 집에 살면서 악사(惡死)한 사람은 없는지.
    ③ 그 집에 살면서 이혼(離婚)한 사람은 없는지.
    ④ 그 집에 살면서 가출(家出)한 사람은 없었는지.
    ⑤ 그 집에 살면서 흥(興)해서 나갔는지 망(亡)해서 나갔는지.

등등을 알아보는 것이 더욱 중요합니다.
그리고 집안에 들어설 때 따뜻한 온기로 사람을 맞아 주어야 하며 어쩐지 썰렁하거나 한기(寒氣)가 도는 듯한 느낌이 들면 포기하는 것이 좋습니다.

귀신들이 천상의 회의에 참석하기 위해서 지상을 비운다는 태백살이라는 손없는 날을 찾기도 하고 윤달을 찾기도 합니다.
필자는 이런데 별 의미를 두지 않지만 어차피 정신적인 위안으로 생각한다면 이도 굳이 말릴 일은 아닌지도 모르겠습니다.
제주도에서는 신구간(新舊間)이라고 하는 대한(大寒)과 입춘 사이의 기간에 전 도민이 한꺼번에 이사를 하는 진풍경을 연출하기도 합니다.
이 기간에는 귀신들이 한해의 지상 파견 근무를 마치고 옥황상제로부터 새로운 임무를 부여 받기 위해 모두 하늘로 올라가 머문다고 합니다.

어쨌거나
지나치게 주술적(呪術的)으로 가는 것은 바람직해 보이지 않습니다.

♨여름에 태어나 사주가 뜨거우면 눈이나 비가 오는 날이 좋을 수 있고 겨울에 태어나 사주가 차가우면 햇볕이 뜨거운 맑은 대낮이 좋을 수 있을 것입니다.
사주가 더우면 비교적 기온이 낮은 북방에서의 행사가 좋을 수 있고 사주가 차면 비교적 기온이 높은 남방에서의 행사가 좋을 수 있겠습니다.

출산 택일(出産 擇日)

세계적으로 유명한 대한민국의 제왕절개 출산 붐으로 아이를 낳으면서 좋은 사주를 타고 나도록 택일을 하는 경우가 많습니다.
이렇게 해도 되는 것인지 아닌지를 떠나서 부모의 간절한 마음입니다.
잉태가 되면서 이미 태어날 '때'도 정해져 있다고 본다면 이렇게까지 무리를 해도 되는 것인지 걱정이 되기도 하지만 현실적으로 공공연히 행해지고 있는 엄연한 사실인지라 좀 답답한 면도 있습니다.
그래서 그런지 어떤지는 몰라도 실제로 택일을 해도 갑작스러운 상황 변동으로 그 시간에 태어나지 못하는 경우도 많습니다.
그리고 어차피 택일을 한다고 해도 년과 월은 이미 결정이 되어 있는 상태이고 밤 시간에는 수술을 하기도 쉽지 않습니다.
택일을 해서 출산한다고 해서 특별히 좋은 사주를 가지기도 어렵다고 봐야 합니다. 따라서 담당 의사의 의학적인 판단에 맡기는 것이 가장 현명한 방법일 수 있겠습니다.
정도를 걷는다고 자부하는 역학인 중에는 천명(天命)을 거스르는 일이라고 해서 출산 택일을 해주지 않기도 했다는데 요즈음도 그런 고고한 학자가 있다는 말은 들어보지 못한 것 같습니다.

제왕절개 수술을 하는 경우 남아인지 여아인지를 미리 알려 주게 되고 수술 시기를 정해 오라고 임산부 측에 권고(?)하는 의사도 있습니다.
예정 출산일 전의 약 10일 사이에서 날짜와 시간을 정해야 하는데 10일 동안의 낮 시간의 사주 30여개를 전부 세우고 대운까지 세워서 좋지 않은 사주를 하나 하나 지워 가다가 서너개의 사주를 가려 순서를 정하여 날과 시를 정해 주게 됩니다.

윤달의 의미

윤달을 다른 이름으로 공달, 여벌달, 덤달, 공망달, 공망월 등으로 부르기도 합니다. 양력으로는 1년이 365일이 되고 음력으로는 일년이 354일이 되어 여기서 11일이라는 오차가 생기게 됩니다. 이것을 조절하기 위하여 중간 중간에 끼워넣은 달이 바로 윤달입니다.

윤달에는 지상의 모든 귀신들이 하늘로 올라가서 염라대왕이 주관하는 귀신 총회에 참석하기도 하고 휴식도 즐기는 기간이라 지상에는 귀신이 없으니 그들의 간섭이나 장난을 피할 수 있다고 보는 것입니다.

따라서 이때는 손(살)도 없고 부정도 없는 무해무덕(無害無德)의 기간이니 어떤 행동이나 행위 또는 이동 등에 가장 적합한 시기로 봅니다.

윤달에는 송장을 거꾸로 세워도 탈이 없다고 할 정도로 신봉하였으며 집 수리를 하거나 이사를 하는 것도 이때를 맞추어 실행하기도 하고 가구를 구입하거나 수의를 장만하는 것도 이때에 많이 합니다.

산소를 이장하거나 산소를 단장할 때도 이 시기를 활용합니다.

심지어 윤달에 장사를 시작하면 사고도 없고 장사가 잘 된다는 속설을 믿고 그대로 따르는 사람도 있습니다.

실제로 윤달이 드는 해에는 수의(壽衣)를 만들어 판매하는 업체의 큰 대목이기도 하고 산소 이장을 대행해 주는 장의업체에도 왕대목이 되기도 합니다. 이 틈을 노려 어떤 업체에서는 수천만원짜리 황금수의(黃金壽衣)를 만들어 판다고 하네요.

그걸 입고 가서 염라대왕에게 바칠 뇌물로 쓸 요량인지 …

택일법이 워낙 다양하고 복잡해서 혼란만 주고 있는 것이 사실입니다.
근거도 애매모호한 여러 택일법이 난무하여 이리 저리 얽혀 돌아가므로 이 사람은 이렇게 보고 저 사람은 저렇게 보는 등 머리 아픕니다.
이런 실정을 감안해서 일반적으로 시중의 철학원 등에서 많이 거론되는 택일의 길흉에 대하여 몇 가지를 참고로 표와 함께 수록합니다.
어느 방법을 택하는가는 스스로 결정할 문제입니다.
다만 무엇보다도 가장 중요한 것은 택일을 해주는 사람 자신이 확신을 가지는 방법이면서 이치에 맞아야 하고 또한 택일을 필요로 하는 당사자의 사주와 조화가 되어야 한다는 것입니다.
누구에게나 좋은 이름은 없듯이 누구에게나 좋은 날은 없습니다.

어쨌거나
이 모든 것들은 우리의 전통 문화이기도 하므로 굳이 옳고 그름을 따지는 것은 어떻게 보면 바람직하지 않을 수도 있습니다.
마음이 가는 쪽이 중요하기 때문입니다.
마음이 편하고 기분이 상쾌하면 만사가 다 좋은 것 아닐까요?

▍천덕귀인(天德貴人)

辰, 戌, 丑, 未월은

월지를 삼합하여 나오는 오행의 양간(陽干)입니다.

예를 들어 辰월 생이면 辰의 삼합은 申子辰이 되고 水氣가 나옵니다.

水의 양간은 壬이 됩니다. 壬일이 천덕귀인일입니다.

寅, 申, 巳, 亥월은

월지를 삼합하여 나오는 오행의 음간(陰干)입니다.

예를 들어 寅월 생이면 寅의 삼합은 寅午戌이 되고 火氣가 나옵니다.

火의 음간은 丁입니다. 丁일이 천덕귀인일입니다.

子, 午, 卯, 酉월은

월지를 삼합하여 삼합의 끝자 다음 글자입니다.

예를 들어 子월 생이면 子의 삼합은 申子辰이 되고 申子辰의 끝자인 辰의 다음 글자는 巳입니다. 巳일이 천덕귀인일입니다.

천덕귀인 일을 택하여 혼인을 하면 천지님이 보호해 주므로 웬만한 흉은 제거해 준다고 합니다.

▍월덕귀인(月德貴人)

월지를 삼합하여 나온 오행의 양간(陽干)입니다.

예를 들어 酉월 생이면 酉의 삼합은 巳酉丑이 되고 金氣가 나옵니다.

金의 양간은 庚입니다. 庚일이 월덕귀인일입니다.

월덕귀인일을 택하여 혼인하면 천우신조(天佑神助)와 조상님의 음덕(陰德)으로 평생 화(禍)가 없고 나쁜 흉살(凶殺)을 물리쳐 준다고 합니다.

▌대장군 방위(大將軍 方位)

亥, 子, 丑 삼년은 서(西)쪽 방위가 대장군 방위입니다.
寅, 卯, 辰 삼년은 북(北)쪽 방위가 대장군 방위입니다.
巳, 午, 未 삼년은 동(東)쪽 방위가 대장군 방위입니다.
申, 酉, 戌 삼년은 남(南)쪽 방위가 대장군 방위입니다.

▌오귀 삼살 방위(五鬼 三殺 方位)

申, 子, 辰 삼년은 남(南)쪽 방위가 삼살 방위입니다.
亥, 卯, 未 삼년은 서(西)쪽 방위가 삼살 방위입니다.
寅, 午, 戌 삼년은 북(北)쪽 방위가 삼살 방위입니다.
巳, 酉, 丑 삼년은 동(東)쪽 방위가 삼살 방위입니다.

▌태백살(太白殺)

매월 초1일, 11일, 21일은 정동(正東)쪽이 태백살 방위입니다.
매월 초2일, 12일, 22일은 동남(東南)쪽이 태백살 방위입니다.
매월 초3일, 13일, 23일은 정남(正南)쪽이 태백살 방위입니다.
매월 초4일, 14일, 24일은 남서(南西)쪽이 태백살 방위입니다.
매월 초5일, 15일, 25일은 정서(正西)쪽이 태백살 방위입니다.
매월 초6일, 16일, 26일은 서북(西北)쪽이 태백살 방위입니다.
매월 초7일, 17일, 27일은 정북(正北)쪽이 태백살 방위입니다.
매월 초8일, 18일, 28일은 동북(東北)쪽이 태백살 방위입니다.
해당 날짜 해당 방위에 손이 있으니 즉, 살(殺)이 있으니 조심하고 피하라는 말입니다.
9일, 10일, 19일, 20일, 29일, 30일은 흉신(凶神)이 하늘로 올라가는 무살(無殺)의 날이라 길일(吉日)이라고 합니다. 손없는 날입니다.

본명생기법(本命生氣法)

		坤命(女)							乾命(男)					
나이		1	2	3	4	5	6	7	2	3	4	5	6	7	8	9
		8	9	10	11	12	13	14	15	10	11	12	13	14	15	26	27
		16	17	17	19	20	21	22	23	18	19	20	21	22	23	24	25
		24	25	26	27	28	29	30	31	26	27	28	29	30	31	32	33
		32	33	34	35	36	37	38	39	34	35	36	37	38	39	40	41
		40	41	42	43	44	45	46	47	42	43	44	45	46	47	48	49
		48	49	50	51	52	53	54	55	50	51	52	53	54	55	56	57
		56	57	58	59	60	61	62	63	58	59	60	61	62	63	64	65
		64	65	66	67	68	69	70	71	66	67	68	69	70	71	72	73
		72	73	74	75	76	77	78	79	74	75	76	77	78	79	80	81
생기	○吉	辰巳	酉	戌亥	丑寅	卯	子	午	未申	戌亥	酉	辰巳	未申	午	子	卯	丑寅
천의	○吉	丑寅	卯	午	辰巳	酉	未申	戌亥	子	午	卯	丑寅	子	戌亥	未申	酉	辰巳
절체	△	午	未申	丑寅	戌亥	子	卯	辰巳	酉	丑寅	未申	午	酉	辰巳	卯	子	戌亥
유혼	△	戌亥	子	辰巳	午	未申	酉	丑寅	卯	辰巳	子	戌亥	卯	丑寅	酉	未申	午
화해	×凶	酉	辰巳	子	卯	丑寅	戌亥	未申	午	子	辰巳	酉	午	未申	戌亥	丑寅	卯
복덕	○	卯	丑寅	未申	酉	辰巳	午	子	戌亥	未申	丑寅	卯	戌亥	子	午	辰巳	酉
절명	×凶	未申	午	卯	子	戌亥	丑寅	酉	辰巳	卯	午	未申	辰巳	酉	丑寅	戌亥	子
귀혼	△	子	戌亥	酉	未申	午	辰巳	卯	丑寅	酉	戌亥	子	丑寅	卯	辰巳	午	未申

△에 해당하는 절체, 유혼, 귀혼은 반길반흉(半吉半凶)

방위방소법(方位方所法)

나이		乾	坤	乾	坤	乾	坤	乾	坤	乾	坤	乾	坤	乾	坤	乾	坤	乾	坤
		1	2	2	3	3	4	4	5	5	6	6	7	7	8	8	9	9	10
		10	11	11	12	12	13	13	14	15	15	16	16	17	17	18	18	19	19
		19	20	20	21	21	22	2	23	23	24	24	25	25	26	26	27	27	28
		28	29	29	30	30	31	31	32	32	33	33	34	34	35	35	36	36	37
		37	38	38	39	39	40	40	41	41	42	42	43	43	44	44	45	45	46
		46	47	47	48	48	49	49	50	50	51	51	52	52	53	53	54	54	55
		55	56	56	57	57	58	58	59	59	60	60	61	61	62	62	63	63	64
		64	65	65	66	66	67	67	68	68	69	69	70	70	71	71	72	72	73
		73	74	74	75	75	76	76	77	77	78	78	79	79	80	80	81	81	82
천록	○吉	정동×		서남		정북		정남		동북		정서		서북		中		동남	
안손	×凶	동남		정동		서남		정북		정남		동북×		정서		서북		中	
식신	○吉	中		동남×		정동		서남		정북		정남		동북		정서		서북	
징파	×凶	서북		中		동남		정동		서남		정북		정남×		동북		정서	
오귀	×凶	정서		서북		中×		동남		정동		서남		정북		정남		동북	
합식	○吉	동북		정서		서북		中		동남		정동		서남		정북×		정남	
진귀	×凶	정남		동북		정서		서북×		中		동남		정동		서남		정북	
관인	○吉	정묵		정남		동북		정서		서북		中		동남		정동		서남×	
퇴식	×凶	서남		정북		정남		동북		정서×		서북		中		동남		정동	

×표시된 방위는 사망 등, 대환란을 부르는 흉방으로 보기도 함.

황도흑도정국법(黃道黑道定局法)

백호흑도	구진흑도	현무흑도	주작흑도	천뇌흑도	천형흑도	천덕황도	사령황도	금궤황도	옥당황도	명당황도	청룡황도	月로 日을 日로 時를
寅	未	巳	亥	辰	戌	丑	午	子	卯	酉	申	子(월, 일)
辰	酉	未	丑	午	子	卯	申	寅	巳	亥	戌	丑(월, 일)
午	亥	酉	卯	申	寅	巳	戌	辰	未	丑	子	寅(월, 일)
申	丑	亥	巳	戌	辰	未	子	午	酉	卯	寅	卯(월, 일)
戌	卯	丑	未	子	午	酉	寅	申	亥	巳	辰	辰(월, 일)
子	巳	卯	酉	寅	申	亥	辰	戌	丑	未	午	巳(월, 일)
寅	未	巳	亥	辰	戌	丑	午	子	卯	酉	申	午(월, 일)
辰	酉	未	丑	午	子	卯	申	寅	巳	亥	戌	未(월, 일)
午	亥	酉	卯	申	寅	巳	戌	辰	未	丑	子	申(월, 일)
申	丑	亥	巳	戌	辰	未	子	午	酉	卯	寅	酉(월, 일)
戌	卯	丑	未	子	午	酉	寅	申	亥	巳	辰	戌(월, 일)
子	巳	卯	酉	寅	申	亥	辰	戌	丑	未	午	亥(월, 일)

※이사, 결혼, 개업, 개축, 안장 등의 택일이나 時를 택할 때 준용합니다.

※월지를 기준으로 日을 택하거나 일지를 기준으로 時를 택할 수 있으나 대개 당일 일지를 기준으로 時를 택하는데 주로 활용하고 있습니다.

※황도에 해당하는 日 또는 時를 택하는데 천덕황도는 피하는 사람도 있습니다.

■ 혼인흉년(婚姻凶年)

생년지지(띠)	子	丑	寅	卯	辰	巳	午	未	申	酉	戌	亥
건명 흉년	未	申	酉	戌	亥	子	丑	寅	卯	辰	巳	午
곤명 흉년	卯	寅	丑	子	亥	戌	酉	申	未	午	巳	辰

위의 표에 해당되는 해에 혼인하면 부부불화하고 생사별도 할 수 있으며 자손도 창성하지 못하고 재산도 없다고 합니다.

그러나 부득이 해야 한다면 달을 잘 선택해야 하는데 그 중에서도 다음 표에 있는 가취월(嫁娶月)에서 대리월(大利月)을 택하라고 합니다.

■ 가취월(嫁娶月)

곤명의 생년 지지 (띠)		子.午	丑.未	寅.申	卯.酉	辰.戌	巳.亥
대리월(大利月)	○吉	6.12	5.11	2.8	1.7	4.10	3.9
방매씨. 방수자(妨媒氏. 妨首子)	○吉	1.7	4.10	3.9	6.12	5.11	2.8
방옹고(妨翁姑)	△	2.8	3.9	4.10	5.11	6.12	1.7
방여부모(妨女父母)	△	3.9	2.8	5.11	4.10	1.7	6.12
방부주(妨夫主)	×凶	4.10	1.7	6.12	3.9	2.8	5.11
방여신(妨女身)	×凶	5.11	6.12	1.7	2.8	3.9	4.10

남여 모두 신부의 띠(生年)로만 가리며 방옹고 월은 시부모가 없으면 무방하고 방여부모 월은 신부의 부모가 없으면 무방하다고 봅니다.

방부주. 방여신 월은 흉하지만 황도일과 겹치면 무방하다고 합니다.

살부대기월(殺夫大忌月)

곤명년지(띠)	子	丑	寅	卯	辰	巳	午	未	申	酉	戌	亥
흉한 월	1, 2	4	7	12	4	5	8, 12	6, 7	6, 7	8	12	7, 8

신부에만 해당하며 신부의 띠로 가립니다.
남편과 이별하고 공방(空房)살이 한다는 무시무시한 해석을 합니다.

이 밖에도

월기일(月忌日), 십악대패일(十惡大敗日), 가취대흉일(嫁娶大凶日), 혼인총기일(婚姻總忌日), 축월음양부장길일(逐月陰陽不將吉日) 등등등 …… 많고도 많습니다만 생략합니다.
근거도 애매한 이것 저것 다 알아봐야 활용할 수도 없고 의미도 없습니다. 귀신 타령이 대부분입니다.

※극비(極秘) 사항 하나를 살짝 누설합니다.
   이사택일이나 혼인택일 등을 대단히 중시하는 사람이 많습니다.
   택일을 잘하면 잘살고 택일이 잘못되면 못살거나 흉사가 일어날까요?
   단언컨대 택일과는 관계없습니다. 사주팔자대로 삽니다.
   그래도 불안하거나 이왕이면 좋은 날짜를 선택하고 싶다면 희용신 오행을 참고하는 것이 좋습니다.

좋은이름 작명사전

2016년 8월 29일 인쇄
2016년 9월 1일 발행

저 자•이 동 규
　　　　(010-7516-6108)
발행자•성　정　화
발행처•도서출판 이화
　　　　대전광역시 중구 대종로505번길 54
　　　　(선화동 229-2번지)장현빌딩 2층
　　　　TEL (042) 255-9708
　　　　FAX (042) 255-9709

ISBN 978-89-6439-113-6 93150

〈값 20,000원〉

※무단복제나 복사는 금합니다.
※잘못 만들어진 책은 바꾸어 드립니다.

성씨 오행별로 모은 좋은 이름들

이동규

**좋은이름 작명사전
별첨 부록**
성(姓)씨 별로 작명에 바로 적용할 수 있도록
정리한 한글 기준 좋은 이름 모음집

주의 : 성(姓) 글자의 주음과 종음이 상극될 때는 성(姓)글자 다음 글자인 이름 첫 글자의 주음이 상생시켜 주는 것이 좋습니다.

　　　　예: 강: 주음 木과 종음 土가 상극이라 이름 첫 글자의 주음은 火가 되는 글자를 선택하여 木과 土 사이를 통관 상생시켜주는 것이 좋습니다.

　　　　　　문: 주음 水와 종음 火가 상극이라 이름 첫 글자의 주음은 木이 되는 글자를 선택하여 水와 火 사이를 통관 상생시켜주는 것이 좋습니다.

　　　　　　기타 : 방씨, 변씨, 손씨, 전씨, 진씨 등등.

예외가 있습니다.

특히 사주에 충이나 극이 전혀 없으면 이름에서 음령오행이 서로 상극되게 지어 주는 것도 좋습니다.

주음에서 상극되게 짓는 것이 부담스러우면 종음인 받침과 서로 상극되게 지어 주는 것도 좋겠습니다.

극과 충의 작용을 깨진다고만 볼 수는 없습니다.

한편으로는 자극을 의미합니다. 또한 세상살이의 경쟁력과 전투력을 의미하기도 합니다. 사주에서도, 이름에서도 극이나 충이 전혀 없으면 맨날 경쟁을 피하고 경쟁에서 지는 흐리멍텅한 성향입니다. 현대 사회는 남녀 불문하고 경쟁의 시대입니다.

■ 성(姓): <u>木. 火. 水</u> : ㄱ. ㅋ. ㄴ. ㄹ. ㄷ. ㅌ. ㅁ. ㅂ. ㅍ

성(姓) 글자 다음의 이름 첫 글자가 木에 해당하고
이름 끝 글자가 火에 해당하는 이름.

<u>木. 火</u>: 남: 규태. 규래. 규남. 규록. 규로. 규림. 규랑. 규라. 규동. 균태.
  균대. 경대. 경래. 경률. 경록. 경락. 경태. 경택. 경탁. 경도.
  경동. 경남. 국태. 국남. 국대. 국도. 국림. 국령. 국록. 국룡.
  강남. 강록. 강림. 강태. 강래. 길록. 길남. 길도. 길동. 길태.
  길락. 건태. 건대. 건동. 건택. 근태. 근택. 권대. 기태. 기택.
  기록. 광래. 광태. 광덕.

  여: 경란. 경림. 경린. 경단. 규리. 규란. 규림. 규련. 규람. 규랑.
  규래. 규린. 규나. 규라. 가린. 가령. 가람. 가림. 가란. 계령.
  계림. 계련. 계린.

성(姓) 글자 다음의 이름 첫 글자가 木에 해당하고
이름 끝 글자가 水에 해당하는 이름.

<u>木. 水</u>: 남: 규민. 규명. 규보. 규필. 규만. 규복. 국민. 국명. 국필. 국보.
  국만. 국부. 국빈. 국배. 국평. 금배. 금민. 금보. 금부. 금복.
  귀민. 귀만. 귀명. 귀복. 가평. 교민. 국방. 국봉. 건필.

  여: 규빈. 규민. 규비. 국미. 국빈. 가빈. 가비. 가보. 가빈. 금미.
  금비. 금빈.

성(姓) 글자 다음의 이름 첫 글자가 木에 해당하고
이름 끝 글자가 木에 해당하는 이름.

木. 木: 남: 규건. 금규. 금국. 금길. 건국. 국경. 국권. 국길. 국광. 길규.
길국. 건규. 근규. 고관. 고건.

여: 가경. 고경. 국경.

■ 성(姓): 火, 土, 木 : ㄴ, ㄹ, ㄷ, ㅌ, ㅇ, ㅎ, ㄱ, ㅋ

성(姓) 글자 다음의 이름 첫 글자가 火에 해당하고
이름 끝 글자가 土에 해당하는 이름.

火, 土: 남: 나훈. 나현. 노원. 노일. 노원. 노윤. 노현. 태환. 태한. 태완.
태원. 태현. 태훈. 태윤. 태일. 태우. 태화. 태향. 태은. 태영.
태양. 태연. 태희. 태열. 태인. 태욱. 태웅. 태운. 태유. 태율.
태형. 태호. 대향. 대화. 대환. 대완. 대양. 대연. 대한. 대영.
대원. 대희. 대윤. 대일. 대현. 대헌. 대훈. 대율. 대운. 대웅.
대욱. 대열. 대학. 대형. 대휘. 대해. 다훈. 다일. 다원. 다형.
다현. 다행. 다운. 다웅. 도향. 도현. 도훈. 도안. 도양. 도일.
도원. 도영. 도운. 도욱. 도윤. 도연. 도화. 도환. 도완. 도은.
도인. 도한. 동일. 동원. 동현. 동영. 동열. 동욱. 동운. 동인.
동헌. 동혁. 동형. 동화. 동희. 동훈. 동양. 동안. 동연. 동은.
동윤. 동아. 동희. 동호. 동한. 동환. 두열. 두영. 두원. 두일.
두한. 두헌. 두환. 두완. 두현. 두형. 두화. 달원. 달윤. 달현.
달영. 달훈. 달화. 달호.

여: 라희. 라영. 라연. 라윤. 라현. 리아. 도희. 나희. 나영. 나연.
나은. 나원. 나윤. 나은. 나원. 나홍. 나화. 나향. 나현. 나혜.
나예. 난영. 난이. 난아. 난연. 난옥. 난화. 난희. 노아. 노은.
노희. 다예. 다희. 다향. 다현. 다혜. 다연. 다인. 다원. 다홍.
다윤. 다은. 다영. 란이. 란희. 란연. 린아. 태희. 태연. 태현.
달예. 단희. 두희. 두연. 도희. 도홍. 도아. 도연. 도혜. 도옥.
동희.

성(姓) 글자 다음의 이름 첫 글자가 火에 해당하고
이름 끝 글자가 木에 해당하는 이름.

火. 木: 남: 태규. 태경. 태균. 태권. 태국. 태길. 태관. 태광. 태근. 태건.
대건. 대경. 대규. 대균. 대군. 대국. 대권. 대길. 대관. 대광.
대근. 도균. 도경. 도겸. 도건. 도관. 도국. 도규. 남규. 남균.
남국. 남길. 남경. 남권. 노규. 노균. 노건. 노경. 낙균. 낙규.
낙길. 나규. 나균. 나길. 나광. 나겸. 나군. 득규. 득균. 득길.
달규. 달균. 택규. 택균.

여: 나경. 나금. 난경. 난금. 남경. 다경. 다금. 라경. 란금. 란경.
리금. 단금. 태경. 태금. 탄금. 탄경. 도경. 노경. 태경.

성(姓) 글자 다음의 이름 첫 글자가 火에 해당하고
이름 끝 글자가 火에 해당하는 이름.

火. 火: 남: 대륙. 대련. 대륜. 대령. 대림. 대로. 태륜. 태랑. 태량. 태린.
태령. 태림. 태록. 태로. 태루. 태륙. 도림. 도령. 다륜. 다록.
동래. 동림. 두로. 나루. 나로.

여: 나리. 나련. 나림. 나린. 나령. 나래. 나라. 나람. 나랑. 나름.
나루. 리라. 리나. 로라. 로리. 루리. 린다. 태란. 태련. 태령.
태리. 태린. 태림. 다련. 다례. 다래. 다린. 다령. 다롱. 다람.
다랑. 다로. 라노. 도란. 도린. 도림. 달래. 달례. 달림. 누리.
두리. 두란. 두나. 두림. 두린. 다나. 다라.

■ 성(姓) : 土. 金. 火 : ㅇ. ㅎ. ㅅ. ㅈ. ㅊ. ㄴ. ㄹ. ㄷ. ㅌ

성(姓) 글자 다음의 이름 첫 글자가 土에 해당하고
이름 끝 글자가 金에 해당하는 이름.

土. 金: 남: 형진. 형철. 희철. 희준. 희재. 희진. 희찬. 희창. 희춘. 희채.
유진. 유철. 유석. 유섭. 유성. 유송. 유술. 유식. 유신. 유재.
유채. 유제. 유정. 유종. 유준. 유중. 유찬. 유창. 유청. 유철.
영진. 영준. 영산. 영상. 영석. 영선. 영섭. 영수. 영성. 영식.
영재. 영조. 영종. 영찬. 영창. 영채. 영철. 영춘. 영술. 영생.
양산. 양진. 양정. 양석. 양선. 양섭. 양신. 양준. 양찬. 양춘.
향진. 향준. 향산. 회장. 화춘. 화청. 화준. 화석. 화섭. 화성.
화수. 화승. 화식. 화종. 화진. 화철. 화산. 효준. 효진. 효산.
효상. 효섭. 효성. 효정. 효철. 효춘. 형준. 형산. 형석. 형섭.
형수. 형진. 형철. 형춘. 아준. 아진. 어준. 여신. 여상. 여송.
여준. 여중. 여찬. 여창. 여철. 여술. 여춘. 오상. 오석. 오섭.
오성. 오준. 오중. 오철. 오춘. 왕준. 왕정. 용상. 용석. 용삼.
용섭. 용준. 용채. 용성. 용수. 용술. 용식. 용재. 용정. 용주.
용진. 용찬. 용춘. 용철. 우석. 우상. 우섭. 우성. 우실. 우송.
우천. 우식. 우종. 우진. 우정. 우찬. 우청. 우창. 우철. 웅섭.
웅선. 웅식. 웅재. 웅철. 웅진. 위산. 위상. 위석. 위성. 위생.
응찬. 응채. 응진. 응준. 응창. 응철. 응춘. 응식. 응수. 이산.
이성. 이생. 이석. 이섭. 이수. 이승. 이술. 이식. 이정. 이조.
이중. 이준. 이진. 이창. 이청. 이찬. 이철. 이춘. 하석. 하섭.

하성. 하준. 하중. 하진. 하철. 하춘. 하정. 항진. 항섭. 항주.
항선. 항석. 해석. 해성. 해섭. 해선. 해수. 해식. 해준. 해정.
해창. 해진. 해중. 해주. 해찬. 해철. 해춘. 행준. 행춘. 행철.
행찬. 호석. 호선. 호섭. 호성. 호정. 호식. 호준. 호진. 호중.
호찬. 호철. 호춘. 호창. 홍산. 홍석. 홍선. 홍섭. 홍수. 홍성.
홍철. 홍찬. 홍식. 홍주. 후철. 후정. 후찬. 후종. 후창. 후천.
위준. 위진. 위창. 위천. 위찬. 위정. 위종. 우주. 희성.

여: 혜진. 혜정. 혜지. 혜주. 혜수. 혜선. 해선. 해주. 해정. 해진.
유진. 유정. 유지. 화진. 화정. 화실. 효진. 효정. 효실. 효선.
효지. 효주. 아정. 아지. 아진. 희정. 희선. 희진. 희지. 희주.
향실. 향선. 예진. 예선. 예정. 예슬. 예술. 예솔. 예실. 예지.
예서. 이솔. 여진. 여정. 여주. 여지. 영주. 영실. 영신. 하진.
하정. 애선. 애지. 양선. 양지. 오정. 우정. 예서. 우진.

성(姓) 글자 다음의 이름 첫 글자가 土에 해당하고
이름 끝 글자가 火에 해당하는 이름.

土. 火: 남: 희라. 희도. 희령. 희량. 희람. 희랑. 윤도. 윤대. 윤동. 윤득.
윤태. 영대. 영록. 영롱. 영래. 영태. 영도. 영택. 영림. 현동.
현대. 현태. 현택. 현도. 형도. 형록. 형락. 형택. 형대. 원대.
원도. 원동. 원래. 원태. 완대. 완도. 완태. 이태. 이남. 이대.
이덕. 이도. 이동. 이룡. 이령. 이태. 이택. 이탄. 이랑. 이륜.
이량. 인도. 인동. 인태. 인택. 일도. 일동. 일락. 일로. 일용.
하도. 하남. 하동. 하림. 학도. 학림. 학룡. 한림. 유태. 유록.

유림. 양대. 양태. 연대. 하림. 화동. 화락. 화령. 화림. 화랑.
효령. 효람. 우림. 우리. 우령. 우룡. 우람. 우태. 우택. 해랑.
우량. 어령. 오룡. 오태. 오택. 용남. 용대. 용도. 용득. 용락.
용림. 용태. 용택. 욱태. 운도. 운대. 운태. 운택. 웅도. 웅대.
웅택. 위대. 위택. 은도. 은동. 응도. 해남. 해도. 해동. 해룡.
해령. 해륜. 향도. 향덕. 헌도. 헌대. 행도. 호태. 호동. 홍대.
홍도. 홍태. 홍택. 홍림. 황도. 효남. 훈도. 훈남. 훈동. 훈대.

여: 희라. 희란. 희령. 희련. 희림. 희나. 희람. 희랑. 유라. 유란.
유람. 유림. 유리. 유나. 유련. 아라. 아란. 아리. 아령. 아림.
아랑. 아람. 아름. 아롱. 아담. 아련. 아나. 혜랑. 혜리. 혜란.
혜령. 혜림. 혜련. 혜람. 혜린. 혜나. 향란. 향림. 화련. 화림.
화린. 화령. 화란. 화니. 예린. 예란. 예림. 예리. 예련. 예령.
예나. 예랑. 효림. 효리. 효린. 효령. 효련. 효란. 효라. 효람.
하린. 하림. 하령. 하란. 하나. 하늘. 영란. 영롱. 영림. 일란.
이란. 이령. 이련. 이랑. 이라. 홍련. 홍란. 요림. 요린. 요람.
한나. 안나. 여림. 여랑. 야린. 오련. 오란. 오린. 오령. 애란.
애령. 애림. 양란. 옥란. 옥림. 옥련. 옥단. 우란. 우림. 우령.
호림. 호린. 호람. 호란. 호련. 어령. 어란. 어린. 애리. 안나.
향리. 어란. 여란. 여림. 이례.

성(姓) 글자 다음의 이름 첫 글자가 土에 해당하고
이름 끝 글자가 土에 해당하는 이름.

土, 土: 남: 현우. 현옥. 현욱. 현일. 현열. 현영. 현오. 현호. 현용. 현홍.

현익. 현양. 현용. 현인. 유일. 유원. 유현. 유홍. 유열. 유용.
유옥. 유화. 유영. 유한. 우열. 우현. 우일. 우영. 우엽. 우용.
우익. 우원. 우혁. 우홍. 우형. 우헌. 우인. 영일. 영우. 영환.
영한. 영호. 영후. 영휘. 영훈. 영화. 영현. 영웅. 영원. 영운.
영안. 영우. 영완. 영욱. 영익. 영인. 영하. 화영. 화일. 화윤.
화연. 화용. 화열. 화율. 화인. 화운. 화원. 환희. 환웅. 환호.
환영. 원영. 원일. 원희. 원형. 원열. 원오. 원호. 원옥. 원용.
원우. 원욱. 원익. 원웅. 희열. 희용. 희양. 희윤. 희원. 희영.
희연. 홍일. 홍화. 홍운. 홍은. 홍원. 홍인. 하일. 하원. 하운.
하영. 하얀. 하윤. 윤영. 윤원. 윤호. 윤우. 윤양. 윤옥. 윤일.
윤익. 윤하. 훈아. 아원. 아율. 아훈. 안열. 안영. 안웅. 양우.
양영. 양웅. 양원. 양완. 양욱. 양운. 양익. 양인. 양일. 양현.
양호. 양화. 양훈. 여욱. 여웅. 여일. 여운. 여환. 여훈. 연우.
연욱. 연웅. 연일. 연홍. 열우. 열웅. 열완. 열원. 오연. 오영.
오윤. 오일. 오훈. 오헌. 오행. 오형. 오현. 은우. 완영. 완우.
완용. 완일. 완호. 왕열. 왕일. 용엽. 용운. 용훈. 용희. 용완.
용안. 용원. 용은. 용익. 용일. 용하. 용화. 용학. 용한. 용호.
용현. 용헌. 용혁. 용환. 용한. 운일. 운혁. 운현. 운호. 운하.
운화. 웅희. 웅열. 웅인. 효은. 효원. 호연. 호윤. 호양. 호영.
이홍. 이훈. 이운. 이연. 이헌. 이현. 이환. 이형. 이한. 이영.
이양. 이향. 이완. 이화. 이학. 이호. 이웅. 은우. 은일. 은영.
은호. 은영. 훈열. 훈영. 훈엽. 향우. 향원. 향욱. 형용. 형욱.
형운. 형훈. 형열. 형오. 형일. 형인. 형우. 한영. 한용. 한옥.
한웅. 한일. 한호. 한홍. 한열. 한율. 한양. 해영. 해용. 해웅.
일우. 일영. 일윤. 일한. 일화. 일현. 일형. 일호. 일홍. 일훈.

하영. 하열. 하윤. 하엽. 하연. 하원. 하웅. 하율. 하은. 하일.
하현. 위영. 위용. 위운. 위훈. 위양. 응열. 응원. 응일. 응호.
응훈. 응환. 인열. 인영. 인엽. 인용. 인우. 인욱. 인일. 인형.
인호. 인홍. 인환. 인화. 인연. 인양. 인향. 일영. 일용. 일완.
일환. 일우. 일운. 일웅. 일윤. 일학. 일한. 일해.

여: 은희. 은하. 은영. 은혜. 은아. 은향. 은옥. 은애. 은이. 양희.
양애. 현아. 현이. 현희. 현영. 향이. 향월. 향원. 희원. 희야.
희연. 희영. 희양. 희윤. 윤희. 윤아. 윤영. 윤이. 윤애. 윤옥.
윤하. 혜영. 혜인. 혜원. 혜월. 혜연. 혜화. 예원. 예은. 예아.
예인. 효은. 효원. 효연. 이화. 아현. 아영. 아향. 아연. 아원.
아희. 아윤. 연아. 연희. 연화. 연이. 연옥. 연홍. 영은. 영아.
영희. 영화. 유원. 유연. 유영. 유은. 유홍. 유화. 화원. 화연.
호연. 하연. 하양. 하은. 하희. 여원. 여희. 여운. 야희. 야원.
요희. 이현. 이향. 이화. 오연. 우희. 인애. 인혜. 원옥. 원희.
용임. 예희. 애희.

■ 성(姓) : <u>金. 水. 土</u> : ㅅ. ㅈ. ㅊ. ㅁ. ㅂ. ㅍ. ㅇ. ㅎ

성(姓) 글자 다음의 이름 첫 글자가 金에 해당하고
이름 끝 글자가 水에 해당하는 이름.

金. 水 : 남 : 채민. 채문. 채만. 재민. 재만. 재문. 재미. 주명. 주민. 주만.
세민. 세명. 세만. 수민. 수만. 지민. 지명. 지만. 지문. 시민.
시만. 시문. 시명. 차민. 차만. 석민. 석문. 석만. 정민.

여 : 지민. 지미. 지빈. 수민. 수미. 수빈. 수비. 소민. 소미. 소빈.
세미. 세빈. 사미. 사빈. 주미. 주빈. 자미. 자빈. 초미. 초민.
초빈. 채빈. 채비. 채미. 차미. 차빈.

성(姓) 글자 다음의 이름 첫 글자가 金에 해당하고
이름 끝 글자가 土에 해당하는 이름.

金. 土 : 남 : 주현. 주원. 주영. 주형. 주열. 주엽. 주화. 주완. 주윤. 주환.
주연. 주양. 주일. 주호. 주홍. 지원. 지환. 지현. 지형. 지훈.
지윤. 지운. 지일. 지화. 지열. 지영. 지완. 지용. 지욱. 지향.
지안. 지호. 지홍. 지황. 지한. 정원. 정훈. 정인. 정열. 정일.
정우. 정현. 정윤. 정운. 정향. 정화. 정호. 정환. 정희. 정암.
정영. 정욱. 정웅. 재현. 재일. 재영. 재연. 재엽. 재열. 재인.
재원. 재윤. 재욱. 재한. 재화. 재훈. 재환. 재완. 재용. 재우.
재혁. 재우. 재호. 재오. 재운. 재웅. 재율. 재형. 재홍. 재운.
채현. 채윤. 채원. 채영. 채연. 채열. 채엽. 채완. 채환. 채협.

채용. 채욱. 채웅. 채일. 채화. 채우. 채운. 채훈. 창현. 창원.
창열. 창인. 창우. 창일. 창연. 창엽. 창영. 창환. 창화. 창완.
창희. 창오. 창호. 창윤. 창훈. 세원. 세윤. 세훈. 세현. 세일.
세연. 세열. 세영. 세완. 세웅. 세용. 세응. 세율. 세환. 세형.
세홍. 종윤. 종현. 종원. 종인. 종혁. 종형. 종영. 종호. 종화.
종환. 종훈. 종열. 종엽. 종오. 종우. 종욱. 종운. 종율. 종일.
청운. 청원. 청일. 청우. 청완. 청호. 청화. 청하. 청환. 청욱.
장원. 장현. 장영. 장운. 장용. 장윤. 장한. 장화. 장희. 장훈.
장호. 장혁. 장협. 성일. 성원. 성열. 성우. 성욱. 성윤. 성운.
성엽. 성영. 성용. 성화. 성환. 성완. 성훈. 성홍. 성호. 성현.
성오. 승열. 승완. 승용. 승우. 승욱. 승원. 승윤. 승운. 승일.
승호. 승환. 승화. 승훈. 승현. 시원. 시완. 시웅. 시현. 시연.
시영. 시양. 시훈. 시열. 시연. 시용. 시욱. 시운. 시윤. 시환.
시화. 상일. 상원. 상호. 상훈. 수안. 수열. 수엽. 수용. 수원.
수일. 수인. 수학. 수환. 수한. 수영. 수양. 수홍. 수현. 수화.
수향. 수안. 소열. 소현. 소윤. 소양. 소영. 상연. 상열. 상완.
상영. 상엽. 상욱. 상윤. 상현. 상호. 상훈. 상희. 상화. 준희.
준혁. 준우. 준영. 준양. 준이. 준화. 준환. 준호. 준오. 준희.
준열. 준용. 준일. 준현. 준홍. 조영. 조양. 조원. 조일. 조현.
조훈. 조향. 서웅. 서양. 서욱. 서원. 서윤. 서일. 서호. 서화.
서홍. 서환. 서현. 서한. 서환. 서훈. 선웅. 선호. 선일. 선욱.
설웅. 설운. 설욱. 설훈. 설호. 설화. 산호. 산일. 산영. 산양.
산용. 송열. 송완. 송화. 송원. 송우. 송영. 송원. 송일. 송한.
송현. 송호. 송훈. 송웅. 송학. 손일. 순호. 순화. 순일. 순엽.
순오. 순열. 순원. 순영. 순우. 순완. 자연. 자열. 자용. 자운.
자윤. 자운. 자원. 자훈. 자현. 장화. 장영. 장완. 장환. 장용.

장우. 장운. 장훈. 장욱. 장원. 장윤. 장일. 장현. 장호. 장희.
중열. 중엽. 중원. 중일. 중환. 중호. 중완. 중익. 중화. 진열.
진엽. 진영. 진오. 진호. 진우. 진욱. 진웅. 진원. 진완. 진양.
진용. 진훈. 진혁. 진율. 진일. 진홍. 진화. 진환. 진한. 진현.
진향. 진형. 차영. 차용. 차원. 차웅. 차윤. 차현. 차양. 차혁.
차환. 차화. 차훈. 찬일. 찬호. 찬오. 찬열. 찬영. 찬양. 찬용.
찬우. 찬욱. 찬웅. 찬욱. 천일. 천우. 천화. 천호. 천웅. 천영.
천양. 철우. 철원. 철언. 철현. 철오. 철호. 철완. 철환. 철한.
철암. 추연. 추영. 추양. 추일. 추현. 추호. 추완. 추원. 추환.
추화. 추용. 춘일. 춘열. 춘우. 춘영. 춘호. 춘오. 춘원. 충열.
충영. 충일. 충오. 충호. 충우. 치현. 치영. 치연. 치운. 치열.
치우. 치웅. 치원. 치윤. 치훈. 치환. 치완. 치호. 치화. 치홍.
초안. 설훈. 설호. 설화. 설원. 설우. 신화. 신영. 신호. 신오.
신우. 신일. 신원. 신양. 지율. 시우. 시후. 소율. 지율. 시우.
시후. 상우. 선우.

여: 초희. 초향. 초원. 초아. 초영. 초화. 초양. 초연. 초은. 초우.
초윤. 초이. 수희. 수현. 수연. 수아. 수향. 수양. 수은. 소현.
소연. 소희. 소은. 소윤. 소이. 소영. 소월. 소혜. 소양. 소향.
소예. 소홍. 채향. 채연. 채은. 채원. 채희. 채영. 채윤. 지은.
지혜. 지현. 지원. 지아. 지희. 지화. 지윤. 지예. 지우. 지영.
지향. 진아. 진향. 진희. 세아. 세연. 세희. 세은. 세향. 세홍.
재희. 서희. 서연. 서현. 서영. 서원. 서윤. 서홍. 선홍. 선아.
선희. 선영. 선화. 선이. 정아. 정희. 정원. 정은. 정혜. 정이.
자연. 자영. 자희. 자이. 자윤. 송이. 송아. 송희. 송화. 송혜.
주희. 주연. 주아. 주원. 주양. 주홍. 차연. 차희. 춘애. 춘희.

설희. 설아. 설홍. 조아. 조은. 솔아. 솔이. 슬아. 상희. 준이.
준영. 준양. 성희. 승희. 재은. 재희. 장은. 장희. 춘희. 사연.
사홍. 승희. 신아. 장희. 청아. 치은. 소율. 지율. 서율.

성(姓) 글자 다음의 이름 첫 글자가 金에 해당하고
이름 끝 글자가 金에 해당하는 이름.

<u>金. 金</u>: **남**: 세진. 세준. 세종. 세정. 세창. 세주. 세중. 세춘. 세철. 세찬.
지창. 지수. 지산. 지상. 지석. 지선. 지성. 지섭. 지찬. 지철.
지춘. 정준. 정재. 정진. 창진. 창성. 창석. 창수. 창식. 창주.
창조. 청진. 청수. 청조. 청준. 사장. 중진. 중섭. 중석. 중찬.
중천. 상진. 상준. 상춘. 상철. 성진. 성준. 성춘. 성수. 성식.
성재. 성철. 성찬. 승찬. 승준. 승춘. 승수. 승재. 승철. 승진.
선재. 선주. 선종. 선진. 서준. 서진. 서중. 서정. 서창. 서철.
서춘. 수성. 수송. 수재. 수제. 수종. 수중. 수찬. 수창. 수철.
시성. 시재. 시준. 시진. 시찬. 시창. 시철. 시춘. 정상. 정석.
정선. 정재. 정수. 정식. 정진. 정찬. 정철. 정춘. 재상. 재진.
재준. 재선. 재정. 재석. 재찬. 재창. 재철. 재춘. 종석. 종산.
종선. 종섭. 종성. 종찬. 종철. 종수. 종식. 종진. 주산. 주성.
주창. 주찬. 주철. 장성. 장춘. 중석. 중선. 중섭. 중진. 중찬.
진철. 진찬. 채성. 채섭. 채진. 충선. 충섭. 충성. 충식. 충재.
충성.

여: 수지. 수진. 수정. 수전. 소정. 소선. 소슬. 초정. 초슬. 초선.
세정. 세진. 세주. 서진. 지선. 지수. 지슬.

■ 성(姓): 水. 木. 金 : ㅁ. ㅂ. ㅍ. ㄱ. ㅋ. ㅅ. ㅈ. ㅊ

성(姓) 글자 다음의 이름 첫 글자가 水에 해당하고
이름 끝 글자가 木에 해당하는 이름.

水. 木: 남: 민규. 민균. 민국. 민군. 민교. 민권. 민관. 민광. 민강. 민경.
민건. 민근. 민결. 민길. 무경. 무관. 무길. 미국. 미권. 미군.
미균. 필규. 필국. 필경. 필균. 필권. 필근. 필건. 보국. 보규.
보광. 보권. 보겸. 보근. 보건. 보길. 만국. 만균. 만규. 만경.
만기. 만겸. 백경. 백규. 백균. 백권. 백금. 배균. 배규. 배길.
배근. 배건. 배경. 배광. 배권. 부경. 부국. 부겸. 부규. 부균.
부길. 모국. 문규. 문근. 문건. 문길. 문강. 문경. 문겸. 문관.
문광. 문국. 문권. 문금. 포건. 포근. 법광. 법규. 법국. 법경.
복규. 복균. 복근. 복건. 복광.

여: 미금. 미경. 미강. 민경. 비경. 비금. 보경. 보금. 부경. 묘경.
묘금. 범균. 범규. 판규. 판길. 판국. 팔규. 팔균.

성(姓) 글자 다음의 이름 첫 글자가 水에 해당하고
이름 끝 글자가 金에 해당하는 이름.

水. 金: 남: 미산. 미성. 미승. 미창. 미채. 미준. 미청. 미춘. 미찬. 미송.
미석. 미철. 미섭. 보성. 보석. 보상. 보생. 보섭. 보정. 보중.
무진. 무석. 무성. 무송. 무장. 무진. 명수. 명진. 명석. 명준.

명산. 명삼. 명상. 명섭. 명성. 명세. 명식. 명재. 명장. 명종.
명주. 명찬. 명철. 명춘. 명선. 몽준. 병진. 병주. 병섭. 병서.
병수. 병술. 병조. 병준. 병찬. 병철. 병춘. 병철. 봉조. 봉주.
봉석. 봉섭. 봉선. 봉성. 봉준. 봉진. 봉찬. 봉천. 봉춘. 배준.
배정. 범석. 범수. 범준. 범진. 부산. 부성. 부송. 부철. 부찬.
부창. 평주. 평진. 풍산. 풍성.

여: 미소. 미송. 미지. 미솔. 미슬. 미선. 미초. 미손. 미정. 비솔.
비슬. 묘선. 묘정. 묘진. 보슬. 보송. 보정. 방실. 방선. 방주.
봉실. 봉선. 부선.

성(姓) 글자 다음의 이름 첫 글자가 水에 해당하고
이름 끝 글자가 水에 해당하는 이름.

水. 水: 남: 부민. 부명. 부만. 보배. 보민. 보만. 보명. 복민. 복만. 복문.

여: 미미. 보미. 보비. 보민. 보빈. 보비. 보명. 부미. 부비. 묘미.
바비. 바미. 마미. 복미.